인공지능 시대가
두려운 사람들에게

DIGITAL vs HUMAN

by Richard Watson

This Korean edition was published by WONDERBOX, a brand of Bulkwang Media Co. in 2017 by arrangement with Scribe Publications Pty Ltd through KCC(Korea Copyright Center Inc.), Seoul.

이 책은 (주)한국저작권센터(KCC)를 통한 저작권자와의 독점계약으로
원더박스(불광미디어)에서 출간되었습니다.
저작권법에 의해 한국 내에서 보호를 받는 저작물이므로 무단전재와 복제를 금합니다.

인공지능 시대가
두려운 사람들에게

DIGITAL vs HUMAN

리처드 왓슨
Richard Watson

방진이 옮김

**미래에 우리는
어떻게 살고
사랑하고
생각할 것인가**

원더박스

자신이 시대의 흐름에 역행하고 있다고 생각한
여든아홉 살의 앤에게 이 책을 바칩니다.

인류의 진짜 문제는 바로 이것이다. 인간의 정서는 구석기 시대에,
제도는 중세에 머물러 있는데 기술은 신의 경지에 이르렀다는 사실이다.
그 기술은 황홀할 정도로 위험하고 현재로서는
전면적인 위기의 문턱에 다가가고 있다.

에드워드 O. 윌슨

당신이 서른이 된 후에 새로 생긴 것들은 자연의 질서에 어긋나며,
당신이 아는 문명의 종말이 시작되었음을 예고한다.
그러다 다시 10년 정도 세월이 흐르는 동안 그것들이 꽤 괜찮다는
사실을 서서히 받아들이게 된다.

더글러스 애덤스

Qui vivra verra.
(살아 있으면 보게 되리라.)

차례

7장　　　　　217

교육과 지식　　　앱이 선생님이면 학습은 어떻게 하는가?

8장　　　　　239

일과 고용　　　미래는 왜 중세와 비슷해질까?

9장　　　　　267

집과 가족　　　우리가 아날로그 방식으로 살아가고
사랑하던 시절이 기억나는가?

10장　　　　　299

예술과 전쟁　　　우리 자신보다 훨씬 더 대단한 무언가를
찾아서 (그리고 순종하기)

11장　　　　　321

결론 및 제안　　　단순하지만 아무도 하지 않는 질문

미래 길들이기

누구나 계획은 있죠.
얼굴에 한 방 맞기 전까지는요.

마이크 타이슨 Mike Tyson

미래의 그림자는 길다. 내 경우에는 2006년 호주로까지 이어진다. 그때 나는 앞으로 50년 동안 세계가 어디로 향할 것인가라는 질문을 다루는 『퓨처 파일Future Files』이라는 책을 쓰지 않겠느냐는 제안을 받았다. 그런데 미래는 언제나 평계에 불과하며 앞날을 내다보는 수정구라기보다는 현재를 비틀어서 보여주는 거울이다. 지금도 그렇지만 그 당시에도 나는 사람, 그리고 새로운 아이디어 및 사건에 대해 사람들이 보이는 반응에 관심이 있었다.

또한 사람이 서로를 어떻게 이해하고 대하는지에 관심이 있으며 그것이 이 책의 주제다. 사람들의 삶, 사람들의 마음속 깊이 자리한 꿈, 사람들의 신념, 사람들이 가장 두려워하는 것들에 끌린다. 잠시 스쳐 지나가는 최신 기기나 앱도 인간에게 영향을 미칠 수 있고 실제로 영향을 미치기도 하지만 나는 기술에는 관심이 없다.

『퓨처 파일』은 가려운 데를 긁어주는 책이었는지 무려 15개국 언어로 번역되었다. 시의적절한 책이기도 했다. 먼 미래를 다루는 책이 마지막으로 출간된 지 꽤 오랜 시간이 흐른 시점이었기 때문이다. 하지만 책의 내용 또한 한몫했다. 당시에 나는 부채 비율이 감당할 수 없는 수준에 이르렀고 금융 시스템이 전반적으로 붕괴되는 것을 막을 도리가 없을 것이라고 예측했다. "부채는 단순히 산처럼 쌓인 게 아니다. 언제든지 무너져내릴 날만 기다리는 산사태다…. 특히 대형 은행의 대출 관행을 더 철저히 감시하게 될 것이고 은행이 지급하는 연봉과 은행이 가져가는 이윤에 상한선을 부여하라는 요구가 거세질 것이다…."

한 페이지만 미래를 제대로 예측해도 책은 날개 돋친 듯 팔려 나가는 법이다. 물론 나는 아직도 유럽연합이 '분열되고 결국 붕괴'하는 일과 '얼굴에 주름이 있는 여성이 매력적으로 인식'되는 날을 기다리고 있다. 억지로 맺어진 연합과 포토숍 기술에 기댄 완벽함에 세상이 신물 나리라고 생각했지만 내 착각이었나 보다. 게다가 부채에 넌더리가 난 것 같지도 않다. 그러니 역사는 다시 반복될 테고 우리는 또 다른 금융 위기를 겪게 될 것이다.

어쨌든 그 책이 잘 팔렸던 가장 큰 이유는 불안과 걱정이라는 전염병 때문이다. 세상은 변하고 있었고 독자들은 무슨 일이 벌어지고 있는지 설명해주는 이야기가 필요했다. 『퓨처 파일』은 꿈에 그리던 미래를 잃어버렸다는 상실감에 절망하는 이들에게 위로가 되는 담요 같은 책이었다.

먼 미래는 한때 희망적이고 즐거운 상상의 대상이었다. 앞으로 다가올 멋진 세계의 예고편이었다. 하지만 2007년 말 사람들은 하늘에서 날아다니는 자동차를 보게 될 거라거나 제트팩(등에 메는 개인용 분사 추진기로 우주 유영 등에 사용된다 — 옮긴이)을 소유하게 될 거라는 기대를 접었다. 사람들에게는 결국 모든 일이 다 잘 풀릴 거라는 확신이 필요했다. 격렬한 장면이 연달아 터지면서 시작했는데 위로가 되는 결말로 마무리될 것인가? 첨단 컴퓨터 기술이 만들어낸 특수효과가 우리 마음을 계속 사로잡을 것인가, 아니면 컴퓨터가 만능 슈퍼 히어로가 아닌 깜빡거리는 화면 뒤에 숨은 악당으로 변할 것인가?

이런 디스토피아에 대한 염려는 통제력을 잃고 있다는 느낌과 관련 있을 것이다. 모든 것이 대부분의 사람들은 감도 잡을 수 없을 정도로 너무 빨리 전개되고 있다. 혼자서 시동이 꺼진 차의 시동을 걸거나 카메라의 작동 원리를 이해하던 시절은 끝났다. 이미 2007년부터 신용 부도 스와프나 탄산배출도의 '부가성'만이 우리의 이해 수준을 벗어난 게 아니었다. 가정에서 쓰는 세탁기의 전원을 켜는 데도 복잡계 이론을 전공해야 할 정도다. 농담이 아니라 세탁 모드가 정말 40여 개나 필요한 걸까? 게다가 그중 하나인 '나중에 세탁하기'라는 것이 이해가 되는가?

공학에서 불안정성과 동의어로 취급되는 복잡성은 21세기 초를 대표하는 단어가 되었으며 세상은 이미 정상 범위를 벗어난 영역으로 이동하고 있었다. 그래서 사람들은 더 불안해졌고 특히 세계화가 미국화와 값싼 세탁기를 의미하던 서구 중심의 세계에서 자란 아날로그 세대는 그 불안감이 더 클 수밖에 없었다.

역사적으로 볼 때 미래에 대한 비관론은 세대교체와 비슷한 주기를 따른다. 더글러스 애덤스Douglas Adams의 통찰을 그대로 인용한다.

당신이 태어났을 때 이미 세상에 존재했던 것들은 모두 정상이다. 그

후로 당신이 서른 살이 되기 전에 새로 생긴 것들은 아주 흥미롭고 획기적이다. 당신이 서른이 된 후에 새로 생긴 것들은 자연의 질서에 어긋나며 당신이 아는 문명의 종말이 시작되었음을 예고한다. 그러다 다시 10년 정도 세월이 흐르는 동안 그것들이 꽤 괜찮다는 사실을 서서히 받아들이게 된다.

하지만 이번에는 절망의 분위기가 사뭇 다르다. 2000년대에 들어선 어느 순간부터(아마도 폭발적이었던 9·11 사태나 그 직후 더글러스 애덤스의 때 이른 죽음 이후였을 것이다) 미래는 불투명해졌다. 한때 우리가 '미래'라고 불렀던 꿈은 변질되었고 미래의 그림자는 더 흐릿해지고 모양이 어색해졌다. 하지만 그때도 모두가 그렇게 여긴 것은 아니다. 미래를 어떻게 상상하고 미래에 어떻게 반응하는지는 그 사람이 어디에 사는 누구인지에 따라 달라진다. 미래는 언제나 자신이 최근에 한 경험에 따라 구성되는 정신 작용의 산물이기 때문이다. 아시아와 아프리카 대부분 지역에서는 소득과 기회가 급속히 증가하면서 낙관주의가 대세였다. 반면에 미국과 유럽에서는 실질소득의 감소로 우울한 현실이 미래에도 투영되었다. 그런데 사람들이 너무 많은 돈을 빌려주고 빌리는 것에서 발단한 2008년 미국 금융 위기가 글로벌 위기로 확산되었고 오랫동안 확실하던 많은 것들이 소용돌이 속으로 빨려들어가 사라졌다.

우리가 과거를 더 잘 기억하고서 현재에 과잉 반응을 보이지 않았다면 무사히 넘겼을지도 모른다. 위기가 훨씬 더 일찍 닥쳤다면 잘 모르고 지나갔을지도 모른다. 한때는 정보가 별로 없어서 사람과 돈의 관계가 그다지 밀접하지 않았고 그래서 체계에 내재된 위기도 그만큼 적었다. 미국 템플

대학교 신경결정방식연구소 소장인 안젤리카 디모카Angelika Dimoka는 정보가 늘어날수록 감정 조절과 판단을 담당하는 배외측 전전두피질 영역의 활동량도 증가한다는 사실을 밝혀냈다.

하지만 어느 시점에 이르면 배외측 전전두피질 영역의 활동량이 급격히 떨어지기 마련이다. 우리 뇌가 그 영역의 관리를 포기하고 손을 놔버리기 때문이다. 들어오는 정보가 일정 수준을 넘어서면 뇌는 특정 기능을 폐쇄함으로써 스스로를 보호한다. 그 결과 불안 및 스트레스가 급격히 증가하고 사람들은 중요한 결정을 내리지 못하게 된다.

『퓨처 파일』을 쓴 지 몇 년이 지났고 구글 글라스와 같은 증강현실 장치를 쓰고서 세상을 바라보는 IT 전도사인 e-반젤리스트들이 등장했다. 반면에 아마도 대다수에 해당할 다른 이들은 장밋빛 선글라스를 끼고 과거로 고집스럽게 시선을 고정시킨다. 그 주변부 어딘가에는 이 모든 현실을 짜증스러운 눈길로 흘겨보며 자기(혐오와 자기)파괴를 추구하는 이들이 있다. 그런가 하면 인류의 진보라는 사고의 틀 자체가 낡았다고 말하는 이들도 있다. 그 말에도 일리는 있다. 하지만 그런 틀에서 우리를 구제해 줄 틀이 빠른 시일 안에 마련될 것 같지는 않다.

이 모든 부류의 사람들이 한데 뒤섞인 채로 미래를 향해 죽어라 달려가는 이들과 그 미래로부터 죽어라 도망치는 이들 간에 충돌이 일어나고 있다. 비슷한 갈등이 이슬람 근본주의자들과 자유주의 불가지론자들 간에 신념과 냉소라는 형태로 나타나고 있다. 어떤 근본주의자들은 7세기의 법 제도를 다시 도입하고 싶어 한다. 온라인에서 활동하는 자유주의자들은 법 자체를 없애고 싶어 한다.

서구의 자기혐오는 여전히 신기한 현상이다. 기대 수명, 영아 사망률,

문맹률, 극빈층 비율, 빈곤율, 여성의 취학률, 여성의 취업률 등 중요하다고 여겨지는 대부분의 척도들을 보면 지구에 사는 대다수 사람들은 이전보다 훨씬 더 나은 삶을 살고 있다. 못 믿겠다면 상황을 제대로 파악하지 못한 것이다.

글로벌 중산층의 확대, 아프리카의 전기 공급, 암환자 생존율 증가라는 좋은 소식에도 우리는 궤도를 이탈한 유성과의 충돌, 전 지구적 전염병의 창궐, 인간을 대신할 로봇의 등장이라는 인류 멸망 시나리오에 더 초점을 맞춘다. 이와 함께 기후 변화, 비만 인구 증가, 자원 고갈, 종의 다양성 파괴, 생화학 무기, 환경오염과 같은 심각한 문제들 또한 존재하지만 나는 그런 문제들은 인간의 마음속 깊숙이 자리한 더 보편적인 불안감이 투영된 것이며 인류의 멸망으로 이어지지는 않을 것이라고 본다. 그렇다면 그렇게까지 절망해야 할 이유가 없는데도 왜 우리는 그토록 절망하는 것일까?

9·11 사태 이전(혹은 1989년 베를린 장벽이 무너지기 전, 또는 2008년 금융 위기 이전, 또는 어떤 사건을 골라도 좋다)에는 사람들은 앞으로 어떤 일이 벌어질지 명확하게 알고 있다고 생각했다. 되돌아보면 언제나 그렇듯이 그런 생각은 착각에 불과했음이 밝혀졌다. 하지만 구체적인 내용이 중요한 것은 아니다. 적어도 사람들은 세상이 어디로 향하고 있는지를 감지했고, 그래서 자신을 둘러싼 세계를 그럴듯하게 설명해주는 이야기를 엮어낼 수 있었다. 많은 사람들에게 삶은 녹록지 않은 것이었지만 그들은 자신들이 어디에 발을 디디고 서 있는지 확실히 알고 있었다. 그래서 러시아 같은 국가들이 다시 시간을 되돌려 국경을 포함한 이전 시절의 확실성을 재구축하기를 갈망하는 것이다.

오늘날 많은 사람들은 미래가 허공으로 사라졌거나 자신들이 이해 불가능하고 통제 불가능한 어떤 힘에 인질로 붙잡혀 있다고 느낀다. 하지만 그건 말도 안 된다. 첫째, 미래의 특정 요소들은 이미 확정된 상태다. 인구는 거의 확실하게 예측할 수 있는 요소이고 지질과 지리적 여건은 여러 제한을 가한다. 따라서 미래의 일부는 역사 속 범람원과 강줄기에서 찾을 수 있다. 둘째, 국가들의 집합적 심리 상태 또한 과거의 영향을 받는 요소로 미래의 방향을 예측하는 데 도움이 된다. 셋째, 기술이라는 요소가 있다. 기술이 중립적인 것은 사실이다. 하지만 수식에서 인간을 뺏을 때 이야기다. 나는 인간의 역사, 본성, 그리고 점점 비인간화되고 있다고 많은 사람들이 생각하는 기술이 서로 만나는 바로 그 지점에서 앞으로 수년 동안 가장 첨예한 갈등이 발생할 것이라고 예상한다. 기술 지형도는 급격히 변화하는 데 반해 우리의 산만한 원숭이 뇌는 그만큼 빠른 속도로 적응하지 못하고 고전할 것이기 때문에 갈등은 더 고조될 것이다.

이런 생각들은 2006년에 내가 『퓨처 파일』에서 "넓게 보아 앞으로 50년 동안 역사는 기술과 인간의 관계로 정의될 것이다"라고 적었을 때 이미 내 레이더망에 포착되었다. 다만 지금 와서 생각하니 내가 그런 주장을 너무 안이하게 다루었던 것 같다.

이상한 일이다. 1970년에 출간한 앨빈 토플러Alvin Toffler와 하이디 토플러Heidi Toffler의 『미래 쇼크Future Shock』에서도 이미 지적한 바 있고 내가 그 책을 아주 열심히 읽었는데도 그런 점을 좀 더 진지하게 고려하지 않았다니. 『미래 쇼크』에서 토플러 부부는 개인과 사회가 아주 짧은 시간 동안 너무 많은 변화가 일어나고 있다는 **인상**을 받으면 심리적인 문제와 정신 불안을 겪을 것이라고 주장했다.

당신은 그들의 주장이 틀렸다거나(즉 그런 일이 일어나지 않았다거나) 그들의 주장이 옳았지만 그들이 예측한 발생 시기가 크게 빗나갔다고 반박할지도 모르겠다(미래학자들은 믿기 어려운 예견에 대해 언제나 '시간이 흐르면 언젠가는 그렇게 될 것이다'라는 말을 자주 쓴다). 누구의 말이 이목을 끌고 어떤 말이 신뢰를 얻으며, 또 왜 그런지에 대해 고민할 여지도 있지만 지금은 그런 고민을 탐색하기에는 시간도 없고 이 책이 적절한 자리도 아니다.

개인적으로는 토플러 부부가 뭔가 중요한 것을 알아챘다고 생각한다. 그리고 내 책에 스릴 넘치는 액션 신이 있다면 바로 그 부분, 즉 변화 및 재생에 대한 갈망, 그리고 성과 및 안정에 대한 필요가 충돌하는 그 부분이 아닐까 한다. 우리는 새로운 기술과 새로운 글로벌 규범을 따르도록 강요당할 것인가, 아니면 새로운 기술이 우리에게 맞추도록 강요하면서 우리의 필요에 따라 기술을 삭제하고, 통제하고, 회피할 것인가?

예를 들어 기술은 인류에 봉사해야 하는가? 그렇다면 궁극적으로 어떤 목표에 맞춰야 하는가? 모든 자동화와 인공지능은 합의된 도덕적 틀 안에서만 존재해야 하는가? 그렇다면 인간과 기계에게 허용되는 선은 어디까지인가? 인간과 기계를 합성하는 것이 허용될 수 있을까? 그리고 부분적으로는 인공적인 혹은 인조인간 형태의 보강된 인간을 만드는 일을 허용할 것인가? 그렇다면 그런 식으로 보강되지 않은 호모 사피엔스는 어떻게 될 것인가?

어떤 일이 벌어지든지 간에 우리는 결코 신념을 잃어서는 안 된다. 미래는 아무것도 결정되지 않은, 언제나 열린 상태이기 때문이다. 미래는 우리의 선택에 의해 결정되고 그런 선택은 언제나 뒤집어지고 바뀔 수 있다.

마지막 순간까지도 말이다.

어떻게 보면 우리가 당면한 문제는 기술이 아닌 인간인지도 모른다. 하지만 그 문제에 대해서는 뒤에서 더 자세히 다루겠다. 분명한 것은 우리가 앞으로 다가올 수십 년 동안 어떤 일이 벌어질 것인가를 걱정하기보다는 우리가 개인으로서, 그리고 집단으로서 어떤 일이 벌어지길 원하는가에 집중해야 한다는 사실이다. 그리고 그런 것들을 생각하는 데 반드시 논리가 필요한 것도 아니다. 대신 우리의 마음속 깊이 자리 잡고 있는 희망과 두려움을 토대로 삼으면 된다.

이 책의 목적은 미래를 정확하게 예견하는 것이 아니라 미래를 개괄적으로 그려 보는 것이다. 우리가 현재 어떻게 살고 있는지에 대한 논평이며 앞으로 어떻게 살고 싶은가에 대한 논의다. 우리는 누구이고 어디로 향하고 있는가라는 질문, 그리고 새로운 디지털 기술의 등장이 낳는 모든 이해관계와 입장의 중심에는 인간이 있어야 한다는 당위를 다루고 있다.

부디 앞으로는 바로 우리가 미래가 드리우는 그림자의 주인이 되고, 이 책이 사람들에게 혼란이 아닌 위안을 어느 정도 줄 수 있기를 바란다.

1

사회와 문화 Society and Culture

우리는
어쩌다
사람보다 기계를
더 사랑하게 되었을까?

컴퓨터를 사용하면 많은 일들이 쉬워진다.
그런데 컴퓨터 덕분에 쉬워지는 일들은 대부분
굳이 하지 않아도 되는 것들이다.

앤디 루니 Andy Rooney

몇 년 전 나는 '미래'라는 단어의 의미를 두고 공상과학소설가인 라비 티다르Lavie Tidhar와 아주 멋진 대화를 나눴다. 글쓰기라는 실용적인 관점에서 볼 때 어느 지점에서 미래는 현재에서 확실하게 벗어날까? 완벽한 현실과 구별되는 부서지기 쉬운 환상으로 들어서려면 작가는 얼마나 먼 미래로 나아가야 할까? 라비 티다르에게 미래는 여러 가지 것들이 '기이해지기 시작하는' 시점이다. 나에게 미래는 실제 사실이 픽션보다 더 허구처럼 느껴지는 시점이다.

아직 호주에서 살고 있을 때 나는 온라인에서 만난 김유철과 최미선이라는 부부가 아이를 굶기고 방치했다는 뉴스 속보를 접했다. 이들 부부는 온라인에서 만나 사귀다가 결혼했고, 사건 당시에는 프리우스 온라인Prius Online이라는 가상현실에서 아바타 아이를 키우는 데 집중하고 있었다. 그들에게는 현실 세계에서 실제로 살아 있는 아이를 키우는 일보다 가상현실 속 아이를 키우는 일이 더 보람되게 느껴졌던 모양이다. 경찰의 보도자료에 따르면 이 부부는 둘 다 실직 상태였다. 진짜 딸은 집에 혼자 내버려둔 채 아니마Anima라는 깜찍한 이름이 붙은 디지털 딸을 돌보느라 서울(원래는 수원 ― 옮긴이)의 한 PC방에서 하루 12시간씩 게임에 몰두하곤 했다.[1]

이 이야기를 사람들이 컴퓨터 게임에 지나치게 깊이 빠져서 일어난 일이라고 무심히 넘길 수도 있다. 그러나 이 이야기를 기술 발전이 낳은 서글픈 우화 정도로 받아들인다면 아주 크게 헛다리 짚은 것이다. 더 찬찬히 들여다보면 이것은 사람들의 감정을 반영해 프로그램된 지극히 똑똑한 기계의 시대에서 정체성, 목적의식, 친밀감이 어떻게 변했는지에 관한 이야기다. 또한 사회적 상호작용, 중독, 이탈의 문제와 벅찬 현실을 감당하지 못하는 사람들에 관한 이야기이기도 하다. 무엇보다 우리의 구닥다리 뇌가 진짜 인간관계와 의사 사회관계인 가상 세계에서의 관계를 제대로 구별할 능력이 없다는 사실을 보여주는 이야기다.

이 사건이 서울에서 벌어졌다는 것 자체가 매우 흥미롭다. 서울은 나머지 세계가 어디로 향하고 있는지를 보여주는 지표가 되는 곳이기 때문이다. 세계에서 인터넷 기반이 가장 잘 갖춰진 도시이며[2] 겉으로는 미래의 모습을 띠고 있지만 겉포장을 들추고 더 깊이 들어가면 여전히 1950년대에 머물러 있다. 서울은 세계에서 초고속 인터넷 평균 속도가 가장 빠르다. 심지어 그보다 1,000배 더 빠른 5G망 구축 계획도 진행 중이다. 그런데 이곳 스타벅스에서 인터넷을 사용하려면 정부가 발행한 주민번호가 필요하고 매주 검열을 통해 상당한 양의 정보가 인터넷에서 삭제된다.

점점 더 많은 정부가 인터넷에서 사람들이 접할 수 있는 정보를 통제하면서 인터넷의 개방적이고 참여적이며 자유주의적인 특성이 검열과 규제로 약화될지도 모른다. 마찬가지로 규제를 덜 받는 기업들이 아주 그럴듯한 가상 경험을 만들어내서 사람들이 다른 사람과 깊은 관계를 맺기를 꺼리고 더 이상 사회에서 생산적인 활동을 중단할 가능성도 있다.

화면으로 사람들이 어떻게 수를 두는지 지켜본 후 그 사람의 약점을 의도적으로 파고들어 가능한 한 오래 도박을 하도록 설계된 도박기가 나온 지 오래다. 업계의 표현을 빌리면 사람들이 죽을 때까지 게임을 계속하게 만드는 것이 목표다. 김유철과 최미선이 바로 그런 경우다.

어 느 정 도 는 인 간 적 인

한국과 이웃한 일본도 과거와 미래가 충돌하며 경쟁하는 나라다. 예부터 이어져온 벚꽃축제와 유치원 및 요양시설에서 일하는 로봇이 나란히 존재한다. 자동화는 인구, 공동체, 열정 부족으로 생긴 틈을 메운다.

그런 로봇 중 하나가 파로Paro다.[3] 파로는 복슬복슬한 바다표범처럼 생긴 치유 목적 돌봄 로봇이다. 이 로봇은 말벗 역할을 하도록 만들어졌으며 인간과 주고받는 상호작용에 맞춰 행동을 달리한다.

사람을 돌보는 데 파로를 투입한 것은 굉장한 아이디어다. 병원에서 묵직한 환자 운반차를 자동으로 끌고 다니는 로봇도 있다. 이런 로봇 덕분에 환자를 운반하는 이가 허리 부상을 당하는 일은 막았지만 이 로봇은 얼굴과 팔다리가 없기 때문에 매력도 없다. 환자들에게 웃어 보이거나 인사를 건네는 법도 없다. 물론 그런 행동을 하도록 만들 수는 있다. 이렇게 본다면 두 로봇 모두 기술이 우리 사회에서 인간미를 줄이는 예다. 우리에게 필요한 것은 효율성을 높이는 전자기기가 아니라 인간의 상냥함과 연민이다.

MIT에서 과학과 기술의 사회적 측면을 연구하는 셰리 터클Sherry Turkle 은 기계와 관계를 맺는 것은 위험하다고 말한다.[4] '로봇을 통한 사회화에 좋은 점'은 없기 때문이다. 어린이나 노인 같은 취약한 집단은 로봇이 마치 사람이라도 되는 듯이 마음을 열고 정서적으로 의존하고 비이성적인 기대를 하게 된다. 그녀가 내린 불편한 결론은 우리가 "연민을 시뮬레이션하는 것만으로도 충분하다고 여기는 신종 망상을 적극적으로 받아들이는 것처럼 보인다"는 사실이다. 터클 교수의 책 『외로워지는 사람들 Alone Together』의 부제에 모든 주장이 담겨 있다. 우리는 왜 기술에는 더 많이 바라고 서로에게는 덜 바라는가Why we expect more from technology and less from each other.

어떤 면에서는 돌봄 로봇이 정말 필요해서가 아니라 지적 도전 과제 혹은 과학적 도전 과제라서 돌봄 로봇을 만드는 것처럼 보이기도 한다. 다만 다른 사람과 공감하지 못하는 사람, 즉 로봇과 삶을 공유하는 것을 개의치 않는 사람, 더 나아가 사람보다는 로봇과 삶을 나누는 것을 더 선호하는 사람에게는 그런 로봇이 꼭 필요할지도 모르겠다. 공상과학영화 〈바이센테니얼 맨Bicentennial Man〉을 본 사람이라면 그렇다고 말할 것이다. 어쩌면 물리적 실재나 인간과의 접촉은 중요하지 않을 수도 있다. 아니면 적어도 우리가 현재 생각하는 것만큼 중요하지 않을 수도 있다.

종래에는 상호성과 인격의 시뮬레이션을 통해 친한 친구가 되어줄 로봇과 기계를 만들 것이다. 결점도 부여할 것이다. 그리고 우리는 이런 성격들이 진짜가 아닌데도 개의치 않을 것이다.

현재 온라인에서 우리가 쉽게 받아들이는 다른 사람들의 모습이 대개 현실을 편집한 것이라는 사실을 신경 쓰는 사람은 별로 없어 보인다. 우리는 자신이 엮는 디지털 정체성과 이야기에 두려움, 의심, 취약성 같은 요소는 되도록 넣지 않는다. 우리는 실제 모습보다 더 행복하고 더 예쁘고 더 훌륭해 보이도록 스스로를 편집한다. 아날로그 세계의 모호함이 아닌 화소를 다듬은 완벽함을 선호하기 때문이다(매일 발행되는 뉴스도 마찬가지로 모호함을 제거하고자 현실을 편집한 것이다. 다만 추구하는 방향이 반대여서 일반적으로 인간의 겸손과 행복은 무시하고 불행과 갈등은 과장한다).

그런데 기계와 정서적인 관계를 쌓기 전에 먼저 왜 그러는지 스스로 질문해야 하지 않을까? 먼저 인간으로 존재한다는 것이 무엇을 의미하는지 논쟁을 벌이고 난 다음에 새로운 기술이 긍정적인 영향을 끼칠지 부정적인 영향을 끼칠지 살펴봐야 하지 않을까? 어쨌거나 기술은 수단이지 목적은 아니니까. 그렇다고 기술 발전을 거부하고 과거로 돌아가자는 말이 아니다. 다만 첨단기술 전문가들과 철학자, 역사가, 윤리학자가 한자리에 모여 머리를 맞대야 한다는 뜻이다. 우리에게는 지식뿐 아니라 지혜도 필요하고 컴퓨터 규칙뿐 아니라 도덕규범도 필요하다.

현재 우리가 사용하는 기계의 유래를 돌아보면 기술의 목적은 인간이 할 수 없는 작업을 하거나 인간이 지루한 반복 작업을 하지 않도록 대신 해주는 것이었다. '로봇robot'의 어원은 '강제 노역forced labor'을 의미하는 체코어 'robota'다. 지루하거나 위험한 일을 사람이 아닌 기계에게 시키는 것은 지극히 합리적이다. 인간의 상호작용과 인간관계를 향상시키고자 기계를 사용하는 것 또한 이해할 만하다. 그러나 현재는 많은 경우에 기계를 쓰는 목적이 단지 인건비 감축이라는 의심이 든다. 그런데 우리는 이런 상황을 받아들인다. 효율성이 높아진다고 하니까. 또는 우리에게 선택권이 없으니까.

더 넓게 인건비가 사회적인 측면에서 무엇을 의미하는지는 고려 대상이 아니다. 그래서 21세기 초의 주류 내러티브는 기계 중심적이다. 분명 그 반대여야 할 텐데도 사람이 아닌 기계를 떠받들고 있는 것이다.

얼마 전 옥스퍼드 대학교에서 실시한 연구를 다룬 BBC 방송 프로그램을 보았다. 그 방송에 따르면 현재 직업 항목 중 약 절반 정도가 앞으로 20년 내에 자동화로 사라질 것이라고 한다.[5] 더 나은 새 일자리가 생긴다면 별 문제가 되지 않을 것이다. 지금까지는 그랬다. 산업혁명으로 많은 일자리가 사라졌지만 다른 일자리가 생겨났고 임금이 올라갔으며 높은 생산성과 번영의 새 시대가 열렸다. 그러나 인터넷은 과거와는 정반대의 결과를 낳을 것이다. 컴퓨터 과학자이자 저자인 재런 러니어Jaron Lanier에 따르면 인터넷 덕분에 일자리와 부가 새로 생기지만 그보다 더 많은 일자리와 부가 사라진다. 아마존Amazon.com이 그러한 파괴를 불러온 한 예고, 음악이나 사진부터 신문이나 호텔에 이르기까지 다양한 산업에도 그런 예가 존재한다.

흥미로운 점은 이런 현상에 사람들이 얼마나 운명론적인 반응을 보이는가다. BBC가 인터뷰한 사람 중에는 "글쎄요, 어쨌든 진보라고 봐야겠지요"라고 말한 이도 있다. 그런데 어디로 향하는 진보일까?

진 보 라 는 허 상

멀리서 보면 분명 진보가 급격한 상승 곡선을 그리는 듯하다. 그러나 이것은 시점에서 비롯된 허상이기도 하다. 돋보기로 보면 상승 곡선의 구간들은 진보, 절박한 후퇴, 다시 성큼 나아간 진보의 연속으로 이루어져 있다. 미국의 노스웨스턴 대학교 거시경제학 교수 로버트 고든Robert Gordon 은 우리가 이른바 혁신적인 기술이라고 부르는 것들은 대부분 결코 그런 표현에 어울리지 않는다고 주장한다. 수도, 하수시설, 전기, 자동차, 철도, 우표, 전화 같은 과거의 기술은 현재 우리가 보유한 그 어떤 디지털 기술 보다 더 큰 영향력을 행사했다. 첨단기술 전문 저술가 예브게니 모로조 프Evgeny Morozov는 이를 다음과 같이 간단하게 표현한다. 인터넷은 "식기세 척기가 대단한 것만큼 대단하다." "(샌프란시스코에 근거지를 둔) 첨단기술 문화는 오직 한 문제, 바로 엄마가 더 이상 날 위해 해주지 않는 것을 해 결하는 데 집중하고 있다"라고 주장한 익명의 어느 익살꾼도 이에 동의 할 것이다.[6]

디지털 기술은 대체로 점진적인 변화를 상징한다. 무엇보다 디지털 기 술은 그동안 편의와 효율을 추구한 인간의 노력을 나타낸다.

어쨌거나 이런 진보를 모신 성전을 마련하고 숭배하는 이들이 있다. 라스트미닛닷컴lastminute.com의 설립자 마사 레인 폭스Martha Lane Fox는 디지 털 혁명에 반대하는 사람은 모두 이단자라고 우긴다.[7] 변명의 여지가 없 다. 누구나 온라인 세상에 발을 들여야 한다. 나이 불문하고 저항하는 이가 있다면 '살짝 등을 떠밀어'줘야 한다. 오프라인 세상에 머무는 것만으로는 '충분하지 않다'는 것이 그녀의 주장이다.

폭스는 모든 디지털 저항을 러다이트 운동(1811년부터 1817년까지 산 업혁명으로 일자리를 잃은 영국의 노동자들이 기계파괴 운동—옮긴이)과 동일 시하는 것처럼 보인다. 그러나 그녀는 인터넷이 실제로 해방하고, 정보를 주고, 힘을 실어주는 면도 있지만 인터넷에서도 우리는 여전히 속을 위험이 있다는 점을 간과한다. 『인터넷은 답이 아니다The Internet is Not the Answer』의 저자 앤드루 킨Andrew Keen도 이 점을 지적한다. 새 상사는 옛 상사와 다를 바 없다. 그런데도 "IT 전도사들은 인터넷이 개방되고 탈중앙집중적인 기술이라고 해서 본질적으로 덜 위계적이거나 덜 불평등한 사회로 바로 변환된다고 믿는 실수를 저지른다."

게다가 개개인이 더 이상 예전만큼 다른 사람과 상호작용하지 않는 현상은 어떤 결과를 낳을까? 그리고 눈에 보이지 않는 기계가 사람들이 수행하던 여러 역할과 관계를 대신하는 경우가 점점 더 늘어나면 어떤 일이 벌어질까?

예를 들어 네 살배기가 아이폰 때문에 충동 조절 장애 치료를 받는 것이나[8] 아이패드 받침대가 달린 배변 훈련용 간이 변기를 살 수 있다는 것이[9] 문제가 될까? 로봇이 아이를 양육하거나 임종 아바타가 사람이 죽는 순간 보는 마지막 얼굴이 되는 것을 용인해도 될까? 안 된다면 왜 안 될까? 우리는 어쩔 수 없이 그런 것들에 익숙해지게 될까, 아니면 그에 맞서 드라이버 같은 단순한 도구를 집어들고서 진보를 재정의하고 이 디스토피아를 분해하며 싸우게 될까?

나는 인간과 기계의 관계, 그리고 그 관계에서 둘 사이의 힘의 균형이 현재 및 미래 세대가 고민해야 할 근본적인 문제라고 생각한다. 그런데 왜 다들 아무 말이 없을까? 아마도 우리 대부분이 모바일 기기에 매여 있기 때문일 것이다. 모바일 기기에 주의가 끊임없이 분산되어서 이런 기술의 영향력에 대해 깊이 생각하지 못하고 있다.

정보는 지금 연중무휴, 하루 스물네 시간 내내 포착되고 유통된다. 그래서 머리를 비울 시간이 거의 없다. 혹은 우리 스스로 바쁜 쪽을 선택하는 것일 수도 있다. 속도를 늦추고서 우리가 누구이고 어디로 향하고 있는지를 성찰하는 것, 혹은 우리가 과연 오래도록 살아남을 만한 내용이나 가치가 있는 무언가를 하고 있는지를 성찰하는 것은 상상조차 하기 싫을 정도로 끔찍할 테니까.

나와 내 셀카, 그리고 나

—

얼마 전 카페에 갔다. 그런데 그곳은 카페라기보다는 임시 작업실이나 카페인 중독자의 집결지에 가까웠다. 충전 케이블이 바닥 여기저기에 흩어져 있었고, 거의 모든 손님이 모바일 기기를 사용하고 있었다. 홀로 골똘히 생각에 잠기기는커녕 카페인 없이 단 1분도 견디지 못할 사람들처럼 보였다. 개인 휴대 통신 기술이 개인 간 소통을 방해하고 있었다. 분명 다들 디지털 친구가 수백 명은 될 것이다. 그러나 그들이 자신만의 작디작은 화면에 몰두하는 동안 옆에 있는 현실 세계의 진짜 사람들은 모두 버림받았다.

카페는 손님으로 가득 차 있었지만 다들 이야기가 아닌 문자를 하고 있었다. 그래서 카페 안은 조용했다. 말소리도, 웃음소리도 들리지 않았다. 카페 안 공기는 느슨하면서도 긴박했다. 아주 이상한 조합이었다.

강박적일 정도로 자기몰두에 빠진 이 사람들이 생각이란 것을 하고 있었을까? 자신의 피부를 지그시 누르는 시간을 느꼈을까? 적어도 내가 보기에는 그렇지 않았다. 그들은 아무 의미 없는 파워포인트 발표 자료를 만들고, 페이스북과 트위터에 함몰되고, 스냅챗과 인스타그램 친구에게 자신 앞에 놓인 커다란 비스킷만 달랑 찍은 사진을 보내고 있었다. 대부분 받아들이는 것보다 내보내는 것에 몰두하면서 지성인이자 작가인 크리스토퍼 래시Christopher Lasch가 말한 "시간을 뛰어넘는 자기집중"에 빠져 있는 것처럼 보였다.

그 같은 달에 러시아 분리주의자들은 여객기를 추락시켰고, 시리아에는 유혈이 낭자했으며, 팔레스타인과 이스라엘은 서로에게 보복 조치를 하느라 정신이 없었다.

그 얼마 전에는 디지털 혁명이 기대와는 달랐다며 의문을 제기하는 기사가 났다. 미국에서 PC가 널리 보급되는 동안 생산성은 오히려 제자리걸음을 하는 것처럼 보인다는 점을 지적한 기사였다. 미국 경제학자 로버트 솔로Robert Solow의 말대로 컴퓨터는 어디에나 있다. 경제 지표만 빼고.[10]

그러니 그 무렵 토론거리는 넘쳐났다. 나는 벌떡 일어서서 외치고 싶었다. '나는 너무 화가 나서 폭발할 지경이에요. 더 이상 두고 볼 수가 없습니다'라고(영화 〈네트워크Network〉(1976)에서 하워드 빌(피터 핀치 분)의 대사 ― 옮긴이). 그러나 그렇게 영화 대사를 인용해가면서까지 큰 소리로 외쳤더라도 때와 장소를 가리지 않는 유비쿼터스 네트워크 속에서는 전혀 주목을 끌지 못했을 것이다.

이렇듯 사람들이 오로지 자기에게 집중하는 현상이 어떻게 우리가 한국에서 딸을 굶겨 죽인 부부 소식에 분노하다가도 곧바로 그 사건을 완벽하게 잊을 수 있는지를 설명해줄지도 모르겠다. 우리가 디지털 세상에서 보내는 그저 그런 분초의 일상들이 그런 기억들을 지워버리는 것이다.

우리가 왜 여기에 있고 우리가 존재하는 이유는 무엇인가―그리고 기술은 이런 질문과 어떻게 연결되는가―라는 심오한 질문을 스스로에게 던지지 않는 또 다른 이유는 새로운 최첨단 의사소통 기술을 지지하는 많은 이들이 자폐 스펙트럼 장애가 있다 보니 역설적이게도 다른 사람과 소통하고 공감하는 데 어려움을 겪기 때문이다. 소설가 더글러스 쿠플랜드 Douglas Coupland가 『마이크로서프Microserfs』('마이크로소프트'와 노예를 뜻하는 '서프serf'의 합성어로 정보기술 분야에서 낮은 임금을 받고 일하는 근로자를 가리키는 말 — 옮긴이)에서 서술하듯이 "모든 기술기업 종사자가 살짝 자폐증을 앓고 있는 것 같다." 실리콘밸리의 그토록 많은 몽상가들이 물리적인 자기 자신과 접속을 끊고 반짝반짝 빛나는 은빛 미래로 도피하고 싶어 하는 이유는, 아마도 그들이 치밀한 정신의 소유자라서 짐만 되는 몸뚱이는 한 번도 원한 적이 없기 때문인지도 모른다. 이런 자폐 성향의 첨단 기술 전문가와 나머지 사람들 간 이분법은 찰스 퍼시 스노C.P. Snow의 저서 『두 문화The Two Cultures』를 연상시킨다. 이 책은 과학자이자 소설가인 스노가 1959년에 자신이 한 강연을 바탕으로 썼는데[11] 그는 정밀과학과 인문학 간 엄격한 이분법이 세계가 직면한 당면 과제를 해결하는 데 가장 큰 걸림돌이 될 것이라고 주장했다.

다른 한편으로는 인류 전체가 다소 자폐 성향을 띠기 시작했기 때문인지도 모른다. 대부분 혼자 살기를 원하고 남들과는 어쩔 수 없이 어색한 교류를 이어나간다. 분명 내가 직접 목격한 하나의 흐름은 점점 더 많은 사람들이 현실 세계에서의 관계를 감당하지 못하고 있다는 것이다. 실리콘밸리, 도쿄, 서울에 한정된 이야기가 아니다. 나머지 세상에서도 마찬가지다. 탄소로 이루어져 있으며 직립보행을 하는 인간이라는 종에게는 논리로는 설명할 수 없는 욕구가 있으며, 우리의 그런 충동은 다른 이들에게는 짜증을 유발하는 원인이 되기도 한다.

그러니 인간이라는 존재는 디지털 거름망을 사이에 두고 접촉하거나 아예 대면하지 않는 것이 상책이다. 만약 그렇지 않다고 생각한다면, 그리고 주변에 아는 10대가 있다면, 그에게 예고 없이 전화를 걸어 보라. 연결이 되지 않을 수도 있다. 전화를 받지 않는 게 보통이기 때문이다. 만약 연결이 되더라도 통화하는 것을 불편하게 여길 것이다. 전화는 실시간으로 이루어진다. 즉각적인 반응을 요구하기 때문에 최상의 결과를 보장하는 포토숍이나 크라우드소싱이 불가능하다.

더 좋은 실험은 10대가 전화기를 잃어버리거나 스물네 시간 동안 전화기 사용을 금지당하면 어떤 일이 벌어지는지 관찰하는 것이다. 마치 자신의 정체성이 산산조각이라도 난 듯 굴 것이다. 어떤 면에서는 그렇기도 하다. 영국의 과학자이자 저자이며 방송인인 수전 그린필드Susan Greenfield가 지적하듯이 "개인의 정체성은 점점 더 가상현실 속 관객의 인정에 의해 규정되고 있다." 접속된 상태를 유지하는 것은 자기보호와도 관련이 있다. 10대는 인터넷에 접속한 상태가 아니면 남들이 자기를 두고 하는 말을 관리할 방법이 없다. 젊은 세대를 비판하려는 게 아니다. 다만 그들의 모습이 앞으로 다가올 세상의 전조일지도 모른다는 말이다. 그리고 일부 비평가, 이를테면 미국의 심리학자 수전 핑커Susan Pinker에 따르면 기술로 인해 인간성은 벼랑 끝에 몰리고 있다.

그러나 우리가 어린아이들과 청소년들이 현실 세계에서 함께 모이는 것을 얼마나 어렵게 만들었는가를 생각하면 이런 모바일 기기와 소셜미디어의 성공은 당연하다. 물론 온라인상에서의 과시행위, 자기도취, 혐오에 불만을 표하는 이들이 있다. 또한 컴퓨터 과학자이자 과학 저술가인 조지 자카다키스George Zarkadakis의 말대로 "소셜 네트워크는 기존 사회 구조를 부식시키고 포스트 산업사회에 부족주의를 다시 확산하고 있다." 그러나 내 경험에 비추어 볼 때 소셜 네트워크는 다른 사람과의 교류와 우정이라는 인간의 기본적인 욕구를 채워주기도 한다.

우리는 현실 세계는 물리적인 위험으로 가득하다고, 그리고 특히 아이들에게 위험하다고 스스로를 세뇌했다. 그래서 우리는 아이들이 모바일 기기에 중독되는 것에 불만을 표하면서도 아이들에게 모바일 기기를 달거나 추적 신호를 발신하는 옷을 입히지 않은 이상 우리 눈에 보이지 않는 곳, 즉 바깥세상에 내보내기를 주저한다.

아이들이 바깥에 나가거나 부모 없이 있을 때 부모가 카메라가 달린 드론을 아이의 머리 위에 떠우고 따라다니게 할 날이 머지않았다는 생각이 든다. 이런 맥락에서 왜 소셜미디어를 부모의 피해망상이 낳은 직접적인 반응이라고 하는지 쉽게 이해할 수 있다.

우리는 위험을 잘못 계산함으로써 오히려 가장 소중한 것을 파괴하는 결과를 낳을 수도 있다는 점을 놓치고 있다. 디지털 세계에서 사용되는 감정을 표현하는 기호가 인간관계를 약화할 수 있다. 마찬가지로 누군가 바로 옆에 앉아 있을 때조차 현실 세계에 머물지 못함으로써 인간관계는 사라진다.

나도 다른 이들의 존재가 불편하게 느껴질 때가 있다. 그러나 물리적으로는 그 자리에 있지만 정신적으로는 다른 곳에 있는 사람들로 가득 찬 카페는 더 끔찍했다. 철학자 알랭 드 보통Alain de Botton의 말대로 오늘날 마음을 아프게 하는 것은 사람들의 부재 자체라기보다는 그런 부재에 사람들이 얼마나 무관심한가다.

페이스북에 100만 명이 넘는 사람들이 접속하고 있다는 것만 보면 세상에 우정이 넘쳐나서 문제라고 생각할 것이다. 그런데 미국 종합 사회 설문조사US General Social Survey의 결과는 반대다. 1985년과 2004년 사이에 가까운 친구(불행이 닥쳤을 때 정말로 의지가 되는 사람)의 수는 1인당 평균 2.94명에서 2.08명으로 줄었다.[12] 그런 친구가 전혀 없는 사람의 비율은 8퍼센트에서 23퍼센트로 늘었다. 조사 결과에 의문을 제기하는 이도 있었지만 다른 설문조사도 인터넷의 보급과 고립도의 증가 간에 연관성이 있음을 보여주는 유사한 결과를 내놓았다.

독일의 훔볼트 대학교 정보 시스템 연구소가 2013년에 실시한 연구에 따르면 페이스북은 심지어 사람들을 분노하고 짜증나게 만들기도 하고, 미시건 대학교가 2013년에 실시한 연구에 따르면 사람들의 질투심을 부추겨서 자신이 더 불행하다고 느끼게 만들기도 한다.

이제는 현실 세계의 친구를 찾아주는 웹사이트(예를 들어 렌트어프렌드닷컴rentafriend.com)도 있다.[13] 이런 웹사이트는 외로움 자체보다는 우정에 대한 갈망과 더 관련이 있을지도 모른다. 그러나 느슨해지는 공동체, 인구의 고령화 추세, 단독 가구의 증가 같은 요인을 함께 고려하면 옥스퍼드 대학교의 도발적인 사상가 시어도어 젤딘Theodore Zeldin의 주장대로 21세기에 독보적으로 가장 심각한 문제는 외로움일지도 모르겠다는 생각이 든다.

최근 릴레잇 연구소가 영국에서 실시한 설문조사에 따르면 가까운 친구가 없는 사람이 470만 명에 달한다.[14] BBC의 여론조사에서는 영국인의 33퍼센트가 디지털 소통에서 '소외되었다'고 느낀다고 답했다.[15] 그 33퍼센트 중 27퍼센트가 18~24세였다. 영국인의 85퍼센트는 친구나 가족과의 면 대 면 소통을 선호한다고 말했다.

빅토르 마이어쇤버거Victor Mayer-Schonberger는 저서 『삭제 : 디지털 시대와 망각의 미덕Delete : The virtue of forgetting in the digital age』에서 삶의 모든 측면을 기록하고자 하는 욕구의 증가는 주로 출산율 감소와 세대 규모의 감소로 인한 친밀한 인간관계가 줄어든 것과 관련이 있다고 말한다. 우리는 더 이상 전통적인 세대 간 공유라는 맥락을 경험할 수 없기 때문에 디지털 파일에 우리의 기억을 보존해서 사람들이 우리를 절대 잊지 않게 하려는 것이다.

이런 파일은 물론 안정성에 문제가 있다.[16] 최근 인터넷의 초기 선구자 중 한 명인 빈트 서프Vint Cerf는 기술이 너무 빨리 발달하기 때문에 데이터가 '블랙홀'에 빨려들어가 더 이상 찾을 수 없는 상태가 될 거라고 말했다. 그는 말 그대로 중요한 사진을 간직하고 싶다면 인화지에 출력해두라고 조언했다.

우리의 감각이 디지털 불안전성과 연결되어 나타난 현상으로는 대량 실상무기 개발이나 엔론 사태부터 세계 금융 위기나 리보 조작 사건에 이르기까지 다양하다. 이런 스캔들을 지켜본 우리는 더 이상 정치 지도자와 정부기관이 우리에게 진실을 알려주거나 도덕적인 지침을 내릴 것이라고는 기대하지 않는다. 몇 년 전, 미국의 사회과학자들은 9·11 사태라는 집단 트라우마 경험이 협력하는 분위기를 낳을 것이라고 여겼지만, 지금까지의 지표만 보면 그 반대 현상이 나타나고 있다.

1972년에서 2012년까지 3만 7,000명의 미국인을 대상으로 실시한 조사에 따르면 2012년 정부와 언론에 대한 신뢰도를 포함해 타인에 대한 신뢰도가 사상 최저치를 기록했다.[17] 여론조사기관인 퓨 리서치 센터도 X세대에서는 31퍼센트가, 베이비붐 세대에서는 40퍼센트가 다른 사람을 신뢰한다고 답한 반면 밀레니얼 세대는 19퍼센트만이 다른 사람을 신뢰한다고 답했다고 발표했다.[18] 신뢰의 추락은 곧 우리가 더 이상 누구를, 그리고 무엇을 믿어야 할지 모르게 되었으며 그에 따라 자기 자신 혹은 가까운 주변의 문제에만 집중하게 되었음을 의미한다.

결국 사회가 원자화된 것이다. 그런 사회에서 우리는 안정성, 확실성, 공정성이라는 요소를 갈망하면서도 다른 한편으로는 개인이 여전히 주도권을 쥐고 자신의 기기를 마음대로 휘두를 수 있기를 바란다.

현실 세계에서의 인간 상호작용이 줄어들고 있음을 보여주는 또 다른 예는 쇼핑이다. 오늘날 많은 사람이 가능하면 계산원과 눈을 마주치지 않으려고 애쓴다. 눈을 마주친다는 것은 어느 정도 인간적인 접촉을 필요로 하기 때문이다. 그러느니 인터넷 쇼핑이나 자가 계산대가 더 낫다고 생각하는가? 더 나아가 마침내 계산대와 계산원이 사라지고 가게를 나설 때 물품을 스캔하고 자동으로 당신의 디지털 지갑에서 돈을 빼가는 센서로 대체될 때까지 쇼핑은 미루는 게 낫겠다고 생각하는가?

그게 더 편할 수도 있다. 그러나 생각을 바꿔 우리가 하는 쇼핑이 다른 사람에게는 일자리라고 보는 게, 혹은 가게를 공동체로 보는 게 더 낫지 않을까? 그러면 다른 사람의 존재를 인정하고 존중하게 될 것이다.

재런 러니어가 『미래는 누구의 것인가?Who Owns the Future?』에서 물었듯이 "더 이상 모든 사람이 꼭 필요하지 않게 된다면 '남아도는' 인간에게는 어떤 역할이 주어져야 할까?" 21세기 사회의 필요 목록에서 잉여로 표시되는 인간은 어떻게 될까? 서점, 음반 가게, 슈퍼마켓에서 일하던 그런 사람들에게 우리는 무슨 짓을 하는 건가? 그 사람들의 존재 의미는 무엇인가?

현재의 회계 원칙에 따르면 그런 사람들은 기본적으로 줄이거나 제거해야 하는 비용이다. 그러나 그 판매원은 누군가가 1주일 내내 유일하게 직접 얼굴을 마주 보면서 대화를 나눈 단 한 사람일 수도 있다. 그 누군가가 노인이라면 그럴 가능성이 더 높다. 더 나아가 그런 식으로 임금을 아낀다 해도 장기 실업이 인간관계, 교육, 건강에 미치는 영향을 고려한다면 사회가 치르게 될 대가는 그렇게 아낀 임금보다 훨씬 더 클 수도 있다.

친 구 는 전 기 가 통 하 는 가 ?

——

사생활에서의 인간관계도 짜증을 유발한다. 샌프란시스코에 사는 캐머런 야브로Cameron Yarbrough라는 커플 상담사는 "사람들이 집으로 돌아가서는 배우자와 성관계를 갖는 대신 컴퓨터를 켠다"라고 말한다.[19] 이것은 중요하고도 친밀한 인간관계가 쇠락하고 있다고 조기 경보를 울리는 징후인지도 모른다. 수전 그린필드에 따르면 말이다. 그녀는 우리가 성관계에 대한 거부감을 키우고 있다고 지적한다. 성관계는 매우 친밀한 행위다. 따라서 신뢰와 자신감이 필요하고 무엇보다 대화가 요구된다.

일본에서 일부 남성은 이제 사람은 아예 배제한 채 닌텐도의 러브플러스LovePlus 같은 게임 속에서 디지털 여자친구를 사귄다.[20] 일본 후생노동성에서 2010년에 실시한 설문조사에 따르면 일본 남성 중 16~19세의 36퍼센트가 섹스에 전혀 관심이 없다고 답했다. 24개월 만에 두 배로 증가한 수치다. 여기에 디지털 대안이 어느 정도나 작용했는지는 알 수 없다. 그러나 일본 남성이 현실을 직시하고 신체적 접촉에 더 관심을 보이지 않는다면 일본 인구는 지금부터 2060년 사이에 3분의 1로 줄어들 것으로 추정된다.

미국 기업연구소AEI의 인구학자 니컬러스 에버슈타트Nicholas Eberstadt는 일본이 "대규모 자발적 무자녀 현상을 받아들였다"라고 주장한다. 그 결과 일본은 세계에서 고령화가 가장 빠르게 진행되는 국가일 뿐 아니라 출산율이 가장 낮은 국가가 되었다. 이런 추세는 세계에서 가장 큰 메트로폴리스인 도쿄에서 특히 잘 드러난다. 비평가들은 디지털 반려자의 부상을 '오타쿠'라는 하위문화와 연결한다. 오타쿠란 판타지적 주제에 전문가와도 같은 집착을 보이는 집단을 가리킨다.

『퓨처 파일』의 도입부에서 나는 일본에서 목격되는 또 다른 현상을 언급했다. 바로 '히키코모리'다. 대략 '물러나다'라는 의미인데 자기 방에 틀어박혀 나오는 일이 거의 없이 두더지 같은 생활을 하는 젊은 사람을 가리킨다. 이들도 출산율에 도움이 되지 않는다. 물론 일본의 낮은 출산율과 낮은 자존감에는 또 다른 원인이 존재한다. 바로 경제 상황이다. 일본 경제는 수십 년간 침체에 빠져 있다.

1960년대에서 1980년대에 일본의 젊은이들은 자신이 당연히 부모보다 더 나은 삶을 살 것이라고 기대했다. 취업 전망이 밝았고, 평생고용이 보장되었으며, 미래는 좋은 냄새가 났다. 내 책장 어딘가에 『일본이라는 기업Japan, Inc.』(아마도 실수로 『중국이라는 기업China, Inc.』 옆에 꽂혀 있으리라)이라는 책도 있다. 일본이 세계 경제를 장악할 것이고 그 결과 미국은 경쟁력을 완전히 상실할 것이라는 내용이다. 그러나 그런 낙관은 사라졌고 많은 일본인은 자신들에게 더 이상 미래가 없다고 여긴다.[21]

당신은 아마도 과잉 연결된 일본뿐 아니라 여러 나라의 젊은이들이 강력한 집단 정체성을 구축하리라는 합리적인 기대를 품을지도 모른다. 정서의 전 세계적인 동시성 및 정서가 공유되는 수준을 생각한다면 더 그렇다. 그래서 그들이 더 나은 미래의 비전을 만들어내고 그런 비전을 위해 투쟁하길 바랄지도 모른다. 그러나 실제로는 '지구촌'에서 '지구'는 빠진 '촌'만 생겨났다. 소셜미디어는 계속 좁아지기만 하고 결코 넓어지지 않는 편협함을 낳고 있다.

이런 흐름에 반대하는 시위와 반란이 계속 일어나고 있고 겟업(GetUp, 2005년에 설립된 호주의 진보적인 시민단체 — 옮긴이)과 아바즈(Avaaz, 2007년에 설립된 국제시민연대단체, 글로벌 시민단체로 기후 변화, 인권, 동물의 권리, 부패, 빈곤 및 분쟁 관련 이슈에 대한 활동을 촉구하고 있다. 아바즈는 '목소리(또는 '노래' '소리')'를 의미하는 페르시아어에서 유래했다 — 옮긴이) 같은 온라인 운동 조직도 영향력을 행사하고 있지만 그런 반대운동이 주류 정치의 방향을 바꿀지는 좀 더 두고 볼 필요가 있다. 마찬가지로 영국에서는 슬리포드 모즈Sleaford Mods의 보컬 제이슨 윌리엄슨Jason Williamson이 궁지에 몰린 노동 계급을 대변해 한껏 소리 높여 강렬한 욕설을 퍼부어대지만 대다수 젊은이의 눈과 귀는 다른 곳을 향하고 있다.

〈이코노미스트〉에 따르면 전 세계적으로 14~15세 청소년 가운데 2억 9,000만 명이 학교에 다니지도 않고 일도 하지 않는다.[22] 이는 전 세계 청소년의 약 25퍼센트에 해당한다. 스페인에서 청년 실업률은 2008년부터 급격히 치솟아 매년 50퍼센트씩 증가했다. 그러나 집단행동을 해야 한다는 강력한 공감대가 형성되는 대신 개인주의와 원자화가 진행되었다. 혁명을 통한 해결 대신 디지털 유희가 퍼져 나갔다. 불만은 직접적인 행동을 부추기는 대신 전반적인 수동성을 야기하고 있는 것으로 보인다.

이런 침체된 분위기는 인터넷에 올라온 한 이미지에 요약되어 있다. 교외의 어느 주택을 창문 밖에서 들여다보는 이미지로, 창문 너머로는 컴퓨터 앞에 앉은 젊은 남자가 보인다. 이 이미지에는 '현실, 최악의 게임'이라는 문구가 붙어 있다. 2014년에 230만 달러를 받고 3차원 입체 가상현실 헤드셋인 오큘러스 리프트Oculus Rift를 페이스북에 넘긴 파머 러키Palmer Luckey[23]의 논평이 그대로 반영되어 있기도 하다. 그는 가상현실이 "이 세계에서 벗어나 더 환상적인 세계로 도피하는 수단"이라고 말했다. 유쾌하면서도 끔찍한 말이다.

호주의 사회비평가 리처드 에커슬리Richard Eckersley는 젊은 세대가 우리 시대의 고유한 위험에 노출된 매우 취약한 사회에서 '광부의 카나리아(카나리아는 호흡기가 약해서 탄광 안에 독성 물질이 쌓여 있으면 바로 반응을 보인다. 환경의 중요한 변화를 알리는 조기 경보 시스템을 비유적으로 나타낸 말 — 옮긴이)'가 되었다고 말한다.[24] 그는 고립, 알코올 중독, 마약 중독, 젊은이의 자살은 현대인의 직접적인 경험에 조화와 의미가 부족한 징표라고 주장한다. 『유리 감옥The Glass Cage』의 저자 니컬러스 카Nicholas Carr도 유사한 지적을 한다. "이 시대는 물질적 풍요와 기술적 경이의 시대다. 그러나 또한 목표 상실과 우울함의 시대이기도 하다."

그런 두 가지 시대적 특성은 아마도 서로 연결되어 있을 것이다. 지난 50년 동안 전 세계 사람들은 대부분 삶의 질이 급격히 향상되었다. 그러나 그런 향상은 대체로 신체적이거나 물질적인 것이었다. 그 결과 삶은 편향되었다. 일과 삶, 개인과 공동체, 자유와 평등, 경제와 환경, 신체 건강과 정신 건강 간 불균형이 생겼다. 특히 마지막 불균형은 기존 경제 지표에는 잘 드러나지도 않는다.

옛 것의 충격

2009년에 영국에서 정신병을 이유로 낸 병가는 50만 건이었다. 2013년에는 그 수가 100만 건으로 늘었다. 마찬가지로 미국에서 불안 장애가 질병으로 공인받은 첫해인 1980년에 불안 장애의 진단 건수는 미국 전체 인구의 2퍼센트 내지 4퍼센트 정도였다. 2014년에는 그 비율이 거의 20퍼센트에 육박했다. 미국인 다섯 명 중 한 명꼴인 셈이다. 그리고 세계보건기구WHO는 전 세계 인구의 25퍼센트가 평생 동안 적어도 한 번은 정신병을 앓을 것으로 전망한다. 왜 그럴까?

직접적인 신체적 위험이 사라진 현대인이 자기만족적인 내부 성찰에만 집중한 결과 불행하다고 느끼게 되었다는 주장이 가능하다. 지극히 자연스러운 상태를 점점 더 질병으로 분류하는 추세가 문제라고 주장할 수도 있다. 상업적인 이해관계 때문에 우리에게 필요 없는 것을 팔아먹고자 불안을 조장한다고 주장하는 사람들도 있다. 외로움 사업을 키워서 인정, 긍정, 자존감을 구하는 사람들에게 끊임없이 환희를 팔아먹을 수 있는데 굳이 스마트폰만 팔고 앉아 있을 이유가 없다는 것이다.

그렇다면 디지털 환상과 도피는 사회의 불균형에 대한 당연한 심리적 반응으로 여길 수 있다. 특히 침체된 경제, 대규모 부채, 은퇴를 꺼리는 고령화하는 노동력으로 인한 무력감에 비춘다면 더욱 그렇다. 일본은 1990년대부터 비관적인 분위기였지만 이제 유럽도 정부 부채 증가, 출산율 감소, 인구 고령화와 경제 성장 둔화가 맞물리면서 같은 방향으로 나아가고 있다는 주장이 나온다.

무한한 낙관주의의 요람인 미국에서조차 밀레니얼 세대 일부는 미래에 대한 희망을 잃고 있다. 경제 침체는 불가피하며 자신들은 부모가 누렸던 삶의 수준을 누리지 못하리라고 생각한다. 실리콘밸리 같은 고립무원에서 미래에 무한한 신뢰를 보내는 것과는 정반대다. 실리콘밸리에는 세상을 변화시키는 기술의 힘에 대한 광적인 믿음이 존재한다. 모든 기술은 결국 우리에게 똑같은 상품, 즉 편리함을 팔 뿐인데도 말이다.

경제 침체에 대한 우려는 젊은 세대의 전유물이 아니다. 얼마 전 대형 회계 기업이 주최한 저녁 모임에 초대되었는데 회계 파트너 중 한 명이 자신이 영국의 큰 해변 도시의 시장과 나눈 대화를 들려주었다. 그 시장의 가장 큰 골칫거리는? "사람들이 죽으러 이 도시로 오는데 죽질 않아요."

앞으로 20년 동안 전 세계의 65세 이상 인구는 지금의 거의 두 배로 증가할 전망이다. 그러면 경제 침체만이 문제가 아니다. 세대 간 불안감이 상상할 수 없을 정도로 높아질 것이다. 작가인 프레드 피어스Fred Pearce는 인류 역사상 최초로 65세까지 살아남은 사람들 중 절반이 여전히 살아 있다고 주장했다.[25] 이것은 극단적인 표현이지만 사실일 수도 있다. 그리고 아프리카, 중앙아시아, 남아시아 일부 지역을 빼고는 모든 지역이 생산성 저하와 보수주의 성향 강화라는 미래로 가는 궤적에 올랐을 수도 있음을 의미한다.

이런 인구학적 쓰나미는 혁신을 억누르고, 초원에 대한 향수를 자극할 것이며, 젊음과 섹스에 대한 집착이 노화와 죽음에 대한 증대된 관심으로 대체될 것이다. 저축과 은퇴에도 엄청난 혼란을 일으킬 것이다. 더 오래 살수록 돈이 더 많이 들 것이기 때문이다. 사람들이 죽을 경우에 대비한 생명 보험이 아닌, 죽지 않을 경우에 대비한 생명 보험에 드는 기이한 반전을 맞게 될 것이다.

많은 비관적인 비평가들은 인구 고령화와 생산성 및 성장률 저하를 동일시한다. 다만 의료 서비스 비용도 경기 부양에는 도움이 된다. 전 세계 부의 거의 대부분을 소유한 65세 이상 인구에게 그 일부를 내놓도록 설득할 수도 있다. 다른 긍정적인 소식은 나이 든 사람들이 더 평화로운 성향을 보인다는 사실이다(이는 나중에 더 자세히 다루겠다).

또한 세계화, 연결성, 탈규제가 세계 전역에 걸쳐 수백만 명을 빈곤에서 구제했음을 잊지 말자. 컨설팅업체 언스트앤영Ernst & Young의 보고서에 따르면 앞으로 수백만 명이 더 빈곤에서 벗어날 예정이다. 일단 2030년까지 10억 명의 중국인 중산층이 생긴다. 모두 긍정적인 현상이지만 삶의 수준을 높이는 요인들은 다른 한편으로는 진보의 지속을 위협하는 위험 요인을 낳기도 한다.

여기에 급격한 기술 변화에 따른 불확실성, 정치 혼란, 환경 파괴, 규범·역할·책임의 쇠퇴를 더하고 나면 토플러의 말대로 미래는 그저 빌어먹을 일의 연속일 수도 있다. 앞으로 다가올 시대를 규정하는 특성은 불안일 것이다. 이에 대한 심리학적 대응은 눈물 젖은 향수일 가능성이 높지만 경제적으로나 정치적으로 옛날로 되돌아가겠다는 위험한 움직임이 출현할 가능성도 배제할 수 없다.

우리는 이미 극단적인 해결책을 주장하는 그리스의 황금새벽당 같은 우익 집단의 등장을 보고 있다. 이런 단체는 인기를 끈다. 조지 오웰George Orwell의 말마따나 파시즘은 사람들에게 투쟁, 위험, 때로는 죽음을 제공하기 때문이다. 그에 비하면 사회주의와 자본주의는 단지 각각 다른 수준의 안락함과 즐거움을 제공할 뿐이다. 지나친 세계화에 대한 해결책으로 내세우는 지역주의 또한 그럴듯해 보인다. 그러나 밖에서는 아늑하게 보여도 마음과 국경을 닫는다는 점에서 지역주의자는 파시스트와 유사하다. 지역주의 자체를 문제삼는 것은 아니다. 다만 지역주의도 극단적인 경우에는 민족주의, 보호무역주의, 외국인 혐오증으로 이어질 염려가 있다.

2014년에 일부 비평가는 1914년과의 평행 현상이 발견되는 데에 불안감을 내비쳤다. 조금 과장된 측면이 있지만 흥미로운 유사성이 발견되는 것은 사실이며 이는 1914년뿐 아니라 1939년과 비교해도 마찬가지다. 이런 유사성에는 바로 정치적으로 국가주의의 부상, 화폐 공급 증가, 인플레이션에 따른 경제 부담 증가, 부채의 정치 문제화, 군사력 확장, 종교적 소수 집단 탓하기, 그리고 마지막으로 널리 퍼진 침묵 및 수용이 있다.

논지에서 벗어난 이야기 같겠지만, 내가 『퓨처 파일』에서 언급했듯이 2005년에 가장 많이 팔린 영화 다섯 편은 모두 도피적 환상물이었다. 현실이 이미 그 당시에 사람들이 감당할 수 없을 정도로 힘들다는 초기 징후였을까? 현재로 다시 빨리 돌리기를 하자. 디스토피아와 환상물이 여전히 극장가를 장악하고 있다. 늑대인간, 뱀파이어, 좀비가 흔히 등장한다. 마거릿 애트우드Margaret Atwood에 따르면 우리가 좀비에게 끌리는 이유는 좀비에게는 "과거가 없고, 미래가 없고, 뇌가 없고, 고통도 없"기 때문이다. 다른 한편으로는 등장인물 수가 적은 영화나 사람은 전혀 등장하지 않는 영화를 제작하는 새로운 유행이 생겼다. 2025년을 배경으로 인간과 컴퓨터 운영 체제 간 정서적인 관계를 다룬 〈그녀Her〉도 그런 영화다.

이런 영화에 지나치게 의미를 부여할 필요는 없다. 영화는 결국 오락물일 뿐이니까. 다만 영화는(특히 미래를 배경으로 한 영화는) 현재의 염려와 문제에 대한 논평이기 마련이며 특히 우리가 이해하지 못하거나 통제할 수 없는 기술을 다룰 때는 더 그렇다. 괴물은 대개 은유다. 1936년에 상영된 찰리 채플린의 무성 영화 〈모던 타임스Modern Times〉는 급격한 산업화로 사회 변화와 자동화가 당혹스러울 정도로 빠른 속도로 전개되는 사회와 타협하는 인물에 관한 이야기다. 결국 '더 많이 변할수록 더 똑같다.' 단지 오늘날 디지털 세상에서 경이와 컴퓨터 생성 이미지가 넘쳐나다 보니 현실 세계의 경이에 사람들이 무덤덤해졌고 역설적이게도 사람들의 상상력이 줄어들고 있다는 점이 다를 뿐이다.

새로운 감시 문화

자, 그럼 우리가 최근에 새로 만들어낸 불안에는 어떤 것이 있을까? 빛의 속도로 변하는 지정학적 상황이 걱정스러운가? 기술이 야기하는 새로운 디지털 혼돈에 당혹감을 느끼는가, 아니면 다른 문제가 있는가? 우리가 쓰는 기계가 여전히 두려운가? 아니면 기계를 몸과 마음에 기꺼이 받아들이고 그런 기계의 일부가 되기를 원하는가? 인간의 디지털화에 대해서는 뒤에서 더 자세히 다룰 것이다. 여기서는 일단 디지털화의 현실, 즉 우리가 디지털화를 어떤 식으로 경험하고 변화시키는지에 관해 살펴보고자 한다.

우리는 컴퓨터, 세계화, 탈규제, 다문화주의, 포스트모더니즘이 출현하기 전에는 우리가 무엇인지, 그리고 무엇이 아닌지 그런대로 잘 알고 있었다. 현재는 모든 것이 더 복잡해졌다. 이민의 증가로 나를 포함한 많은 사람들이 자신이 어디 출신인지 확실하게 말할 수 없게 되었다. 자신이 나거나 자란 지역 출신이라고 하기도 애매하고 자신이 현재 머무는 지역 출신이라고 하기도 어렵다. 이민의 증가로 집단 정체성 및 국가 정체성이라는 관념도 도전받고 있다. 역사적으로 다수였던 집단 중 일부는 현재 소수 집단이 되었기 때문이다.

마찬가지로 한때는 공상과학소설에나 나올 법한 내용이 과학적 사실이 되기도 한다. 그 둘을 구별하기조차 어려울 때도 있다. 아마존이 대대적으로 홍보한 택배 드론 계획이 좋은 예다. 그저 영리한 홍보 전략일까, 아니면 실제로 추진 가능한 일일까? 충분히 많은 사람들이 바란다면 아마도 실현되긴 할 것이다.

2012년부터 PC보다 더 많이 팔리는 스마트폰은 우리의 외부 환경을 바꾸는 데 큰 역할을 하고 있다. 다만 그런 스마트폰조차 곧 웨어러블 기기에 밀려날 것으로 보인다. 그러면 증강현실과 사물 인터넷 시대가 도래할 것이다. 조금이라도 중요한 물건은 대부분 인터넷과 연결되거나 가상 모델인 디지털 쌍둥이가 마련될 것이다. 디지털화할 수 있는 모든 것이 디지털화할 것이다.

웨어러블 컴퓨팅과 스마트 센서의 도입은 곧 데이터화를 의미한다. 이전에 감춰져 있거나 대체로 눈에 띄지 않던 일상생활의 요소가 새로운 유형의 자산인 데이터로, 그리고 그 대부분이 종래에는 돈으로 변환될 것이다.

물건에 삽입된 센서와 연결성 덕분에 많은 물리적인 품목이 정보와 연결되고 이런 정보는 때로는 실재하는 물질이나 심지어 냄새로 표현될 것이다. 메시지처럼 전송되는 정보는 현재 소리(단음, 경고음, 노래 등)로 수신을 알리지만 목걸이에서 나는 빛이나 옷 또는 보석에서 나는 냄새 같은 형태로 알릴 수도 있다. 증강현실 안경을 쓰고 있다면 회사 상사의 메시지 수신 사실을 분홍색 코끼리 군단이 당신 책상 위를 무자비하게 짓밟고 지나가는 모습을 띄워 알릴 수도 있을 것이다.

반면 인간관계에서나 고객서비스를 제공할 때 증강현실 기기를 텔레프롬프터(대사를 두루마리처럼 상하로 움직여, 아나운서가 카메라에서 시선을 떼지 않고 읽을 수 있는 화면 — 옮긴이) 대용으로 사용한다면 진실과 진심은 쓸모없는 것이 된다. 상대방이 자신을 정말 아는지, 자신에게 정말 관심이 있는지 알 수 없게 되기 때문이다. 사람과 사람이 소통하는 데 가장 본질적인 요소인 정직성, 진실성, 진실조차 위기에 처하게 된다. 여기서 핵심은 물리적인 것과 디지털(김유철과 최미선의 예에서 본 현실 세계와 가상 세계)의 경계가 흐릿해진다는 점이다. 모든 것이 연속선상에 놓이게 된다. 나는 공적인 데이터 영역과 사적인 데이터 영역도 마찬가지로 서로 뒤섞이게 되리라고 본다.

내 아들의 선생님이 실시간으로 등록하는 트위터 계정이 그런 예다. 그녀는 새로운 일을 시작하기 전에 "맥주잔을 들이부으면서 다리가 거의 흐물흐물해지고 있다"라고 트윗했다. 내가 그 선생님의 트윗을 팔로하지 말았어야 한다고 주장할 수도 있다. 그러나 마찬가지로 그 선생님이 공개된 장소에서는 말을 더 신중하게 골랐어야 한다는 주장도 가능하다.

자, 이제 다시 우리가 물리적 현실을 어떻게 변화시키고 있는지를 살펴보자. 증강현실이 아직 낯설다면 다음과 같이 간단히 이해해도 된다. 현실 세계에 정보나 데이터(소리, 영상, 사진, 텍스트)를 켜켜이 쌓아 일상생활을 더 편리하거나 흥미롭게 만드는 것이라고. 그런데 사실 '증강'이라는 단어가 오해를 낳는 면도 있다. 증강현실이 하는 일은 현실을 증강하는 것이 아니라 바꾸는 것이다. 특히 주목할 부분은 이미 우리가 현실과 현실이 아닌 것을 구별하는 엄격한 경계선을 지우고 있으며 그 과정에서 우리 자신을, 그리고 아마도 인간 본성을 바꾸고 있다는 점이다.

사람들은 인간 본성이 수천 년간 고정불변이었다고 주장한다. 아마도 사실일 것이다. 그러나 그것이 가능했던 이유는 우리의 외부 환경이 지금까지는 별다른 변동을 겪지 않았기 때문이다. 다른 한편으로는 우리가 이미 지난 천여 년 동안 현실을 증강하는 데 기술을 사용해왔다고 볼 수도 있다. 그래서 우리가 도구를 빚을 때면 언제나 그 도구는 우리를 빚었다. 그러나 이번에는 다른 점이 있다. 이 도구는 때와 장소를 가리지 않으며 규모와 파급력에서도 차이가 난다.

웨어러블 기기가 스마트폰만큼 인기를 얻으면 많은 사람들이 현실에서의 삶을 아예 포기할지도 모른다. 디지털 기술 없이 사는 게 점점 더 불가능해질 것이다. 그러나 현재로서는 가능한 미래의 시작에 불과하다.

우리는 꿈을 다운로드하려는 시도를 하다 결국 경험을 업로드하게 될 것이다. 그런 일은 아직까지는 먼 훗날에나 가능하거나 절대 불가능할지도 모른다. 그러나 우리는 이미 머리에 가상현실 고글을 뒤집어쓰고서 실제로는 일어나지 않는 일이 일어나고 있다고 여기도록 스스로의 마음을 속이는 데 거의 성공했다. 내가 보기에는 가상현실 장치를 인체에 이식하는 날도 머지않았다.

인간 의식이 무엇인지 파악하고 그 원리(즉 우리 자신)를 복제하여 기계에 업로드해서 일종의 불멸을 성취한다는 아이디어는 공상과학소설에나 어울린다. 그러나 언젠가는 이것이 과학적 사실이 되리라고 믿는 사람들이 있다. '우리'가 디지털 우주 깊은 곳에 광속으로 전송되면 반대 방향으로 이동하는 데이터 패킷인 외계인이나 심지어 신과 우연히 만날 수 있으리라고 믿는 것이다(외계인(혹은 신)이 디지털이 아니라는 증거도 없지 않은

가. 왜 우리는 지적 능력을 지닌 외계인이 물리적인 형태를 띨 것이라고, 그것도 직립보행을 하리라고 생각하는가).

그런 일이 벌어지기 전에 기업들이 우리의 욕구를 모조리 예측해서 우리에게 딱 맞는 현실 경험을 심는 동안 정부가 우리의 기억을 지우거나 거짓 기억을 심는 등 현실 자체를 바꿔버리는 더 사악한 행위를 하는 날이 먼저 올 수도 있다. 이런 미래에서 우리가 경계해야 하는 것은 개인의 자유, 정신적 사생활, 자기결정권을 어떻게 보호할 것인가, 그리고 무엇보다 개인의 자아가 끊임없이 감찰당한다면 어떤 일이 벌어질 것인가라는 문제다.

정부가 범죄 예방과 안전 보장을 약속한다면 우리가 정부의 정보 수집을 용인하게 될 수도 있다. 그런 경우 사생활 침해는 부수적 피해가 된다. 그러나 기업의 경우는 달리 봐야 한다. 현재는 편의와 개인 맞춤 서비스를 위해 사람들이 기꺼이 자신의 사생활을 내주는 것처럼 보인다. 그렇다면 법적, 윤리적 경계는 어디인가? 애플, 구글, 페이스북이 아무 제한 없이 우리의 개인 데이터에 접근하거나 국가안보기관보다 우리에 대해 더 많이 아는 것이 옳다고 생각하는가?

디지털 안보 전문가 브루스 슈나이어Bruce Schneier에 따르면 "인터넷 기업의 주요 사업 모델은 대중 감시를 토대로 한다"라는데 이대로 내버려두어도 괜찮은 걸까? 인터넷에서 무언가가 공짜로 제공되는데 혹시 그 제품이 당신이어도 좋다고 생각하는가?

더 먼 미래로 가보자. 기업이 우리가 무슨 생각을 하는지 알아내거나 우리가 무슨 행동을 할지 예측하기 위해 원거리 뇌 스캔 기술을 이용한다면? 원거리 뇌 스캔 기술이 언젠가 구현될 수도 있지만 페이스북은 이미 마음 읽기를 능수능란하게 해내고 있다. 위키리크스WikiLeaks의 공동 설립자 줄리언 어산지Julian Assange가 페이스북을 "여지껏 그 누구도 본 적 없는 최고의 첩보 기계"라고 묘사한 것도 당연하다.

CCTV 카메라는 이제 전화 도청과 더불어 그럭저럭 삶의 일부로 받아들여지고 있는 듯하다. 그러나 당신의 모든 말과 행동이 포착되어 훗날을 위해 그 기록이 보관된다면? 당신이 하는 모든 것이 언젠가 검색 대상이 될 수 있다는 것을 안다면 당신의 삶은 어떻게 달라질까? 지나친 투명성은 우리의 행동을 근본적으로 변화시킬 것이다. 예를 들어 비밀이 전혀 없고 모든 것이 공공에 공개된다면 친밀감은 어떻게 될 것인가? 개인의 사적인 자아정체성은 어떻게 될 것인가?

빅 브러더가 문제가 아니다. 카메라를 들고 있는 것은 바로 우리 자신이니까. 우리는 대중 감시의 시대에 살고 있으며 카메라 렌즈는 우리 자신을 향하고 있다. 그리고 점점 더 자기노출과 셀카 중심 활동이 주요 흐름으로 자리 잡고 있다. 예를 들어 영국에서는 14~21세 청소년 및 청년층이 인스타그램에 찍어 올린 사진의 거의 절반이 셀카 사진이다. 조지 오웰이 틀렸다는 건 아니지만 올더스 헉슬리Aldous Huxley가 아마도 더 제대로 짚지 않았나 싶다.

레이 브래드버리Ray Bradbury의 예측도 살짝 빗나간 것 같다(레이 브래드버리의 대표작『화씨 451』은 독서가 불법이어서 책이 불태워지는 등 인간의 생각을 통제하는 미래를 그린 작품이다 — 옮긴이). 더 이상 책을 불태울 필요가 없다. 아무도 책을 읽지 않으니 말이다. 진실을 추구하는 열린 토론은 더 이상 힘을 발휘하지 못하게 된다. 사소한 디지털 세부 사항들이 홍수처럼 밀려들어와 본질을 흐릿하게 만들면 그만이다.

투명성은 선함을 추구하는 힘이다. 잘못된 일을 노출하고, 협력을 부추기고, 위협을 발견하고, 사회에서 경제력 분배를 위한 공정한 경쟁 규칙을 마련한다. 그러나 투명성을 지나치게 추구하면, 거의 무한에 가까운 저장 용량이 그렇듯이, 우리는 아무 생각 없이 무리를 따르는 양이 되어버릴 수 있다. 집단 압력이 네트워크를 타고 순응과 보수주의를 낳는 것이다. 부디 새로운 규칙과 의례가 등장해서 다른 사람에게 보이고 싶지 않은 것들이 노출되지 않도록 막았으면 한다. 우리는 또한 어떤 것들은 말하지 않고 내버려두는 것이, 아니면 적어도 기록을 남기지 않는 것이 더 낫다는 사실을 깨닫게 될 것이다.

완벽한 기억

웨어러블 기기와 인체 삽입 장치로 일종의 육감 컴퓨팅을 하는 사람도 생겨날 것이다. 출생부터 사망까지 자신의 거의 모든 삶을 기록해서 공개할 것이고 그 결과물인 '라이프 콘텐츠'는 검색이 가능해서 다양한 욕구를 직관적으로 파악하고 삶을 미세하게 조정해서 효율성을 높이는 데 활용될 것이다.

또한 덕분에 사람들은 자기가 태어나기도 전에 죽은 사람과 친밀한 관계를 맺을 수도 있을 것이다. 예를 들어 비석에 가족, 친구, 기타 관심 있는 제3자가 고인의 삶의 세세한 부분까지 파악할 수 있도록 상호작용 기능을 탑재할지도 모른다. 알고리즘이 '라이프 콘텐츠'에다가 뇌 데이터와 유전자를 결합해 고인이 홀로그램으로 나타나 질문에 답하는 일도 가능할 수 있다.

물론 이런 기록 장치를 끄거나 제한적으로만 사용하는 사람도 있을 것이다. 기술의 적용 범위에 한계를 둘 필요가 있으며 삶의 모든 면을 측정하고, 증강하고, 영원히 보존할 가치가 없다고 믿는 사람 말이다.

그런 믿음은 한국에서는 전혀 통하지 않을 것이다. 한국에서는 이미 비트윈Between 같은 커플 앱을 통해 연인들이 자기 삶의 중요한 순간들을 모조리 기록으로 남기고 있다. 물론 그 연애의 지속 기간도 기록으로 남는다. 아직까지는 이런 앱에 당신 연애 상대가 하루에 얼마나 한눈을 팔았는지 추적하는 기능은 포함되어 있지 않다. 그러나 눈동자의 움직임을 추적하고 얼굴을 인식하는 기술이 상용화되면 그런 기능이 추가되지 말란 법도 없다.

대규모 '반기술tech-no' 움직임이 등장할지는 분명치 않다. 나는 언젠가는 거대 담배회사에 대한 반대 운동과 유사한 거대 기술회사에 대한 반대 움직임도 출현할 수도 있다고 생각하지만 그럴 가능성은 매우 낮다. 반면에 특정 연령대의 사람들과 사적인 대화를 나누다 보면 정말 많은 이들이 주말에는 인터넷을 끊고 아예 접속하지 않아도 되는 날이 오기를 고대하고 있다는 놀라운 사실을 알게 된다. 아마도 다시 균형을 바로잡고자 하는 움직임 정도는 보게 될 것이다. 할 수 있는 것과 할 수 없는 것에 제약을 두는 장소가 생겨날 것이고 집에서는 '화면 끄는 일요일Screen-free Sundays'을, 직장에서는 '첨단기기 끄는 화요일Tech-free Tuesdays'을 추진할지도 모른다.

특수 제작 벽지나 페인트로 모바일 신호를 막는 카페나 교회도 생겨날 것이다. 최근 친구가 죽었다는 소식에 'RIP INNIT(Rest in peace, isn't it?, 평안히 잠드소서, 안 그래? ─ 옮긴이)'라고 답한 사람이 있었다. 곧장 지옥으로 떨어져도 시원찮을 사람이다. 이런 사람에게 지옥이란 모바일 신호가

잡히지 않는 스타벅스에 영원히 갇히는 것이리라.

또한 하루 종일 화면만 쳐다보거나 사람들과 원거리로만 소통하는 사람들 사이에서 다른 사람과의 신체 접촉을 원하거나 일하지 않을 때는 손으로 무언가를 만들고 싶어 하는 경향이 나타나고 있다. 얼마 전 나는 취미로 낚시 미끼를 직접 만들기 시작한 회계사를 만났다. 그는 자신의 이런 취미가 "컴퓨터 화면과 숫자의 세계에 대한 해독제"라고 말했다. 심지어 장작을 직접 패고 쌓는 취미를 택하는 사람들도 늘어나고 있다. 다만 이것은 디지털 해독보다는 남성성의 위기와 더 관련이 있어 보인다.

잠깐 생각해 보자. 우리가 완벽하게 디지털 기기를 끄지 않고 지낸다면 그런 초연결사회는 20, 30년 후에 어떤 모습이 될까? 더 구체적으로는 우리가 늘 디지털 영역에 머물면서 스스로가 사적인 공간으로 도피하는 것을 막는다면 우리의 정체성은 어떻게 바뀔까?

아직 이르지만 현재로서는 2차원에서 펼쳐지는 삶의 시뮬레이션을 5차원에서 펼쳐지는 현실에서의 삶보다 더 매력적이고 환상적이라고 여기는 사람이 많으며, 협력과 공유가 확대되고 있지만 공감, 겸손, 관용은 그렇지 않다는 점이 눈에 띈다. 왜 그럴까?

한 가지 이유는 화학작용이다. 메시지를 주고받고, 가상 세계를 조작하고, 우리의 일상을 게임화하면 엄청난 양의 도파민이 분비된다. 도파민은 특정 행동을 보상하려고 뇌가 정해진 양을 신경세포에서 내보내 우리를 흥분하게 만드는 신경화학물질이다. 온라인 우정을 디지털 시대의 마약이라고 부르는 데는 다 이유가 있다. 단문 텍스트 문자, 밀당하는 이메일, SNS상의 현재 상태 업데이트조차 짧지만 강렬한 쾌락을 준다. 혹은 동물행동학자의 표현을 빌리자면 '조작적 조건화operant conditioning'가 된다.

다행히 미래에 관한 좋은 소식도 들린다. 데이비드 브룩스David Brooks는 〈뉴욕타임스〉에 기고한 글에서 기술 변화가 사람들의 가치관에 근본적인 변화를 가져온 것은 아닌지 질문한다. 지금까지 산업 경제에서는 사람들이 물질주의적인 관점을 도입했다. 그래서 임금과 물질적 안녕이 삶의 질과 동의어가 되었다. 그러나 후기 산업 경제 혹은 지식 경제에서는 디지털 제품과 서비스의 한계비용이 실질적으로는 0이다. 그래서 사람들은 자신의 임금을 올리지 않고도 삶의 질을 상당히 끌어올릴 수 있다는 사실을 깨닫기 시작했다. 이것은 급진적인 생각이다. 삶의 질을 높이거나 행복을 더하는 많은 새로운 활동이 경제 활동에 직접적으로 기여하지 않거나 기존 관념에 따른 일자리를 만들어내지 않기 때문만은 아니다.

예를 들어 다음과 같이 주장할 수 있다. 페이스북은 행복을 생산한다. 그러나 페이스북 직원은 아주 소수다. 페이스북이 하는 일은 자기구현 사업이기 때문이다. 사람들이 자신을 자기 자신으로 표현하게 도와준다.

과거에는 사람들이 원하는 물건을 만들어서 거대한 부를 쌓았다면 미래에는 사람들이 자신을 원하도록 만들어서 거대한 부를 쌓게 될 것이다. 더 나아가 인간의 행복이 근본적으로 남을 돕는 데에서 나온다면 공유와 협력이라는 새로운 온라인 철학은 새로운 만족의 시대의 여명을 소리 높여 환영할 것이다.

물질의 소유에 관계없이, 사람들이 삶에서 원하는 것은 분명하다. 사람들은 가족 및 친구와 연결되길 원하고, 그들의 지지와 존경을 받길 바란다. 사명, 경제적 여유, 폭력과 학대로부터의 자유, 모든 사람을 돌보는 공동체를 원한다. 사람들은 또한 사회가 나아가는 방향에 관한 공유된 비전을 원한다. 그리고 자신보다 더 큰 의미 있는 무언가에 소속되길 원한다. 그것은 가족일 수도, 조직일 수도, 국가일 수도, 신념일 수도, 관념일 수도 있다.

김유철과 최미선의 이야기로 돌아가면, 그들은 실직 상태이기도 했지만 다른 모든 것도 없는 상태였다.

우리의 환경은 석기 시대 이후 엄청나게 변했다. 그러나 우리의 신경 연결망은 그대로다. 그 가장 중요한 결과는 우리가 다른 사람의 접근, 관심, 사랑을 여전히 갈망한다는 점이다. 이것은 변할 수도 있다. 그러나 현재로서는 그런 사실이 우리를 우리가 사용하는 기계와 구별해준다. 우리는 이 점을 절대 잊으면 안 된다. 기계가 아무리 편리하고 효율적이며 매력적으로 보여도 말이다.

친애하는 라이프스토리 사용자 #3,229,665의 2039년 8월 12일 금요일 하루 데이터 사용 기록

현재 삽입된 장치 수 : 6

디지털 쌍둥이 상태 : 양호(다음 요금 납부일 2039년 9월 1일)

오늘 온라인 활동 시간 : 18.4시간

데이터 업로드 : 67,207회

데이터 다운로드 : 11,297회

이미지 공유 : 1,107회 😊

동의 없는 이미지 무단 사용(자동 삭제) : 4,307회 😧

소액 결제 수입 : 186 @ $0.00001

옆구리 찌르기 : 144회

좋은 시민 포인트 : 4점 😊😊😊😊

나이키 포인트 : 11점

피자 플래닛 피자 포인트 : 18점

코카콜라 적립 포인트 : 4점

위법 행위 경고 : 1회

보통 위험도 인물과의 접촉 : 1회

주택 경보기 : 작동 중

불안감 경보 수준 : 보통

활력 징후 : 정상

수질 : 양호(공급 제한 예보)

공기 질(평균) : 5

위험 음식 섭취 : 45 😞😞😞

섭취 칼로리 : 1,899

소모 칼로리 : 489

걸음 수 : 3,349보 😞

지역 네트워크에 쓴 에너지 : -112

탄소 배출량(12개월 평균) : 22.8톤

환경 적대적 이동거리 : 14킬로미터

이동 권고 : 추천 경로 B12

선약 자동 확인 : 8

교체 기한 도래 물품 : 16

개인 네트워크 크기(평균) : 13,406

근접 네트워크 소속 사람과의 눈 마주침 : 3회

네트워크에 소속되지 않은 사람과의 눈 마주침 : 2회

삭제 대상 개인 : 4인

안부인사 자동 전송 : 87회

현재 관계 상태 : 독신, 4급

현재 당신에게 관심이 있는 사람 : 2인

동공 확장 점수(낮) : 12점

동공 확장 점수(밤) : 0점

마지막 연애 : 43일 전 😞

연애 조약 서약 건수 : 3회

관심 수준 : 4

학습 수준 : 브론즈

교훈 습득 : 0

현재 생명 상실 추정일 : 2064년 1월 11일

주의 : 이 업데이트에 담긴 모든 정보는 라이프스토리 소유이며 저작권자의 사전 동의 없이 공유하거나 상업적인 목적으로 사용할 수 없습니다. 월 사용료를 지급하지 않으면 전체 데이터가 사라질 수 있습니다.

2

미디어와
커뮤니케이션 Media and Communications

실시간 커뮤니케이션은
어떻게 대화의
기술을 죽이는가?

실망하지 않는 가장 좋은 방법은 한꺼번에
여러 가지 일을 벌이는 것이다.

알랭 드 보통 Alain de Botton

한번은 누군가로부터 여섯 살짜리 아이가 엄마에게 빵을 토스터에 '긴 면을 밑으로 해서 넣어야 하는지 아니면 짧은 면을 밑으로 해서 넣어야 하는지'를 질문했다는 이야기를 들었다. 이 이야기를 친구의 여덟 살짜리 아이에게 하자, 그 아이는 "왜 구글로 검색하지 않았대요?"라고 되물었다. 그러고는 "구글에 다 나오잖아요"라고 덧붙였다.

이것은 우리의 디지털 문화의 한 단면이다. 가상 세계가 현실 세계에 스며들고, 구글이 지식의 샘이 되고, 모바일 기기가 우리의 일상을 장악했다. 몇 년 전 나는 시드니에서 어린 아들을 데리고 현대 무용 공연을 보러 갔다. 정작 나는 현대 무용을 싫어하지만 아들의 문화적 식견을 넓혀주려는 시도였다(나는 양배추에 대한 내 혐오감을 무용으로 표현하라고 했던 학교 선생님이 지금도 밉다). 우리는 셋째 열에 앉았고 막이 열리자 아들은 소리쳤다. "아빠, 보세요, 3D 공연이에요!" 그 말을 적는 지금도 웃음이 나온다. 그런데 최근에 30대 여성 때문에 겪은 일만큼은 아니다.

런던 빅토리아 역에서 개트윅 고속열차를 타고 갈 때 겪었던 일이다.

한 여성이 내 옆자리에 앉더니 우리 사이에 놓인 테이블 위에 아이패드를 올렸다. 내 맞은편 자리에는 남성이 앉아 있었다. 옆자리에 앉은 여성이 헤드폰을 아이패드에 연결해 오디오북을 듣기 시작했다. 나와 맞은편 남성은 곧 그 오디오북이 『그레이의 50가지 그림자Fifty Shades of Grey』라는 것을 알게 되었다. 유감스럽게도 헤드폰이 제대로 꽂혀 있지 않았다. 이 상황의 상징성은 논외로 하자. 여튼 아이패드에서 소리가 새어나와 수위 높은 대사들이 더운 열차 안에 차곡차곡 쌓였다. 그렇다고 대화로 이어지지는 않았다. 물론 맞은편에 앉은 남성과 민망한 시선은 여러 번 교환했다. 상대방이 어떻게 해주길 바라면서 말이다.

이것은 세상이 변하면서도 변하지 않는다는 사실을 보여주는 많은 예 중 하나에 불과하다. 우리는 예나 지금이나 같은 방식으로 미디어를 사용한다. 정보를 얻고, 재미를 느끼고, 시간을 보내고, 부족에 대한 충성심을 확인하고, 대화거리로 삼는다. 그러나 디지털 기술은 우리를 다른 사람들, 그리고 현실로부터 멀어지게 하기도 한다.

리키 잭슨Ricky Jackson은 자신이 저지르지 않은 범죄로 미국 교도소에 가장 오랫동안 복역한 불행한 기록의 소유자다. 1975년 그는 억울하게도 살인자라는 누명을 쓰고서 2014년까지 바깥세상과 단절된 채 살았다. TV 기자가 그에게 감옥에 있는 동안 무엇이 달라졌는지 묻자 그는 "기술요. 내가 적응해야 하는 가장 큰 변화는 그거라고 생각해요. 사람들이 지금 서로를 대하는 방식… 1975년에 세상이 완벽했다는 건 아니지만, 사람들이 서로 살을 맞대고 있었어요. 이제는 다 문자죠"라고 말했다.[1]

디지털이 낳은 변화를 무시하기는 어렵다. 영국인은 하루 평균 8시간 동안 화면을 들여다본다. 수면 시간을 포함하더라도 사람들이 하루에 하는 일 중 가장 많은 시간을 차지한다. 특히 문자 주고받기는 강박에 가깝다.[2] 영국에서 성인은 한 달 평균 약 400개의 문자를 주고받는다. 10대의 경우 3,700개로 가히 충격적인 숫자다.

그런 활동은 당연히 중독으로 이어진다. 스탠퍼드 대학교의 엘리아스 아부자우디Elias Aboujaoude 교수에 따르면 현대인 8명 중 1명은 인터넷 중독자라고 한다. 중국과 한국 정부는 국가적인 위기라고 말하기도 한다. 인터넷을 마약에 비유하는 이들도 있지만 캘리포니아의 심리학자 래리 로즌Larry Rosen은 더 나아가 인터넷이 "정신이상을 부추길 뿐 아니라 조장한다"라고까지 말한다. 그러나 우리의 정신 건강에 영향을 미치는 것은 인터넷만이 아니다.

『빌리지 이펙트The Village Effect』의 저자 수전 핑커는 영유아가 하루에 텔레비전을 120분 이상 시청하면 이상 행동을 보일 위험이 높아지고 시험 성적도 나쁠 것이라고 말한다. 그런데 디지털 TV는 쉬는 날도 없이 하루 종일 방송된다. 부모가 늘 곁에서 지도하거나 제한하지도 않는다. 소셜미디어를 비롯해 여러 화면으로 멀티태스킹을 하는 8~12세 소녀는 그렇지 않은 경우보다 더 고립되었다고 느끼고 자신이 불행하다고 여긴다. 게다가 서식스 대학교의 새클러 의식과학센터의 연구팀에 따르면 여러 화면을 동시에 사용하면 뇌에서 의사결정, 충동조절, 공감을 조절하는 전대상피질이 손상될 수 있다고 한다.[3]

왜 디지털 미디어는 그토록 전염성이 강한 것일까? 한 가지 이유는 디지털 콘텐츠는 만들기도 쉽고 공유하기도 쉽기 때문이다. 그래서 정신을 분산시키고 군집 행동을 증폭시킨다. 언젠가는 인간의 집중력을 허락 없이 착취하는 것이 절도의 일종으로 취급될지도 모르지만 아직까지는 디지털 쓰나미가 멈출 기미는 보이지 않는다.

두 번째 이유는 디지털 미디어가 때와 장소를 가리지 않으며 돈이 들지 않기 때문이다. 예전에는 미디어 콘텐츠를 만들고 보급하는 데 돈이 많이 들었다. 이야기를 만드는 데 한 무리의 조사원, 작가, 영화 제작자, 편집자가 필요했다. 판매 수익, 구독료, 광고로 얻은 수익에서 이들의 연봉이 나왔다. 돈이 많이 드는 일이었기 때문에 사람들은 무엇을 만들고 무엇을 소비할지 신중하게 골랐다.

과거에는 매체 간 위계질서도 존재했다. 특정 채널이나 프로그램은 다른 채널이나 프로그램에 비해 더 신뢰받았다. 지금은 소비자가 미디어 콘텐츠를 만들고 보급하다 보니 그 수가 어마어마하다. 그래서 콘텐츠의 비금전적인 가치 또한 급락했다. 무엇이 가치 있고 가치가 없는지 판단하기가 어려워졌다. 미디어 콘텐츠가 끊임없이 쏟아져나오는 바람에 수도꼭지를 잠글 겨를조차 없다. 신문이나 책은 덮을 수 있지만 인터넷은 덮고 끝낼 수가 없다.

할 수 있는 일을 모두 해야 하는 것은 아니듯이 매체가 존재한다고 그 매체를 꼭 이용해야만 하는 것은 아니다. 오늘날 모른다는 것의 가치는 철저하게 무시되고 있다. 누군가에 대해 모든 것을 알고 나면 그 사람은 더 이상 흥미롭지 않다. 신비로운 아우라를 유지하며 그림자 속에 숨어 있을 때와 다르다. 물론 대화를 하려면 어느 정도는 공유하는 지식이 있어야 하지만 누군가에 대해 모르는 것이 있어야 이야기할 거리가 생긴다.

콘텐츠가 늘 방송되지 않아도 질이 좋으면 가치가 훨씬 올라간다. 우연히 무언가를 발견하는 것도 의미가 있다. 질과 가치는 양과는 아무 상관이 없다.

마지막으로 미디어의 중독성이 더 강해졌기 때문이다. 맞춤형 콘텐츠 덕분이다. 미디어 콘텐츠가 디지털화되면서 사용자들은 콘텐츠를 걸러내고 자신이 관심 있는 것만 고르기가 쉬워졌다. 마찬가지로 적은 수, 때로는 단 한 명의 청중에게 초개인화된 메시지를 광고할 수도 있게 되었다. 요컨대 적은 생산자가 대다수에게 콘텐츠를 내보내던 것이 이제는 많은 생산자가 소수에게 내보내는 것으로 변하고 있다.

그러나 개인 맞춤형 추구 경향은 콘텐츠에만 한정되지 않는다. 우리가 소유하고 사용하는 장치에서도 발견된다.

인 터 넷 속 의 ' 나 '

—

과거 좋았던 시절에는(요즘 인기 있는 구절이다. 아마도 잃어버린 것들에 대한 갈망과 관련이 있으리라) 미디어 장치가 대부분 공유 제품이었다. 텔레비전, 전화기, 오디오, 컴퓨터는 가족의 공유물로 누가 쓸지 다툼의 대상이 되는 가전제품이었다. 특히 여럿이 그런 기기로 무언가를 함께 보거나 듣고 싶으면 협상해야 했고 어느 정도 타협이 불가피했다. 지금은 이런 기기를 전부 무선 인터넷으로 접속해서 개인이 쓸 수 있다. 자신이 원하는 콘텐츠가 무엇이든 언제 어디서나 구하거나 볼 수 있다. 공동 사용, 협상의 필요가 줄어들었고, 따라서 다른 이들의 필요에 덜 민감해졌다고 추정할 수도 있다. 마치 그런 기기를 설계할 수밖에 없는 자폐 성향의 영특함이 사회에 이들 기기의 사용을 강요하는 것 같다.

앤드루 킨은 마크 저커버그Mark Zuckerberg에게 "인간 본성에 대한 어떤 경험이나 지식이 없다"는 사실이 얼마나 아이러니한지 지적했다. 페이스북의 전직 엔지니어링 부장 이샨 웡Yishan Wong도 저커버그가 '공감력 제로'라고 회상했다. 빌 게이츠Bill Gates를 비롯해 많은 천재 괴짜들이 자폐적인 성향을 보이거나 가벼운 아스퍼거 증후군을 앓고 있다고 한다. 재런 러니어는 이런 현상을 두고 "뛰어난 기술적 지능과 사람에 관한 엄청난 무지는 짝을 이룬다"라고 표현했다.

여기에는 통찰과 암시를 넘어서는 무언가가 있다. 케임브리지 대학교의 아스퍼거 증후군 전문가 사이먼 배런코언Simon Baron-cohen은 기술전문가들 중 자폐 성향인 사람의 비중을 알아보는 연구를 몇 가지 시행했다. 그의 연구에 따르면 자폐아는 비자폐아에 비해 아버지나 할아버지가 공학자인 경우가 두 배 더 많았다. 또한 케임브리지 대학교 수학과에는 같은 대학교의 다른 과에 비해 자폐 성향인 학생이 더 많았다. 실리콘밸리에서는 천재 괴짜들끼리 결혼하는 경우가 많고 자폐 성향의 자녀가 태어날 확률도 더 높다고 한다. 아스퍼거 증후군으로 진단받은 범죄자 중 컴퓨터 해커의 비중이 높은 것으로 나타나기도 했다.

하버드 경영대학원의 후안 엔리케즈Juan Enriquez는 그런 자폐 성향이 과거의 유산이라기보다는 미래의 한 조각, 즉 '데이터가 점점 더 주도권을 장악하는 세상이 거칠 진화의 다음 단계'라고 지적한다. 자폐 성향과 정보화 시대 간 연관성이 있다는 주장에도 일리가 있다.

마찬가지로 행동경제학자 타일러 코웬Tyler Cowen은 인터넷이 '넓게 보면 자폐적인 방향으로' 우리를 몰아가고 있다고 주장한다. 인터넷이 우리로 하여금 '매우 특수하고 구체적으로 설명 가능한 관심사를 중심으로 정체성과 동맹을 추구'하도록 허용하기 때문이다. 그는 심지어 문자 주고받기, 그중에서도 모바일 기기를 통한 문자 주고받기가 자폐적 소통 양식이라고 본다. 코웬의 주장은 인터넷 문화가 자폐 스펙트럼상에 놓여 있다는 것이며 그 문화를 생산하는 산업 전체가 고객이 보내는 사회적인 신호를 놓치고 있다. 이런 관점에서 보면 그런 기업들이 왜 그토록 지적 재산권에 철저하게 무관심한지, 그리고 사람들의 반응에 순진할 정도로, 진심으로 놀라는 것처럼 행동하는지 이해가 된다.

1980년 이전까지만 해도 미국 어린이 2,000명당 1명이 자폐아인 것으로 추정되었다.[4] 최근 수치는 88명 중 2명이고, 남자아이로 한정하면 54명 중 1명이다(한국에서는 38명 중 1명이다). 이런 현상의 원인이 무엇인지는 아무도 모른다. 문화, 양육 방식, 유전, 혹은 기술 등 후보는 여럿이다. 물론 〈뉴욕〉지가 날카롭게 지적했듯이, 아마도 가장 그럴듯한 설명은 이런 현상이 "인문주의자에서 기술주의자로 권력이 지속적으로 이동하는 과정에서 우리의 문화적 불안감을 완화하기 위해 기술주의자들을 경멸하는 도구로 사용되기 때문이며, 컴퓨터 프로그래머들이 지구를 물려받는 동안 그런 사람들이 자폐 성향을 보인다고 말하면서 영문학 전공자들이 스스로를 위로"한다는 것이다.

철저히 고립된 삶

오늘날 인구 구조의 변동으로 구성원이 네 명인 세대는 거의 찾을 수 없다. 어느 저녁 집에 있는 핵가족의 모습을 들여다본다면 각자 자기 방에서 자기 소유의 미디어 기기를 사용하고 있을 가능성이 높다. 일을 하고 있을 수도 있고 영상을 보거나 숙제를 하고 있을 수도 있지만 거의 대부분이 FOMOfear of missing out, 즉 소외에 대한 두려움에 사로잡혀 있을 것이다. 그 집에 10대가 산다면 여러 화면을 동시에 들여다보고 있을 확률이 3분의 2다.

나는 잡지에 실린 ISP빅폰드ISP BigPond의 광고 면을 찢어서 보관하고 있다. 가족 구성원 모두가 각자의 방에서 자신만의 화면을 보고 있는 광고다. 광고 문구는 이렇다. "가족 모두를 위한 오락."

가족 모두가 각자 자기 방을 갖게 된 것도, 10미터도 떨어져 있지 않은 사람들이 서로 전자 메시지를 주고받게 된 것도 비교적 최근 일이다. 15년 전만 해도 같은 집에 사는 누군가에게 이메일을 보낸다고 하면 그 사람에게 편지를 보내는 것만큼이나 이상하게 들렸을 것이다. 그러나 지금은 지극히 정상적인 행동으로 받아들여진다. 내가 아는 사람 중에도 50센티미터 옆에 있는 가족이나 동료와 이메일이나 문자를 주고받는 사람이 있다. 미국에는 가족 구성원들이 서로를 방해하지 않고 집을 드나들 수 있도록 입구가 여러 개인 집을 짓는 건설회사도 있다.

모바일 기기, 특히 휴대전화를 사용하는 우리가 예전처럼 행동할 가능성이 조금이라도 있을까? 영국의 방송 및 통신 규제국인 오프컴Ofcom에 따르면 성인의 51퍼센트와 10대 청소년의 65퍼센트가 사교모임 중이라도 전화가 오면 받을 것이라고 답했다.[5] 성인의 23퍼센트와 10대 청소년의 33퍼센트는 식사 중에도 전화를 받을 것이고, 성인의 27퍼센트와 10대 청소년의 47퍼센트가 화장실에서 볼일을 보는 중에도 전화가 오면 받을 것이라고 답했다. 장례식에서 문자를 주고받는 것도 한때는 결코 허용될 수 없는 일로 여겨졌지만 요즘은 심심치 않게 볼 수 있다.[6] 미국인의 33퍼센트가 임종을 지켜보는 중에 온라인 쇼핑을 했다고 말했고, 뉴질랜드 소재 기업 원룸One Room은 너무 바빠서 직접 장례를 치를 수 없는 유족을 위해 장례 절차를 간소화한 '가성비' 패키지를 내놓았다.

이런 것들은 그다지 중요해 보이지 않을 수도 있다. 그러나 혼자 사는 사람이 늘어나고 자신만의 기기로 개인 맞춤형 정보를 접하는 사람이 늘어나면 공유된 경험과 집단 기억은 어떻게 되는가? 우리가 서로 조화를 이루며 사는 것이 가능할까? 무엇보다 점점 더 많은 사람들이 현실에서 벗어나려고 개인 모바일 기기를 사용하는 현상이 우리가 인간의 연대감과 정체성에 닥칠 미래의 위기에 스스로를 노출시키고 있음을 보여주는 것 아닐까?

디지털 문화에서 주목할 점 한 가지는 한편으로는 디지털 기술이 현실을 더 흥미롭게 바꾸기도 하지만(누군가는 진짜 현실을 가짜 현실로 바꾸는 것이라고 말하겠지만) 다른 한편으로 디지털 기술이 현실 자체를 방해할 가능성도 높아졌다는 점이다. 소셜미디어 매체에 과연결되어 본인의 사진에 끊임없이 노출된 10대일수록 자기 외모에 강박적으로 집착하는 경향을 보이는 것이 그런 예다.[7] 밀레니얼 세대 배우인 아스트리드 베흐제프리스비Astrid Berges-Frisbey는 이렇게 말한다. "오늘날 젊은 세대에게는 환상적인 삶을 살라는 절대명령에 가까운 지침이 내려져 있어요. 실패하는 순간 모두 끝장나죠. 루저 취급을 받을 테니까요."[8]

우리가 화면 속에서 나누는 대화는 쇼맨십과 외향성을 지향한다. 그래서 화면 속에서의 교류는 어느 정도는 거짓인 정보를 토대로 이루어진다. 그 결과 삶은 길고도 피곤하기 짝이 없는 쇼가 되고 만다. 그 쇼에서는 사적인 말과 공적인 공연 간 경계가 사라진다. 우리는 또한 온라인에 기록되지 않은 것은 진짜가 아닌 시대에 들어서고 있다.

내가 보기에 페이스북은 결코 의미 있는 대화를 지원하려고 만든 것이 아니다. 초기에는 부모와 사회가 가하는 숨 막히는 제재를 벗어나기 위한 플랫폼이던 것이 어느 순간 자기애와 거짓 생활양식을 키우는 사적인 공연 플랫폼으로 바뀌었다. 미국 국립보건원의 연구에 따르면 디지털 미디어와 함께 자란 20대는 (당연히 디지털 미디어 없이 자란) 65세 이상 노인에 비해 자기애성 인격 장애를 보일 확률이 300퍼센트가량 더 높았다.

수전 그린필드는 페이스북 같은 사이트가 "상상 속 정체성들 사이에 순간적인 연결"을 만들어낸다고 주장한다. 그래서 사람들은 점점 더 취약해져서 조금이라도 부정적인 것에 대처하는 능력이 사라지고 있다. 페이스북에 올리는 현재 상태 업데이트를 보면 대체로 긍정적인 내용뿐이다. 그래서 현실과는 분리된 지리멸렬한 과시 경쟁을 낳는다. 이 글을 쓰는 순간에도 페이스북은 동영상의 화질을 높이는 필터를 적용하는 아이디어를 검토 중이다. 그 아이디어가 실현되면 결국 온라인 영상이 왜곡되는 결과를 낳을 것이다.

이런 거짓 연기가 언제까지 계속될지는 확실치 않다. 물론 현명한 투자자라면 자아도취 성향은 급속도로 심해질 것이라는 쪽에 돈을 걸 것이다. 증강현실 안경 및 가상현실 고글 기술로 삶에서 짜증나는 부분은 삭제하고 현실 세계에서의 기미를 실시간으로 계속 지울 수 있게 될 것이다. 그러나 인간이라면 누구나 늙어가고 있으며 여전히 사람들에게는 나쁜 일이 일어난다. 언젠가는 현실과 마주할 수밖에 없으며 그렇게 되면 오히려 더 큰 절망에 빠질 것이다.

이런 문제를 겪고 싶지 않다면 자신에게 진실을 말해주는 사람들에게 귀 기울여야 한다. 그리고 그런 진실에는 자신의 부족한 면, 실망스러운 면, 실패 등도 포함되어야 한다. 알랭 드 보통이 지적하듯이 "고통스러운 대화를 통해 많은 아름다운 것들이 그 가치를 획득한다." 또한 "자신이 갇힌 우리의 창살을 흔들어대기 시작할 때에야 비로소 사람은 진정 흥미로워진다."

그런데 모바일 기기로 우리는 서로 연결되기는커녕 서로에게서 점점 더 멀어지고 있으며, 자신이 더 외롭고, 더 약하고, 더 불안하다고 느낀다. 미국의 심리학자 존 카치오포John Cacioppo는 온라인 활동과 고립감 간에는 상호연관성이 있으며 정보를 열심히 공유하는 사람일수록 더 외롭다고 느낀다고 주장한다. 카치오포의 연구와 유사한 연구에서는 정서적 불안이 스위스 심리학자 장 피아제Jean Piaget가 '집단 독백collective monalogues'이라고 부른 것과 관련이 있음을 밝혔다.

하버드 법대의 베크먼 연구소에서 인터넷과 사회의 관계를 연구하며 『한 명의 무리 : 개인 정체성의 미래Crowd of One : The future of individual identity』를 쓴 존 헨리 클리핑어John Henry Clippinger는 사람은 다른 사람과의 관계에서 자아를 형성하며 연결은 자아 형성에 도움이 된다고 주장한다. 반면 고립되면 성장 또한 멈춘다고 말한다. 외로운 사람은 체내에 스트레스 호르몬인 코르티솔의 양이 높은 편이며 심장병이나 감염에 취약하다. 트위터를 열성적으로 사용한다고 심장발작을 일으킬 거라는 말은 아니다. 다만 고혈압 환자인 나는 굳이 그런 모험을 하고 싶지는 않다.

첨단기술과 심리학의 접점을 연구하는 셰리 터클은 현대 사회는 역사상 가장 수다스러운 시대지만, 대신 깊이 있고 의미 있는 대화가 희생되고 있다고 지적했다.[9] 우리는 상대에게 말을 던질 뿐 서로 말을 주고받지 않는다. 또한 과거와 미래 모두의 맥락에서 단절된 채 순간만을 살아간다. 터클은 "오늘날 사람들이 공공장소에서 가장 바라는 것은 자신의 개인 네트워크와 연결된 채 홀로 남겨지는 것"이라고 논평한다. 앤드루 킨도 『디지털 현기증Digital Vertigo』에서 소셜미디어가 "인간 고립의 건축물"이라고 지적했다.

모바일 기기, 특히 스마트폰은 이전에는 조용하거나 사적이던 공간을 침범했고 우리는 이제 더 많은 시간을 (서로나 주변 환경을 향해) 밖을 보기보다는 (화면을 향해) 아래를 보면서 보낸다. 우정과 심지어 사랑조차 점점 화면을 통해 중개되고 걸러지며 현실 세계는 간접적으로 관찰된다.

영국에서 활동하는 사진가 베이비케이크스 로메로Babycakes Romero는 모바일 기기에 몰두한 개인은 "같은 행동에 동시에, 그러나 따로따로 참여하고 있다"면서 이를 '일종의 대칭' 현상으로 본다.[10] 그는 또한 '과정의 우울함'을 지적했다. 이것은 특히 식당에서 분명하게 드러나는데, (그의 표현을 빌리면) "식사하는 죽은 자들"은 잠재적인 정보의 유혹을 물리치지 못해서 서로를 바라보는 일이 거의 없다. 반면 어떤 개인들은 청각적인 방해물을 제거하기 위해 헤드폰을 껴서 스스로를 더 고립시키거나 다른 사람을 아예 없애버리기 위해 가상현실 헤드셋을 써서 스스로를 더 고립시키기도 한다. 로메로의 사진을 보기 전에는 이런 현상이 그다지 마음에 와닿지 않을 것이다. 그러나 우리가 얼마나 중독되었는지, 그리고 거의 모든 이들이 그런 사실을 깨닫지도 못하고 있다는 점은 정말 충격적이다.

과거에 사람들은 시간을 보내거나 어색함을 감추기 위해 담배를 피웠다. 지금 어떤 이들은 모바일 기기를 그렇게 쓴다. 이것들은 사람들의 얼굴에 드러난 죄책감을 비춘다. 어떤 의미로는 우리가 오늘날 온라인에서 하는 것들은 그동안 늘 해오던 것의 소프트웨어 업데이트에 불과하다.

개인과 개인화가 지배하는 문화에서는 남들과 공감하면서 이야기를 나누기에 적당한 공통의 문화가 적다고 주장할지도 모르겠다. 혹은 우리가 불안감을 감추기 위해 모바일 기기를 사용하는 것이라고도 말이다.

모바일 기기는 고요함을 낳는다. 반면 진짜 고요함을 견뎌내는 능력은 떨어지고 있다. 우리는 혼자 있는 능력과 홀로 있고 싶은 욕구 모두를 잃었고, 모바일 기기는 사람들, 특히 부부에게 대화에 참여하기보다는 대화에서 빠질 구실이 되며 그 덕분에 세상과 서로를 통제 가능한 거리에 둘 수 있다.

우리는 여전히 '좋아해'라거나 '사랑해'라고 한다. 그러나 남들이 보는 앞에서 자기 자신의 모바일 기기에 완전히 사로잡히는 모습을 보여줌으로써 나와 교류하는 사람은 누구라도 언제든지 무언가 혹은 다른 누군가에 의해 뒷전이 될 수 있다고 대놓고 말하고 있다. 이것은 우리의 자존감에 좋을 리 없다. 그리고 기이하게도 그 결과 우리는 연결에 대한 갈증을 해소하려고 모바일 기기에 더 의존하게 된다. 제대로 연결되지 못했다는 욕구 불만과 완벽한 단절이 끊임없이 계속된다.

그런데 우리가 전화를 사용하는 방식은 앞으로 또 달라질 것이다. 현재의 전화가 완성형이라고 생각한다면 인간이 더 이상 진화하지 않으리라고 생각하는 것만큼이나 어리석은 생각이다.

이를테면 몇 년 전 애플은 프라임센스PrimeSense라는 이스라엘의 스타트업을 사들였다.[11] 이 스타트업은 마이크로소프트사가 사용하는 키넥트 센서Kinect sensor 개발에 참여했다. 이 기술의 핵심은 전화기의 주변 풍경을 전방만이 아닌 360도 전체를 모조리 담아낼 수 있게 입체감 감지 카메라를 탑재하여 주변 상황을 보다 정확하게 인식하도록 만드는 것이다. 도대체 누가 그런 기술을 원하겠는가? 당신이 전화기 카메라가 위를 보도록 놓아둔 채 가버렸는데, 그 사실을 감지한 전화기가 당신에게 전화를 걸 때 필요할까?

그런 기술이 개발되면 휴대전화가 사용자와 더 심층적인 상호작용도 나눌 수 있게 될 것이다. 사용자의 주변 상황과 근처에 누가 있는지조차 인식하기 때문이다. 달리 말해 전화기는 당신에게 기회와 위험을 알리는 가까운 친구 역할을 하게 된다. 전 세계 인구의 84퍼센트가 모바일 기기가 옆에 없으면 하루도 견디지 못한다[12]는 것을 감안하면 썩 좋은 징조는 아니다.

익숙함을 친밀감으로 혼동하기
—

코미디 프로가 인기 있으면 그 사회가 미쳐가는 증거라는 말이 있다. 언젠가 시드니에서 영국 코미디 TV 프로그램 〈작은 영국Little Britain〉의 생방송을 보러 갔다. 아주 큰 극장이었고 자리도 형편없었다.

그런데 아주 이상한 행사였다. 우선 〈작은 영국〉의 생방송을 직접 보는 것이 아니라 스크린으로 다시 보는 자리였다. 더 이상한 것은 극장이 너무도 컸기 때문에 전방의 스크린 외에도 극장 곳곳에 대형 TV가 여럿 걸려 있어서 사람들은 TV 쇼의 생방송을 보여주는 장면을 또 다른 TV 화면을 통해 볼 수 있었다는 점이다. 더더욱 이상한 것은 청중 가운데 절반가량이 대형 TV 화면에서 펼쳐지는 장면을 손에 든 작은 화면으로 녹화하고 있었다는 점이다. 어둠 속에서 빛나는 이들 작은 화면에서 나오는 불빛에 자꾸 눈길이 가는 바람에 관람을 망쳤음은 말할 것도 없다.

미술관도 마찬가지다. 사람들이 셀카봉을 들고 다니면서 작품 앞에서 자기 사진을 찍는다. 그러다 보니 루브르 박물관의 모나리자 그림 앞에서 '머무는 시간'—정말 마음에 안 드는 표현이다—은 어이없게도 단 15초에 불과하다.[13]

다시 한 번 말하지만 이런 예에서 사람들은 진짜로 보거나 경험하는 것이 아닌 기록하고 보여지는 것에 집중한다. 강조점이 삶을 사는 데 있는 것이 아니라 기록하는 데 있는 것이다. 마치 기록되어 다른 모든 이가 볼 수 있어야만 경험이 가치가 있다고 주장하는 것 같다.

이것은 단지 경솔하고 정신 나간 문화의 또 다른 예에 불과할 수 있다. 그러나 다른 한편으로는 우리가 영화에서 다룰 법한 종말 후 세상 속 좀비가 되어가고 있다는 증거일 수도 있다. 윌리엄 워즈워스William Wordsworth가 오늘날 살아 있다면 그의 유명한 시 「수선화」의 시구가 이렇게 달라질지도 모르겠다.

> 나는 구름 속을 홀로 외로이 거닐고 있었네
> 가상 언덕 너머 높이 떠 있는 구름 속을,
> 문득 나는 보았네, 온라인 무리를
> 자기애에 빠진 황금빛 무리를.

이와는 정반대로 흘러갈 수도 있다. 사람들이 계속해서 자신의 모든 것을 기록하지만 그런 기록을 들여다볼 생각조차 하지 않기 때문이다. 우리는 자신의 과거를 삭제하고 그 과거가 자신의 머릿속에서 흐릿해지다 사라지도록 내버려둘 것이다. 우리는 집단 최면에 걸린 채 기기의 지시에 무조건 따르거나 최신이거나 유행하는 것은 무엇이든 따라하는 수동적인 태도를 보일 것이다. 입체감과 맥락은 모두 무너지고 인터넷만이 유일한 현실이 될 것이다. 그러면 인간은 결국 효율성 제고만을 추구하는 알고리즘으로 취급될 것이다. 니컬러스 카의 표현대로 "자기 몸의 운전자가 아닌 탑승객"이 되는 것이다.

나와 당신이 더 많은 책을 읽도록 구글이 전 세계의 도서관을 디지털화한다고 여긴다면 기분은 좋을지 몰라도 이는 사실과는 다르다. 구글이 그런 작업을 하는 이유는 기계가 더 많은 책을 읽도록 하기 위해서라는 것이 내 짐작이다. 이것은 구글이 궁극적으로 추구하는 것은 과연 무엇인가라는 질문 외에도 왜 사람들은 애초에 책을 읽고, 영화를 보고, 음악을 감상하고, 서로 대화를 나누는가라는 질문을 낳는다. 구글이 그런 활동을 재구성한 방식으로 추측해 보건대, 오늘날의 거대 디지털 기업들은 보통 사람과는 다른 답변을 내놓을 것이다.

상호작용하는 전자책은 개인 맞춤형 결말, 음성 비평, 부가 영상 등 종이책이 줄 수 없는 많은 것을 제공한다. 심지어 개인의 학습 방식에 근거한 개인 맞춤형 교재도 가능하다. 일단 책이 온라인에 업로드되어서 출판사와 연결되면 출판사는 이론상으로는 누가, 무엇을, 어디에서, 언제 읽는지 알 수 있다. 이것은 긍정적인 발전일 수 있다. 예컨대 덕분에 저자는 독자를 더 많이 끌어들일 수 있는 글을 쓰게 될 것이다. 다만 어렵거나 복잡한 글은 아예 외면당할지도 모른다. 또한 앞으로는 자신의 모바일 기기에 담긴 전자책이 당신을 파악해서 당신의 독서 습관을 아마존 파일이나 정부 데이터베이스에 보낼 수도 있음을 잊지 말자.

꺼림칙한 전망이긴 하지만 당신의 세계관에 맞춰 내용과 형식을 바꾸는 전자신문이 등장할 가능성도 있다. 물론 아주 낮은 가능성이다. 그런데 현재 〈가디언〉은 알고리즘에 의해 선택된 기사를 싣는 신문을 제작하는 계획을 세우고 있다. 또한 〈로스앤젤레스 타임스〉는 이미 퀘이크봇 Quakebot을 이용해 지진에 관한 기사를 자동 생성한다. 2013년, '워드스미스Wordsmith'라는 또 다른 미국 매체는 자연 언어 처리 방식을 자동화해 300만 개의 신문 기사를 작성해서 배포했다.

이론상으로는 자연 언어 생성과 이미지 인식을 결합해서 방문하지 않은 식당의 평을 자동적으로 작성하는 일도 어렵지 않을 것이다. 컴퓨터 프로그램을 통해 그 식당에 자주 가는 사람들이 찍힌 이미지로 소셜미디어에 올라온 평을 거르는 방식으로 말이다. 또한 음성 인식 기능을 활용해 식당의 소음 수준이나 식당에서 틀어주는 음악에 관한 평을 작성할 수도 있다.

그저 등을 편히 기대고 앉아서 즐기면 된다. 생각을 할 필요가 없다. 그 어떤 중개인을 통할 필요도 없고 다른 사람과 교류할 필요도 없다. 그래서 효율적이다.

그러나 때로는 비효율적인 것이 도움이 된다. 우연과 비논리적인 행동이 중요한 역할을 하기도 한다. 무언가 완벽하게 새로운 것을 발명하려고 한다면 더욱 그렇다. 유행을 따르는 것도 좋지만 유행만을 따른다면 모든 것이 똑같아지게 된다.

나는 샤잠Shazam이라는 앱의 팬이다. 샤잠은 배경 소음 속에서 어떤 노래든지 식별해서 알려주는 앱이다. 사람들이 어떤 음악을 듣는지, 그리고 뒤집어 말하면 어떤 음악을 듣지 않는지 실시간으로 파악하는 레이더 망인 셈이다.[14] 전문가의 판단 대신 군중의 지혜로 어떤 음악이 잘 팔릴지 예측하는 것이 가능하다. 다 좋다. 다만 두 가지 단점이 있다. 하나는 우리가 같은 음악을 더 자주 듣게 될 것이라는 점이고, 다른 하나는 히트곡들이 점점 더 비슷해질 것이라는 점이다. 우리는 불안감을 느낄 때 익숙한 것을 추구하는 경향을 보인다는 주장이 있다. 그런데 자동 생성 리듬을 연구한 하버드 대학교의 물리학 연구원인 홀저 헤니히Holger Hennig는 "인간이 리듬을 연주하는 방식에는 무언가 완벽하게 불완전한 것이 있다"라고 말한다. 컴퓨터가 생성한 리듬 때문에 현대 팝음악이 지극히 일차원적이라는 주장은 다소 지나치지만 컴퓨터는 사람들이 정말로 원하는 것 대신 프로그래머가 생각하기에 사람들이 원한다고 생각하는 것을 만들어내는 데 특히 뛰어나다.

더 나아가 창의성과 혁신은 운과 다양한 인풋에서 나온다. 우리가 모두 같은 음악을 듣고, 같은 영화를 보고, 같은 정보를 소비한다면 결국 어떻게 될까? 우리의 불만, 결함, 실수가 사물과 삶을 흥미롭게 만들고 궁극적으로는 인간적이게 만드는 것 아닐까? 운이라는 요소 덕분에 개개인의 인생에 개성과 살 만한 가치가 더해지는 것 아닐까?

나는 언젠가는 기계가 모든 책을 읽고 모든 영화를 감상한 후에 어떤 패턴을 발견할 것이라고 생각한다. 그리고 이런 패턴과 판매 데이터나 흥행 여부를 나란히 놓고 비교하면 성공을 보장하는 공식이 밝혀질 것이다. 그러나 그런 공식에만 의존하면 끊임없이 재활용되는 단 하나의 책과 단 하나의 영화만 만들어내게 되지 않을까? 정말로 그런 세상에서 살고 싶은가?

같은 맥락에서, 종이책이 흥미로운 이유는 세월이 남기는 흔적 때문이다. 전자책은 모두 동일하고 늘 완벽한 상태를 유지한다. 전자책에서는 세월의 자취가 느껴지지 않지만 종이책은 각기 다른 이야기를 들려준다.

집 중 력 부 족

—

나는 디지털 미디어가 사회에 엄청나게 기여했다는 것을 아주 잘 안다. 그리고 디지털 미디어 덕분에 가능했던 긍정적인 발전과 결과물을 길게 나열할 수도 있다. 그러나 이 장에서 내가 던지는 질문은 디지털 미디어 덕분에 우리가 더 행복하고, 더 똑똑하고, 더 교양이 깊은 사람이 되었는가 하는 것이다.

아주 오랜 옛날부터 새로운 기술에 대한 우려가 늘 존재했다는 것도 안다. 2,500년 전 소크라테스는 머릿속에 집어넣는 대신 글로 기록하면 지식이 도태될 것이라고 걱정했다. 지금도 구술, 특히 면 대 면 구술 대신 서술, 즉 원거리 소통을 택했기 때문에 우리의 구술 능력과 남을 설득하는 능력이 저하되었다고 주장하는 비평가들이 있다.

나는 물리적인 책, 신문, 그리고 심지어 도서관이 완전히 사라질까 봐 걱정하는 것이 아니다. 그런 날은 오지 않을 것이다. 그러나 피상적이고 대중적인 것들에 의해 복잡하고 어려운 주제에 관한 진지한 논쟁이 묻혀 버리고 있다. 사람들은 정보를 습득해야 한다는 사회적 압력을 받고 있는데 정보가 너무 많다. 디지털 미디어를 설계한 사람들이 정보의 양과 질은 서로 다른 것을 의미한다는 점을 이해하지 못하기 때문이다. 정보가 지나치게 많이 풀리면 결국 남는 것은 지나치게 많은 즉흥적인 의견이다.

현대 사회는 지식 자체가 아니라 무언가가 존재한다는 사실을 아는 지식을 더 높이 산다. 직접 정보를 소화하는 일은 시간이 들뿐더러 적절한 정보 제공 피드를 알고 있는 것만큼 중요하지도 않다.

마찬가지로 지나치게 많은 정보를 접하는 것은 지나치게 적은 정보를 접하는 것만큼이나 해롭다. 무엇이 중요하고 무엇이 중요하지 않은지 구별할 수 없게 되기 때문이다. 미국 언론 연구소American Press Institute의 조사에 따르면 미국인의 거의 60퍼센트가 신문의 헤드라인만 읽는다고 답했다. 온라인 비평가들은 자신이 읽지 않은 것에 대한 견해를 올릴 때 'tl;dr(too long; didn't read의 약자, '너무 길어서 읽지 않음'이라는 뜻—옮긴이)'이라고 적는다.

웹 트래픽을 다루는 조사기관 차트비트Chartbeat의 CEO 토니 헤일리Tony Haile는 "소셜미디어에서의 공유 여부와 실제 읽었는지의 여부에는 아무런 통계적인 상관관계가 발견되지 않는다"라고 인정했다. 더 나아가 오늘날 정보의 질에 관한 모든 논쟁은 포스트모더니즘의 반발을 산다. 포스트모더니즘에 따르면 모든 사람과 모든 것이 동등한 가치를 지닌다.

일부 교육계에서 특히 이런 추세가 뚜렷하게 나타난다. 디지털 기술과 디지털 학습에 강력한 지지를 보내는 학교가 많다. 종이와 화면은 결코 같지 않다는 연구가 이미 상당수 나왔는데도 말이다. 구기술과 신기술은 각각 장점이 있으며 우리는 학습이라는 과제에 가장 적합한 기술을 찾아야 한다. 펜과 종이냐, 킨들과 아이패드냐.

화면은 집중력을 분산시키고 오랫동안 정독을 하는 데 방해가 된다. 그리고 그 결과 사고와 이해에 영향을 미친다. 강의 내용을 손으로 기록한 학생과 노트북에 기록한 학생을 비교한 연구에 따르면 손으로 기록한 학생이 강의 내용을 더 잘 이해했다. 노트북에 인터넷이 연결되어 있으면 딴짓을 하고 싶은 유혹을 받는다. 또 누군가의 말에 귀를 기울이는 동시에 손으로 기록하는 것은 어려운 작업이기 때문이기도 하다(일단 듣고 난 다음에 손으로 적는 것이 더 쉽기 때문에 핵심만 기록하게 된다). 책, 잡지, 신문을 읽을 때는 그것의 물리적인 구조도 독자가 자신이 줄거리나 논쟁의 어디쯤에 와 있는지 파악하는 단서 역할을 하고 그런 구조 덕분에 나중에 내용을 떠올리기도 더 쉬워진다.

그렇다면 우리가 디지털을 적극적으로 받아들이는 학교의 방침을 따른다면 덜 똑똑하고 더 얄팍한 사람이 될까?

우리는 더 똑똑해지고 있는가?

———

인간의 지능이 점점 더 향상되고 있다는 것은 누구나 안다. 공중보건, 공교육, 사회 지원의 수준이 높아진 덕분이다. 덴마크에서는 1950년대부터 1980년대까지 표준 지능 테스트로 입대 자원자의 지능을 평가했는데, 그 자료에 따르면 분명 지능지수는 올라가고 있다. 다른 자료도 이런 추세를 뒷받침한다. 그런데 1998년부터 덴마크, 영국, 호주 같은 선진국에서 기이한 현상이 관찰되고 있다. 지능지수가 상승을 멈추었을 뿐만 아니라 오히려 하락하고 있다.

물론 확실한 증거는 없다. 일시적인 현상일 수도 있다. 그러나 진짜일 수도 있고, 만약 진짜라면 문화적인 요인이나 더 나아가 영양학적인 요인이 원인일 수 있다. 가공식품으로 채워진 인공적인 식단, 텔레비전과 컴퓨터 앞을 떠날 줄 모르고 계속되는 콘텐츠 소비, 효과가 의심스러운 일련의 교육개혁도 별 도움이 안 된다. 인간이 자연에서 받은 유전적인 이점이 이제 한계에 도달한 것이라고 주장할 수도 있다. 인간의 신장이 더 이상 커지지 않는 것처럼 말이다.

이런 여러 설명 가운데 논란을 일으키는 입장은 지능이 뛰어난 사람들이 대부분 아이를 적게 낳기 때문에 인간이라는 종 가운데 지적인 부류가 점점 멸종으로 치닫고 있으며 인류가 점점 더 멍청해지는 방향으로 진화하고 있다는 것이다. 이것도 사실일 수 있다. 그러나 이런 주장은 과거에도 있었고 그중 가장 최근의 주장은 결코 유쾌하지 않은 결과(우생학과 강제 불임 시술)로 이어졌다. 물론 인류의 지능이 더 향상되고 있지만 기존의 지능 검사로는 측정할 수 없거나 지능 검사에 반영되지 않는 능력이 향상되고 있을 가능성도 있다.

그렇다면 어떻게 해야 할까? 아직까지 지능과 유전의 연결고리도 확실하게 파악하지 못한 상태에서 지금 정확하게 무슨 일이 벌어지는지 설명할 수 있기까지는 오랜 시간이 걸릴 것이다. 인간의 유전자를 분석해서 지능을 향상하는 기술을 개발하기까지는 더 오랜 시간이 걸릴 것이다. 그때까지 할 수 있는 일은 단 하나, 더 나은 교육을 제공하는 것이다.

여기서는 교육이라는 주제는 다루지 않을 것이다. 대신 이미 누구나 학교에서 맞닥뜨렸을 현상, 그리고 앞으로는 학교 밖에서도 맞닥뜨리게 될 현상을 살펴보겠다. 바로 분산된 관심, 상호작용, 무지, 지능이 한데 엉킨 암울한 모습이다.

공감 능력 삭제

인간은 언제나 고약한 존재였고 이 방면으로 탁월한 능력을 발휘하는 사람도 있다. 어떻게 보면 디지털 미디어는 이런 점을 단순히 증폭할 뿐이다. 그러나 전 세계를 연결하는 디지털 미디어 자체에 특수한 유형의 고약함이 내재되어 있는 것처럼 보이기도 한다. 왜 인터넷은 사이버 왕따, 스토킹, 여성 혐오의 장이 되었는가? 한 가지 이유는 사람들이 투명한 방패 뒤에 숨어 있다고 느끼거나 온라인에서 하는 행위에는 법이 적용되지 않는다고 생각하는 등 자기가 하고 싶은 대로 해도 들키지 않을 거라고 확신하기 때문이다. 온라인 세계에서 보장되는 익명성은 당연히 역사상 유례가 없는 것이고 오프라인 세계에서 그와 유사한 것은 찾아보기 힘들다.

그러나 더 그럴듯한 이유는 단절이다. 온라인에서는 자신이 못되게 구는 대상을 직접 만날 일이 거의 없다. 그래서 공감과 연민에 삭제 버튼을 누를 수 있다. 사람들은 자신이 공격하는 대상과 물리적으로 떨어져 있기 때문에 그 사람이 자신의 말에 어떻게 반응하는지를 알려주는 단서를 전혀 얻지 못한다.

거친 말이나 공격이 순수하게 텍스트의 형태로만 오가면 상대방이 어떻게 느끼는지 몸짓이나 목소리로 전달받을 방법이 없다. 따라서 자신의 행동을 교정할 수도 없다. 희생양의 입장에서 가장 큰 문제는 거대한 파도처럼 밀려드는 학대의 물결을 피할 방법이 없다는 것이다. 때와 장소를 가리지 않고 연결되어 있기 전에는 당사자들이 직접 대면하는 동안에만 왕따가 발생했다. 오늘날에는 가해자가 피해자의 집 안에까지 따라 들어와 가장 안전하고 가장 은밀한 공간에서도 공격을 가한다. 그리고 잠재적으로는 웹사이트상에 영원히 남는다. 그러나 기술만을 탓할 수는 없다. 문화에도 책임이 있다.

50년 전만 해도 우리는 겸손, 자기절제, 신중함을 높이 샀다. 공적 공간과 사적 공간을 구별했고 각각의 공간에서 언급되는 표현들도 구별해서 사용했다. 아마도 앞으로 50년이 지나면 서로 연결된 기기가 지향하는 통합적이면서도 동시적인 특성에 의해 사람들을 차별화하는 것들보다는 묶어주는 것들이 강조되면서 새로운 이타주의적 이해와 관용의 시대가 올 것이다. 다만 빠른 시일에 현실화되지는 않겠지만, 짐작할 수 있듯이 당분간은 돈과 소소한 편의가 예의와 협력보다 우선시될 것이다. 그러나 오늘날 개인이 자아도취와 자기과시에 빠질 수 있었던 것은 앞서 언급한 예의와 협력뿐 아니라 평등과 표현의 자유 덕분이다. 이것만 봐도 결국 세상은 변하기 마련이라는 것을 알 수 있다.

유 명 한 것 으 로 유 명 하 기

—

이제 왜 사람들은 문화에 참여하고 문화를 통해 서로 교류하는가라는 질문으로 돌아가자. 나는 우리가 인간답게 살고 싶어 하기 때문이라고 생각한다. 특히 책은 우리의 외로움을 덜어주고 자신의 삶과 다른 이들의 삶을 비교하고 돌아보게 도와준다. 또한 책은 선과 악의 의미에 대해 생각하게 한다. 혼란스럽고 불안할 때 책을 읽으면 상황을 자신만의 시각에서 이해할 수 있다.

은퇴한 물리학자인 내 아버지에게 마지막으로 읽은 책이 무엇이냐고

물은 적이 있다. 아버지는 "도요타 코롤라 워크숍 매뉴얼"이라고 답했다. 확실히 아버지는 궁금한 것이 있어야만 책을 읽는 사람이다. 충분히 좋은 이유다. 우리는 여러 가지 이유로 책을 읽는다. 나는 내가 가지고 있지도 않은 물건의 사용설명서를 읽은 적도 있다. 궁금증을 해결하려는 욕구는 강한 동기가 된다. 도요타 자동차의 내부 작동 원리가 궁금한 것은 이해할 만하지만 나는 왜 사람들이 또 다른 유형의 정보, 즉 연예인을 둘러싼 소문에 중독되는지 궁금하다.

연예인을 둘러싼 소문에 새로운 것은 없다. 미디어는 언제나 그런 소문을 다뤘다. 다만 새로운 정보화 시대는 연예인이라는 영웅의 실시간 홍보에 안성맞춤이다.[15] 왕과 왕비는 그들이 무엇을 성취했는가보다는 그들이 보여주는 이미지로 평가받는다. 그래서 내용보다는 겉모습에 더 신경 쓰는 글로벌 미디어에 딱 어울린다. 연예인은 허상의 인물로, 임상심리학자 존 루카스John Lucas에 따르면 "고립감을 느끼는 사람들로 가득 찬 뿌리 없는 문화의 증상"이다.[16] 윤리학 및 사회심리학 전문가인 애덤 갤린스키Adam Galinsky도 "인간은 본질적으로 사회적인 존재다. 연구에 따르면 사람들이 덜 연결되었다고 느낄수록 연예인에 더 집착한다"라며 비슷한 지적을 했다.

현실과 환상의 경계가 모호하고 끝나지 않는 드라마 속에서 사는 것처럼 보이는 사교계 명사 패리스 힐튼Paris Hilton이야말로 불멸성에 점점 더 민감하게 반응하고 그러면서 서로에 대해서는 더 무관심해지는 세태가 낳은 인물이다. 미디어 산업 전반, 그중에서도 특히 트위터와 인스타그램 같은 소셜미디어 사이트 덕분에 우리가 이런 사람들을 실제로 안다는 환상에 빠진다. 사람들은 연예인도 자신과 다를 게 없다고 착각하게 되고 그런 연예인들처럼 언젠가는 자신도 일상에서 살포시 들어올려진 뒤 높은 지위를 누리는 또 다른 평행우주에 심어질 것이라는 유치한 소망을 품는다. 연예 산업은 그것을 이용한다.

때로는 우리가 그들을 속속들이 안다고 진심으로 믿는다. 심지어 친한 친구처럼 느낀다. 그래서 연예인에게 나쁜 일이 생기면 그 연예인의 고통이 마치 내 고통처럼 느껴진다. 연예인에 관한 더러운 소문을 퍼뜨리는 것은, 즉 우리가 아는 사람의 험담을 하는 것은 진실과 신뢰를 구축하고자 하는 본능적인 반응이다. 우리가 유명 인사를 통해 얻는 대리만족은 스스로에 대한 만족감을 높여준다. 우리는 그 연예인들의 좋은 점을 자신의 장점으로 삼기 때문이다. 그러나 집착이 심해지면 자존감은 사라지고 열등감만 커진다.

우리는 무의식중에 연예인을 생물학적인 의미에서 짝짓기 후보감으로 보는 건지도 모른다. 연예인들은 외모가 뛰어나며 그런 훌륭한 외모를 볼 때 우리 몸에는 화학물질이 분비되기 때문이다. 문자를 주고받을 때 느끼는 쾌락과 비슷한 효과를 낸다. 그러다 보니 유명한 사람의 얼굴 사진을 다른 사람에게 보내거나 게시하는 것은 우리를 이중으로 흥분시킨다. 또한 노출 효과라고 알려진 심리적인 효과도 있다. 이것은 익숙함에 대한 반응으로 분비되는 생화학 물질이 내는 효과다. 뇌과학의 표현을 빌리면 익숙한 얼굴은 처리하기가 쉬우며 그래서 기분이 좋아진다. 다만 부작용이 있다. 적어도 연예인의 입장에서 보면 그렇다. 일정 시간이 지나면 이미지의 도배에서 비롯된 익숙함이 지루함으로 변하고 그런 사람의 얼굴은 더 이상 흥미를 유발하지 못한다. 데이비드 보위David Bowie나 레이디 가가 Lady Gaga 같은 영리한 연예인이 자신의 겉모습을 끊임없이 바꾸는 이유다.

연예인의 우상화는 종교의식을 대체하는 것이라고 주장할 수도 있다. 그런 우상화는 전지전능한 존재감, 공유된 공동체·가치·의식, 그리고 심지어 불멸성이라는 요소도 갖추고 있다. 심리학자 제임스 후란James Houran의 "비종교적인 사람들이 연예인 문화에 더 관심을 기울이는 성향이 있다"라는 주장은 흥미롭지만 나는 그의 주장에 동의하지 않는다. 다만 연예인이 많은 사람들에게 조용한 절망과 순종의 삶을 벗어날 창구를 제공한다고는 생각한다.

그렇다면 이 모든 것이 무엇을 의미하는가? 1969년 우리는 달에 두 인간을 착륙시켰다. 그로부터 47년 후 140자로 자신의 상태를 업데이트하는 소셜미디어, 모든 방에 설치된 넷플릭스, '인터넷을 뚫었다Break the Internet(하나의 이슈가 전 세계 인터넷 사용자를 사로잡는 현상을 일컫는 말 ─ 옮긴이)', 그리고 글로벌 음악 오디션 프로그램 〈X 팩터The X Factor〉를 만들어 냈다. 이것이 진보일까? 평가는 당신에게 맡기겠다.

네드 러드 초등학교 운영위원회 회의록, 2022년 4월 27일

참석 : 캐럴 그랜트, 데이비드 파텔, 리처드 레기트
불참 : 맬컴 탈로트, 수 유
회의록 : 이전 회의록 검토 결과 통과

재정

3~6학년을 위한 실외 놀이 장비를 설치해주겠다는 보다폰Vodafone의 제안을 검토했습니다. 만장일치로 거절합니다.

홍보

아날로그 양식과 디지털 양식을 학습에 도입했을 때 정보 기억력에 어떤 영향을 미치는지를 연구하는 뉴욕 대학교 연구팀이 학교에서 종이 기반 학습을 가장 잘 활용한 좋은 예로 본교를 연구하고 싶다는 섭외 요청이 들어왔습니다. 여러 매체에 소개되었던 6학년생의 여름 학기 평균 정보 기억력이 96.8퍼센트였던 것을 조금 더 자세히 살펴보고 싶다고 합니다. 허락하기로 했습니다.

보건과 안전

런던 로이드 보험사가 학교 부지 내에 설치된 모든 무선 네트워크망과 교내에서의 모바일 기기 사용과 관련이 있는 것으로 보이는 상해에 대해서는 의료비 지급 청구를 전부 거절하겠다는 통보를 했습니다. 기간이 만료하지 않은 네트워크망 계약을 파기하고 모든 화이트보드를 칠판으로 바꾸기로 결정했습니다.

인사

앤트의 아버지이자 종이 학습 시스템부 부학장인 매트 왓슨 씨를 신임 교장으로 임명합니다. 현 교장인 줄리언 골하드 씨는 샌프란시스코 슬로 대학교 총장으로 취임할 예정입니다. 그 밖에 샘 첸 씨를 윤리학과 학과장, 제니 추 씨를 수기학과 학과장, 마이크 스마트 씨를 드로잉학과 부학과장으로 각각 임명합니다.

컴퓨터 박물관

3학년의 이번 컴퓨터 박물관 현장학습은 카트만두 실외 놀이 센터, 봉커스 포 콩커스, 바이닐 정키의 공동후원을 받는 것으로 결정했습니다.

3

과학과 기술　Science and Technology

집　빈방에

평행우주를 건설해도

안전할까？

누구에게도 들키고 싶지 않은 일은
애초에 하지 말았어야 한다.

에릭 슈미트 Eric Schmidt

1926년 〈기막힌 이야기Amazing Stories〉라는 잡지는 창간호에서 이렇게 거침 없이 선언했다. "오늘은 허황된 허구… 내일은 부정할 수 없는 현실." 아주 허무맹랑한 주장은 아니었다. 1928년에 일간지 〈데일리 메일〉은 미래 인 2000년이 어떤 모습일지 묘사했고 공공장소에 거대 화면이 설치될 것 이라고 정확하게 예측했다. 역사에 비추어 볼 때 미래의 상당 부분이 이미 현재에 존재하기 때문에 도대체 앞으로 지금까지 본 적이 없는 전혀 새로 운 것의 등장을 예측하기가 더 까다롭다.

리버풀 대학교 도서관 공상과학소설 담당 사서인 앤디 소여Andy Sawyer 는 어느 경우에나 통용되는 만능 답변은 공상과학소설 작가인 버너 빈지 Vernor Vinge와 데미언 브로데릭Damien Broderick처럼 미래를 예측하기가 점점 어려워지고 있다고 말하는 것이라고 지적했다. 지금은 모든 것이 너무나 빠르게 변해서 무언가를 머리에 떠올리는 순간 이미 현실이 되어 있다.

테러리스트가 자율주행 차를 해킹하거나 휴대전화로 비행기를 조종 한다는 아이디어가 바로 그런 예다. 둘 다 아직 실현되지는 않았지만 다각

도로 논의되었다. 그래서 미래가 더 빨리 다가올 뿐 아니라 자기충족 예언을 낳기도 한다. 충분히 많은 사람들이 무언가를 예측하면 그 무언가가 현실이 될 가능성이 높아진다.

현 재 는   과 거 다
—

몇 년 전 나는 다른 책을 쓰는 중이었고 기이한 것들의 예를 찾고 있었다. 오래지 않아 분자가 빛의 속도보다 더 빠르게 움직이는 것으로 밝혀졌다는 '사실'을 발견했다. 이는 아인슈타인의 상대성 이론을 근본적으로 뒤집는 것이었다. 결국 사실이 아님이 밝혀졌지만 현대인은 대부분 눈코 뜰 새 없이 바쁜 하루하루를 사느라 그것을 한동안 사실로 받아들였다. 이제 현실과 허구를 구별하는 유일한 차이점은 허구는 그럴듯해야 한다는 것이다.

이런 문제에 대처하는 한 가지 방법은 훨씬 더 먼 상상 속 미래로 나아가는 것이다. 그러나 너무 멀리 나아가면 훨씬 더 큰 문제에 맞닥뜨리게 된다. 한편으로는 철학, 다른 한편으로는 상대성 이론, 또 다른 한편으로는 양자역학에 속한 문제다. 그러면 한번 설명해 보겠다.

공상과학소설가 필립 K. 딕Philip K. Dick은 현실은 사람들이 그 현실을 더 이상 믿지 않아도 사라지지 않는다고 말했다. 산은 우리가 원하든 원하지 않든 그 자리에 존재한다. 그런데 돈을 예로 들어 보자. 만약 충분히 많은 사람들이 50달러짜리 지폐가 실질적인 가치를 지닌다고 더 이상 믿지 않는다면, 혹은 기업이나 정부의 법적 정당성을 더 이상 믿지 않는다면 그 지폐, 기업, 정부는 사라진 것이나 마찬가지다. 모두 신화에 불과하게 된다.

이번에는 사람이 살지 않는 행성을 떠올려 보자. 우리는 언어, 이념, 역사가 실재한다고 믿지만[1] 인간이 없다면 그런 것들은 모두 사라진다. 양자역학 이론의 선구자인 막스 플랑크Max Planck는 "나는 의식이 모든 것의 근원이며 물질은 의식에서 도출된다고 믿는다"라고 주장했다.

그런 유아론은 영화 〈매트릭스The Matrix〉를 연상시키지만 그보다 한발 더 나아간 주장이다. 딸이 굶어 죽도록 내버려둔 김유철과 최미선의 이야기를 떠올려 보자. 우리는 그 딸이 진짜이고 그들의 가상현실 속 딸은 진짜가 아니라고 생각한다. 이것은 이분법적인 논리다. 인권과 동물의 권리는 일단 제쳐두고(과학자들은 일부 영장류와 새는 세 살배기보다 더 똑똑하다는 사실을 입증했다. 그러나 법적 권리가 부여되는 것은 세 살배기 아이다) 일단 기술이 발전해서 디지털과 인간 간 경계가 흐릿해질 정도가 되면 아바타와 로봇의 권리 문제가 부상할 것이다.

예를 들어 유럽연합 의회는 돌봄 로봇에게 법적인 인격권을 부여하는 것을 고려 중이다.[2] 돌봄 로봇이 사람 대신 금전 거래나 처방전을 받을 수 있도록 하기 위해서다. 돌봄 로봇에게 법적 인격이 부여되는 순간 그 로봇은 재물 손괴죄나 상해죄의 피의자가 될 수 있고 로봇의 주인인 개인, 기업, 정부가 이런 행위에 대한 책임에서 면제되는 심각한 결과를 낳는다. 아주 위험한 면책권이다.

모호해진 경계

———

다행히 위와 같은 상황은 아직 먼 미래의 일이다. 가장 성공할 확률이 높은 로봇, 혹은 적어도 현재 평범한 사람이 마주칠 가능성이 가장 큰 로봇은 지보Jibo다. 지보는 세계 최초의 가족 로봇이다. 지보는 말벗 역할을 하는 로봇으로 디지털로 표현된 눈과 둘로 분리되어 이리저리 비틀 수 있는 몸을 장착해 사교성을 최적화했으며 감정 상태를 표현하도록 설계되었다. 지보가 도대체 어쩌다가 TV 애니메이션 시리즈 〈사우스파크South Park〉에 나오는 케니 같은 모습을 하게 되었는지는 상상조차 할 수 없지만 아마도 그런 모습이 개성 넘치는 매력을 더할 것이다. 혹은 지보의 만화 캐릭터 같은 모습은 지보가 기이한 행동을 하더라도 주인이 참고 넘어가는 데 도움이 될지도 모른다.

소시봇 미니SociBot-Mini라고 불리는 또 다른 로봇은 눈이 달려 있어 당신을 알아보기도 하고 당신을 따라 온 방을 누비기도 한다.[3] 이것은 또 다른 형태의 개인 비서 로봇 혹은 말벗 로봇으로 사람과 대화를 나눌 수도 있다. 개성과 진정성을 더하기 위해 제작자들은 3D 화면에 움직이는 얼굴을 띄우는 것을 고려하고 있다. 사용자들이 그런 얼굴 후보에 친구나 영화배우의 얼굴을 더할지는 확실치 않다. 물론 모든 로봇이 결국 같은 얼굴을 할 가능성도 충분히 있다. 그 얼굴은 아마도 조지 클루니George Clooney의 얼굴이 되지 않을까?

공포를 불러일으키는 미래상을 하나 꼽으라면 로봇이 우리 인간과 같은 모습을 하고 있는 것이다.[4] 로봇이 인간처럼 움직이면 인간 사회에 동화되고 편입되기가 더 쉬워지기 때문에 그렇게 될 가능성은 충분하다. 물렁물렁한 몸이나 피부를 지닌 휴머노이드가 공상과학과 과학적 사실 간간극을 좁히게 될지를 설명하기는 어렵다. 지금으로서는 자신의 창조자와 똑같이 생긴 로봇—일본의 이시구로 히로시Ishiguro Hiroshi와 중국의 주렌티Zou Renti 같은 로봇—이 이미 실험실에 존재하며 정상적으로 작동하고 있다는 것만 말해두겠다.

로봇이 인간처럼 생기기만 해도 충분히 이상할 거라고 생각하겠지만 공감하거나 거짓말을 할 수 있는 로봇이 생기면 어떤 느낌일까? 아니면 진짜 곤충과 어울리는 로봇 벌처럼 다른 생물의 형상을 한 기계는 어떤가? 그리고 날아다니는 로봇이 반드시 몸집이 작아야 한다는 법이 어디 있는가? 미래의 전투기는 영화 〈탑건Top Gun〉보다는 영화 〈트랜스포머Transformers〉를 연상시킬 것이다.

반대로 로봇의 크기를 키우기보다는 아주 작디작은 로봇, 그것도 나노 단위로 측정해야 하는 로봇을 만들어서 삼키는 미래도 가능하다. 아니면 그보다는 거대한 로봇이 개미나 벌같이 무리를 이루도록 해서 유용한 일을 하도록 할 수도 있다.

여기서 내가 의도하는 바는 인간과 비인간 간 경계를 어디에 그어야 하는가라는 질문을 던지는 것이다. 또한 기계가 사람을 어느 정도까지 대신해야 만족할 것인지, 그리고 어떤 역할까지 맡길 의향이 있는지 묻고 싶다. 누구에게나 당연하게 여겨지는 한계가 존재할까? 이런저런 집안일을 대신하는 로봇을 반대할 사람은 많지 않겠지만 의사나 교사를 대신하는 로봇은 어떤가? 아이를 대신하는 로봇은? 로봇의 외형이 어떤 식으로 발전할지는 꽤 명확하다. 로봇이 우리가 사는 환경에서 자유롭게 움직이기 위해서는 우리 인간 같은 몸이 필요하다. 그리고 감각 정보를 받아들이는 몸이 있어야만 로봇의 뇌가 살아 있는 사람의 뇌인 양 작동할 것이다.

머신러닝은 새로운 분야는 아니지만 점점 더 정교해지고 있다. 기계가 사건을 포착하고 관찰할 뿐 아니라 패턴을 발견하고 정보를 규칙이나 심지어 지혜로 변환하도록 돕는 소프트웨어가 개발되고 있기 때문이다. 달리 말해 기계는 자신을 둘러싼 환경을 지각하고 분석하며 일련의 논리 규칙이나 주어진 목표에 맞춰 어떻게 반응할지 판단할 수 있다는 말이다.

이번에도 당신은 그런 기계가 먼 미래에나 등장할 것이라고 생각하겠지만 연구소에 이미 존재하고 있다. 그리고 로봇 자동차를 주저 없이 받아들이는 분위기를 볼 때 우리 가방을 대신 들어주고 함께 쇼핑몰을 누비는 로봇을 볼 날도 머지않은 것 같다. 그리고 그런 로봇을 받아들일 수 있다면 친구 로봇이나 배우자 로봇도 받아들일 수 있지 않을까? 우정은 종종 인간의 본질적인 특성으로 여겨지지만 우리는 반려동물과도 관계를 맺는다. 그러니 지극히 인간적인 로봇이라면 인간이나 동물 대신 그런 로봇과 관계를 맺고 싶어 할 수도 있지 않을까?

미래는 아이들의 것

—

계몽 시대의 수학자이자 철학자인 르네 데카르트René Descartes가 자신이 가르치던 스웨덴의 크리스티나 여왕에게 이렇게 말했다고 전해진다.[5] 인간의 몸은 기계라고 생각할 수 있다고. 그 순간 여왕은 벽에 걸린 기계식 시계를 바라보면서 데카르트에게 "저게 반드시 자손을 낳도록 만드시오"라고 명했다. 농담이었겠지만 첨단기술이 발달한 세계에서는 더 이상 농담으로 받아들여지지 않을 것이다.

최악의 디스토피아는 기계가 의식을 얻을 뿐 아니라 자기복제를 하는 세상이다. 1964년 스타니슬라프 렘Stanislaw Lem은 『무적The Invincible』이라는 제목의 소설을 발표했다. 소설의 줄거리는 먼 행성으로 간 탐사대가 수백 년에 걸쳐 진화한 기계 생명체를 발견한다는 내용이다. 그러나 비생물학적 복제라는 관념은 이보다 훨씬 전부터 존재했다. 1802년 윌리엄 페일리 William Paley는 『자연 신학Natural Theology』이라는 제목의 목적론적 종교관을 반영한 책을 출간했다. 당연히 이 책에서 종교는 최고의 지위를 누린다. 페일리는 당시 시계같이 복잡한 것이 존재할 수 있는 이유는 오직 최고의 시계 제작자, 즉 신이 존재하기 때문이라고 주장했다. 다만 그는 시계가 스스로를 조립한다면 이런 주장은 근거가 없다고 인정했다.

그렇다면 다윈의 이론과 기술에도 생물학에서처럼 진화론적 규칙이 적용되는가라는 문제로 되돌아오게 된다. 살아 있는 종처럼 기술도 실수, 우연, 변이를 거치며 발전한다. 외부 조건의 변화도 영향을 미친다. 스스로를 조립하는 기계나 다른 공장을 만드는 공장이 미래에서 우리를 기다리고 있을지도 모른다. 실제로 우리는 이미 3D 프린터를 조립하는 데 필요한 부품 다수를 출력할 수 있는 3D 프린터를 만들었다.

이것이 극단으로 치닫다 보면 결국 인류는 보조 역할을 하는 종으로 격하될 것이다. 달리 말해 힘이 더 세고 지능도 더 뛰어나면서 아주 적응력이 좋은 기계에 의해 뒷전으로 밀려나거나 아예 제거될 것이다. 아니면 인간이 아직 그런 기계의 설계자인 동안 로봇 공학, 인공지능, 바이오 기술, 나노 기술, 신경 기술이 인류에게 위협이 된다고 판단하고서 기계를 부수거나 다른 행성으로 쫓아낼 수도 있다.

그런데 열 살짜리 아이는 그런 걱정은 하지 않는 듯하다. 그래서 자신의 방에 새로운 행성, 세 개의 성별로 구분되는 외계인, 기계 식물을 갖춘 평행우주를 설계하는 일을 완벽하게 즐긴다. 아마도 아직까지는 로봇이 현재 열 살배기는커녕 다섯 살배기도 쉽게 해낼 수 있는 작업도 해내지 못하기 때문일 것이다.

만약 당신이 기술로 인류가 멸망하는 날을 다루는 시나리오에 관심이 있다면 빌 조이Bill Joy가 쓴 에세이를 읽어 보길 권한다.[6] 빌 조이는 선 마이크로시스템스Sun Microsystems의 공동 설립자로, 에세이의 제목은 '미래가 우리를 필요로 하지 않는 이유Why the Future Doens't Need Us'다. 당신이 낙관주의자라면 새뮤얼 버틀러Samuel Butler의 『에레혼Erewhon』을 읽으면 된다. 혹은 중도적인 입장이라면 E.M. 포스터E.M. Forster의 단편 「기계가 멈춘다 The Machine Stops」를 읽어 보자. 그런데 디지털과 인간 사이에 과연 중도가 있을까?

기 계 가 영 혼 을 지 니 는 시 대 의 사 랑

당신이 질문을 했는데 로봇이 먼 곳을 바라보거나 로봇이 말을 하면서 의미 없는 고갯짓이나 손짓을 한다면 우리는 로봇을 편안하게 여긴 나머지 비밀을 털어놓거나 심지어 로봇과 사랑에 빠질지도 모른다. 이런 일은 물리적인 세계에서 벌어질 수도 있고 가상 세계에서 그런 물리적인 세계를 재현할 수도 있다. 그런 때가 오면 무엇이 진짜로 존재하는 것이고 무엇이 존재하지 않는 것이라고 말할 수 있을까? 기계를 향한 사랑이 인간을 향한 사랑을 뛰어넘을 수 있을까? 언젠가 로봇을 벗으로 삼는 것이 가능하다면 연인으로 삼을 수도 있지 않을까?

텔레딜도닉스teledildonics는 로봇 공학에서 파생된 분야로 아마추어 과학자들이 산업용 기계를 섹스 기계나 원격 조종되는 섹스 장난감으로 만드는 것을 가리킨다. 당신이라면 어디까지 허용할 것인가?

어떤 전문가들은 인간에게 진정한 인생의 동반자가 되어줄 기계는 결코 만들어낼 수 없으리라고 믿는다. 이것이 가능하려면 기계가 의식을 지녀야 하고 그런 의식을 통해 기억이나 경험을 완벽하게 통합할 수 있어야 하기 때문이다. 요컨대 당신에게 일어난 모든 일을 찍은 디지털 사진을 담고 있는 컴퓨터는 각 사진을 연결해서 기억이나 정체성을 만들어내거나 이미지를 편집해서 의미 있는 이야기를 꾸며내는 컴퓨터와는 전혀 차원이 다른 기계다.

다른 식으로 이야기를 풀어가자면, 우리는 왜 우리가 경험한 것이 진짜이고 기계가 경험한 것은 단순한 시뮬레이션이라고 확신하는가? 둘 다 시뮬레이션일 수도 있지 않은가? 이를테면 당신은 지금 자신이 이 책을 읽는 꿈을 꾸고 있는 것이 아니라는 사실을 어떻게 아는가? 혹은 가상현실이 아주 그럴듯해서 진짜 삶real life이 시시하게 느껴지면 어떻게 될까? 하루쯤 현실에서의 일상을 건너뛰었더니 너무나 만족스러워서 현실 세계를 아예 포기하게 될까?

이미 그런 현상이 한국과 일본에서 나타나고 있는지도 모른다. 그리고 아마도 그것이 우리가 결국 도달하게 될 미래의 모습일 수도 있다. 정말 그렇다면 우리의 미래 조상이 우리의 현실을 이미 시뮬레이션한 것인지 아닌지를 어떻게 알 수 있을까? 연산 능력이 충분하고 신경 이해 능력이 충분하다면 당연히 무엇이든 가능하지 않을까? 왜 의식을 생리학적 신경 연결망이라고만 봐야 할까?

옥스퍼드 대학교 철학과 교수인 닉 보스트롬Nick Bostrom 등이 이렇듯 의식에 대한 고정관념을 완전히 뒤집는 주장을 펼치고 있는데, 이런 아이디어는 영화 〈매트릭스〉를 연상시킬 뿐 아니라 현실, 종교, 우주의 본질에 관한 흥미진진한 질문을 던진다. 예를 들어 삶이(그리고 천국, 지옥, 타락 같은 것들이) 시뮬레이션이나 게임이고 우리는 시간의 흐름에 따라 더 높은 레벨로 올라가고 있는 것이라면?

시간과 공간의 본질에 대한 모든 논쟁이 그렇듯 이런 아이디어를 반박하는 이들은 많다. 그리고 이 논쟁은 분명 우리의 과거, 현재, 미래에 관한 논쟁과 교차한다. 물리학자들은 대개 시간이 실재하지 않는다고 본다.[7] 아주 길게 보면 과거, 현재, 미래는 전혀 분간할 수 없으며 지금이라는 감각은 허상이다. 우주적인 관점에서 '지금'은 우주의 탄생에서 종말까지의 연대기에서 '여기'나 '나'만큼이나 웃긴 말이다. '지금'은 각기 다른 시간에서 벌어지고 있으며 무언가가, 혹은 누군가가 움직이는 속도에 따라 달라진다. '여기'는 당신의 시점에 따라 달라진다. 우리 눈에 보이는 별들 중 다수는 더 이상 존재하지 않는 별이다. 우리가 보는 것은 이미 예전에 사라진 별의 '역사 속' 빛일 뿐이다. 우주나 정체성이 흐르지 않는 것처럼 시간도 흐르지 않는다. 적어도 이론상으로는 그렇다.

그러나 시간의 흐름은 지구에 사는 우리가 스스로를 인식하는 데 필수적인 요소다. 시간의 흐름은 인간에게는 원초적인 경험이다. 이와는 대조적으로 기계는 '나', '여기', '지금'을 전혀 이해하지 못한다.

만약 상대성 이론을 완전히 버리고 양자역학 이론을 받아들이면 꽤 다른 그림이 탄생한다. 양자물리학에서는 미래의 사건이 현재의 가능성에 의해 결정된다. 누가 경험하느냐에 따라, 혹은 누구의 관점에서 보느냐에 따라 인간의 현실이 하나 이상의 상황에서 전개된다는 식이다. 이런 논리에서 도출되는 실용적이면서도 기분이 좋아지는 결론은 미래는 우리가 만들기 전까지는 존재하지 않는다는 것이다. 작은 결정 하나 혹은 작은 결과 하나에 의해 조금씩, 차례차례 그 존재가 빛을 얻는다. 혹은 복수의 미래와 현실이 공존할 수도 있지만 우리가 여러 경로 중 하나를 택하면 그 선택에 따라 그중 오직 하나가 전개된다.

당신은 소중하니까

그런데 처음 질문에서 너무 멀리 와버린 것 같다. 과거에는 뚜렷이 구별되던 현실과 환상 간 경계가 미래에는 어떻게 변할 것인가라는 질문 말이다. 과학과 기술의 발달로 우리가 일반적으로 인식하는 현실이라는 경험은 어떻게 바뀔 것인가? 특히 우리가 다른 인간을 경험하고 이해하는 방식은 어떻게 바뀔 것인가?

이제 더 구체적이고 일상적인 부분에 초점을 맞추자. 최근 현대 사회가 겪은 가장 큰 변화는 인터넷이 낳은 초연결성이다. 초연결성 덕분에 투명성이 급속도로 높아졌고, 그에 상응해 사생활의 영역도 줄어들었고 의료 자료에서 제품평에 이르기까지 모든 것을 함께 만들고 공유하는 협력 공동체가 발달했다. 이런 추세가 뒤집어질 수도 있을까? 어떤 것들은 사생활의 영역에 포함되어 보호받아야 한다고 생각할 수도 있다. 애플 기기에 그 기기의 현재 위치를 알리고 더 나아가 사람들의 현재 위치라는 사생활을 침범하는 애플의 새로운 근거리 위치 추적 기술인 아이비콘Beacon에 진저리가 날 수도 있다. 넘쳐나는 선택지, 분산된 정신, 사이버 범죄, 기업의 통제로 그동안 품었던 환상이 깨질 수도 있다. 정부는 안보 구멍이나 특정 지도자가 없는 시위에 골머리를 앓을 수도 있다.

아니면 기기의 사용으로 환경이 치러야 하는 대가가 너무 비싸게 느껴질 수도 있다. 2010년에 인터넷은 지구 전력 사용량의 5퍼센트를 차지했다. 인터넷으로 연결되는 자동차, 디지털 미러 월드, 가상현실 이용자 수가 늘수록 이 수치도 급격히 높아질 것이다. 그러면 최첨단 기술이 구현은 가능하더라도 너무 비싸서 사용하지 못하게 될 수도 있다는 이야기다.

당황할 필요는 없다. 앞에서 언급한 일들이 실현될 가능성은 높지 않고 오히려 현재 우리에게 익숙한 형태를 계속 유지할 것이다. 다만 인터넷의 연결성은 우리 주변 환경으로 꾸준히 확장될 것이다. 얼마 전까지만 해도 나무, 칫솔, 젖소를 인터넷에 연결할 날이 올 거라는 말은 우스갯소리였지만 이제는 더 이상 농담으로 받아들여지지 않는다. 실제로 그렇게 연결되었기 때문이다. 바로 내가 1장에서 언급한 사물 인터넷이다. 그리고 사물 인터넷은 웨어러블 컴퓨팅, 스마트 센서, 자기기록 장치, 빅 데이터, 데이터 분석학, 게임화 등과 연결되어 있다.

일단 인간과 사물을 연결하면 온갖 것이 가능해진다. 여기에 거의 무한한 디지털 기록과 저장 용량이 더해지면 그 가능성도 무한해진다. 예를 들어 우정은 비교적 사적이고 측정 불가능한 것으로 여겨졌지만, 이제는 맞춤 광고를 만들어 수익을 올릴 수 있는 자산이 되었다. 물론 친구들을 직접적인 수입원으로 삼으면 붙어 있을 친구가 많지는 않을 것이다.

또 다른 예를 살펴보자. 일단 당신의 물건에 바늘구멍만 한 컴퓨터를 달아서 인터넷에 연결하면 당신이 무엇을 사용하고 무엇을 사용하지 않는지 알 수 있다. 자동차가 주행거리를 기록하는 것과 같은 방식으로 산악용 부츠가 당신이 걸은 거리를 기록하기 시작한다. 당신이 그 부츠를 신지 않으면 아마존은 그 사실을 알고서 부츠를 팔고 대신 운동화를 한 켤레 더 사지 않겠느냐고 물을 수도 있다. 운동화는 확실히 사용하고 있으니까. 신발 회사가 어느새 정보 산업에 뛰어들게 된 셈이다.

당신이 자전거를 열심히 타는 사람이라면 자전거 부품 중 일부의 표준 교체 시기가 다가오고 있다고 알려준다. 즉 일단 사이버 공간에 편입된 소유물이 많아지면 그 소유물들은 조작 대상이 된다. 그러면 데이터, 즉 디지털 추적 기록은 그 자체로 가치를 지니게 되고, 우리는 아마도 자신의 데이터를 안전한 금고에 보관하기 시작할 것이다. 더 나아가 우리가 원하는 것과 데이터를 거래할지도 모른다. 주택보험 같은 지극히 일상적인 것조차 가치가 있는 것으로 변환된다. 건물, 건물 보수, 건물 내용에 관한 디지털 기록이 있을 것이고 그런 기록은 대출 심사에서 건물 가치를 증명하거나 보증금 역할을 할 수도 있다. 갑자기 보험회사는 손실 보상보다 더 가치 있는 무언가를 손에 넣게 된다.

말은 이렇게 했지만 어떤 사람들은 알고리즘과 자동화된 온라인 대출이 서브프라임 모기지 사태에 일부 책임이 있다고 믿는다.[8] 자동화된 시스템이 데이터를 훑어 높은 대출 이율을 부과할 수 있는 고위험 대출자를 찾아내 의도적으로 그들에게 접근했는데, 이는 어느 지역에서 검색하느냐에 따라 인터넷 검색엔진에서 위치 정보를 반영한 편향된 결과를 제공하는 것과 마찬가지다. 또한 알고리즘은 기존 데이터에 이미 존재하는 편향성을 증폭한다는 문제점도 있다. 그래서 여전히 인간의 감독이 필요한 것이다.

총합이나 평균을 가지고 위험을 계산하는 대신 개인의 행동을 실시간으로 보험 조건과 연계하면 보험업계도 엄청난 변화를 겪게 될 것이다. 물론 여기서 핵심은 사람들이 자신에 관한 정보를 공유함으로써 얻는 재화와 서비스, 혹은 맞춤 수준이 그 정보를 공유할 만한 가치가 있다고 여길 만한 정도인지의 여부다. 현재는 그렇다고 여기는 것처럼 보이지만 재런 러니어가 지적하듯이 만약 데이터가 실질적인 금전적 가치를 지니게 된다면 사람들은 자신이 만들어내는 데이터를 넘겨받는 대신 돈을 지급하라고 요구할 것이다.

미 래 는 기 록 될 것 이 다

—

사람들이 인터넷과 연결되어 동영상을 촬영하는 안경이나 콘택트렌즈를 계속 착용한다면 기억 속을 다시 방문할 수 있게 될 것이다. 언제든지 '2015년 11월을 보여줘'라고 명령할 수 있게 되는 것이다. 혹은 박물관의 전시물이나 나무 등 물리적인 사물이 마찬가지로 인터넷에 연결되어 동영상을 촬영하게 된다면 우리는 우리가 직접 경험한 11월뿐 아니라 나무나 박물관 전시물의 관점에서도 11월을 경험할 수 있게 된다. 그런 기술이 발달할수록 우리는 다른 사람들을 더 잘 이해하게 될 것이라고 주장하겠지만 나는 실제로는 그 반대 현상이 일어나리라고 본다. 우리는 자기 자신에게 더 몰입해서 우리 코앞에 있지 않은 것들에 대해서는 지금보다 더 무심해질 것이다.

공상과학소설 뺨치는 일도 일어나고 있다. 1998년 마이크로소프트 소속 과학자 고든 벨Gordon Bell은 자신의 일상을 최대한 많이 기록으로 남기려고 카메라를 몸에 달고 다니기 시작했다. 그 결과물이 엄청난 양의 디지털 파일과 『완전한 기억Total Recall』이라는 책이다. 그 당시만 해도 이 모든 것을 기록하는 작업은 쉽지도 싸지도 않았다. 그런데 그 이후로 주파수 대역폭과 저장 장치 비용이 급격히 하락했다. 이제는 오토그래퍼Autographer 나 내러티브 클립Narrative Clip처럼 인생 전부를 기록해서 저장할 수 있는 카메라를 400달러 이하로 살 수 있다. 하루 종일 화면만 들여다보는 본인의 모습을 감상하는 데 쓰기에는 너무 많은 돈이라고 주장할지도 모르지만 적어도 그렇게 하면 사람들은 자신의 변덕스러운 기억에 기대는 대신 진짜 현실을 기록할 수 있다.

더블린 시립대학교 컴퓨터공학과 교수이자 '라이프로거lifelogger'인 카할 거린Cathal Gurrin은 고든 벨과 비슷한 프로젝트를 진행했다.[9] 거린은 2006 년부터 자신의 눈길이 닿는 모든 것을 기록해서 그 영상물을 분류하고 대중에게 공개했다. 지금까지 그는 1,200만 장의 이미지가 담긴 파일을 만들었고 매년 1테라바이트에 이르는 데이터를 생성하고 있다. 1테라바이트는 1982년 한 해 동안 전 세계에서 만들어낸 데이터를 전부 합친 것보다 많은 양이다.

그런데 그런 때와 장소를 가리지 않는 기록을 개인이 아닌 기업이 주도한다면? 구글은 우리가 광고를 볼 때 우리 눈동자가 어떻게 반응하는지 추적하고 그런 눈동자의 움직임을 토대로 개별 광고에 대한 정서적인 반응을 파악하는 카메라 특허권을 취득했다. 구글 안경은 안면 인식 기능을 도입하지 않았다. 하지만 구글이 성별을 인식하는 앱을 이용해 구글 안경을 착용한 남성이 매일 얼마나 많은 여성을 쳐다보는지 추적하고 그런 기록에 맞춰 그 남성에게 맞춤 광고를 보여주는 것은 그리 어려운 일이 아니다. 혹은 정부가 유사한 기술을 이용한다면 누가 현 정권의 정책이나 여당 정치인에게 부정적인 감정을 느끼는지 가려낼 수도 있다. 개인이 특정 성별이나 인종에 어떻게 반응하는지도 감시할 수 있다.

경찰은 이미 정치적 시위에서 참석자의 신원을 확인하는 데 카메라를 사용한다. 또한 입술을 읽는 독순술이 탑재된 CCTV 또한 곧 개발될 예정이다. 이런 기술들 때문에 시위 참석자들이 얼굴을 완벽하게 가린 채 시위 현장에 나타나는 날도 머지않았다. 그래도 카메라와 기록 장치가 숨어 있지 않고 잘 보이는 곳에 설치된다면(사진을 찍을 때 그 소리가 반드시 나도록 규정하고 있는 한국과 일본의 예처럼) 허용해도 될 것이다. 그렇지만 이런 기술이 정부에 의해 은밀하게, 몰래, 폭넓게 사용된다면? 같은 맥락에서 당신이 모르는 이런 기술을 사용해 당신의 신원을 알 수 있게 되어도 괜찮은가?

아마도 개인 데이터 기록 장치와 블랙박스가 앞으로 미래가 추구하는 방향인지도 모른다. 마크 저커버그의 말대로 사생활 보호는 더 이상 사회 규범이 아닐 수도 있다. 그러나 개인이나 집단이 새로운 기술로 자유를 얻는 순간 다른 개인이나 집단의 자유가 제한되는 경우가 종종 발생한다. 자유는 당연히 일정 수준의 사생활 보호를 포함하고 있는 것이 아닐까? 완전한 기억이 가능한 세상에서는 어떤 일이 벌어질까?

치매 환자에게는 기억 보조 장치가 매우 유용하겠지만 그 외의 사람들이 자기 일상의 모든 순간을 포착하는 것이 과연 좋은 생각인지는 의심스럽다. 우리 뇌는 그런 식으로 작동하지 않는다. 정보 과부하와 디지털 사진의 홍수 속에서 우리는 질과 양을 혼동해서는 안 된다. 망각이 기억보다 더 도움이 될 때도 있다.[10]

행복한 사건을 기억하는 것은 괜찮아 보인다. 다만 그런 순간을 모조리 기록한다면 그 하나하나의 소중함이 덜할 수는 있을 것이다. 그런데 불쾌한 기억은 어떤가? 삭제 버튼을 누르면 그만이라고 주장하겠지만 삭제 작업을 하는 동안 파일 이름을 보는 것만으로도 그 기억이 다시 떠오를 것이다.

때로는 새로운 것을 서둘러 기록하느라 예전 기록이 파괴되기도 한다. 팀 버너스리Tim Berners-Lee의 역사적인 첫 웹페이지는 사라진 지 오래다. 내 첫 웹페이지와 가족의 옛날 사진도 전부 사라지다시피 했다. 더 나아가 연결성은 작은 손짓만으로도 우리에게 주변 환경의 커다란 부분을 통제하거나 접근할 권한을 준다. 그래서 우리는 스스로에게 초인적인 힘이 있다는 착각에 빠진다. 그러다 보니 백업하는 것을 소홀히 하기도 한다.

파워 드레싱Power dressing

—

팔을 휘두르는 것만으로도 컴퓨터부터 무인비행기까지 모든 사물을 통제할 수 있게 해주는 몸짓 인식 기술은 이미 개발되었다.[11] 그리고 곧 상용화될 예정이다. 우리는 이미 엑스박스 게임기를 통해 마이크로소프트 키넥트Microsoft Kinect를 경험했다. 그렇다면 수도꼭지, 전등, 가전제품을 직관적으로 켜고 조절할 수 있게 해주는 팔찌는 어떤가? 구글 안경 같은 웨어러블 기기와 결합하면 가능성은 무궁무진하다.

키보드와 마우스여, 잘 가거라. 인간과 기계의 공생아, 환영한다. 물론 웨어러블 컴퓨팅은 시작에 불과하다. 통제 기기를 인체 내부에 삽입하면 더 확실하고 정확한 통제력을 확보할 수 있고 안전이라는 측면에서 더 유용할 것이다. 우리는 이미 반려동물의 몸에 기기를 삽입하고 있다. 우리 자신에게 삽입해서는 안 될 이유가 딱히 있을까? 아마도 이런 아이디어의 논리적인 결론은 뇌 보조 장치를 이용해 인간 뇌를 제어 인터페이스로 삼는 것이리라. 아니면 우리의 감각 기제를 건너뛴 채 개인 간 소통을 가능하게 하는 기술이 개발될 수도 있다.

뇌와 뇌가 서로 직접 소통(과거에는 이를 다소 얕잡아 텔레파시라고 불렀다)할 수 있다면 완전히 새로운 세계가 열릴 것이다. 지금은 인간 간 소통이 주로 서술 혹은 구술로 이루어진다. 대개 이런 방식만으로도 충분하지만 인간의 감정을 표현하기에는 부족할 때도 있다. 외부 신호나 상징을 거치지 않고 인간의 감정을 표현할 수 있다면 새로운 아이디어와 지능의 위계질서가 탄생할 것이다. 한번 상상해 보라. 우리가 느끼는 감정을 이메일에 첨부파일로 보낼 수 있다면? 혹은 그런 기술로 동물과 소통할 수 있다면?

반려동물과 대화하는 것은 아직 먼 미래의 일일 수도 있다. 그러니 그때까지는 자신이 아프다는 것을 자각하기 전에 병을 진단해주는 옷이나 신체 활동을 측정하는 전자 센서가 부착된 천으로 만들어진 양말이나 심박수를 기록하는 셔츠나 뇌 활동을 측정하는 모자나 운동 계획 프로그램을 감독하는 운동복이나 정자의 활력 징후를 관찰하는 (그래서 심리학적으로 중요한 신체기관의 손상을 막는) 스마트 속옷에 만족하자.

현재 웨어러블 기기는 대부분 시계, 머리띠, 팔찌 등 액세서리 형태로 나와 있다. 그러나 인간 증강 장치의 가장 보편적인 형태는 의복이 될 것이다. 따라서 나는 현재 출시된 웨어러블 기기는 대부분 시장에서 사라진 다음 조용히 다시 등장하리라고 본다. 더 이상 —그렇게— 평범하지만은 않은 의복으로. 마찬가지로 현재 웨어러블 기기는 대부분 수행력 향상을 목적으로 구매하지만 나는 가장 일반적인 목적은 건강관리가 되리라고 본다.

미래에는 적절한 옷을 입고, 적절한 생각을 하고, 최첨단 기술을 소유하는 것이 그 어느 때보다 중요해질 것이다. 앞서 현재 세탁기가 40여 개의 기능을 수행할 수 있다고 언급했는데, 미래에는 그 기능이 400개 이상이 될 수도 있다. 예를 들어 '심박측정기와 GPS가 삽입된 흰옷 세탁' 같은 기능을 선택할 수 있는 것이다.

로봇은 반드시 출현한다

—

어젯밤에 2012년에 개봉한 〈로봇 앤 프랭크Robot and Frank〉라는 영화를 봤다. 미래의 모습을 여기저기서 빌려 그런대로 잘 짜깁기한 것 같다. 영화에 등장하는 거의 모든 것이 낯설지 않다. 전화기처럼 작동하지 않는 것도 있지만 로봇은 작동한다. 처음에는 로봇이 쓰고 있는 어두운 눈가리개 뒤에 감춰진 얼굴이 궁금해서 주인공이 얼른 그 눈가리개를 들어 올렸으면 한다. 그러나 결국 그 눈가리개 뒤에는 어떤 의식도 없다는 것을 받아들이게 된다.

살림 로봇은 하루아침에 상용화되지는 않겠지만 언젠가는 그런 날이 오리라고 확신한다. 그리고 사람들이 생각보다 흔쾌히 그런 로봇의 존재를 받아들일 것이라고 생각한다. 다만 이것은 로봇이 우리 일자리를, 그리고 우리 영혼을 빼앗지 않는다는 것을 전제로 한다. 그렇지 않으면 우리는 로봇을 불법 이민자로 취급하고 쫓아내려고 시위를 벌일 것이다. 혹은 어떤 분야에서는 로봇을 환영하겠지만(이를테면 로봇이 힘들고 임금이 형편없는 일을 대신하는 것은 환영하겠지만) 다른 분야에서는 로봇을 배척할 것이다. 그도 아니면 실리콘밸리에서 목격되는 지역 분리 현상이 나타날 것이다. 즉 특정 마을이나 도시는 로봇 친화적인 반면 다른 마을과 도시는 로봇과 비유기적인 인간을 쫓아내려고 투쟁할 것이다.

이런 이야기들이 또다시 공상과학소설처럼 들리기 시작한다면 아주 나쁜 것만은 아니다. 우리가 공상과학소설에서 조용히 꿈꾸는 것들은 미래의 궤적을 파악하는 데 도움이 된다.

우리는 우리가 상상하는 것들을 실제로 만들어내기도 한다. 그러나 그 과정에서 여전히 미래에 가능할 기술 이야기에 귀 기울이고 그에 관한 논의를 계속해야 한다. 그래야 우리가 궁극적으로 무엇을 원하는지, 그리고 무엇을 두려워하는지가 드러난다. 그런 면에서 미래에 관한 모든 이야기는 우리 마음을 해방시키는 허구다.

상태 업데이트, 일생일자 71166.9

보통 때와 다름없는 토요일 저녁이야. 집에 와서 '옛날 옛적에' 한 병을 땄지. 모닝턴 반도에서 생산된 아주 부드러운 샤르도네야.

마당에 떨어진 낙엽을 갈퀴로 쓸어 모았고 손으로 차를 닦았어. 아주 기분이 좋더라고. 그런데 식기세척기가 또 말썽을 부렸어. 인성 프로그램이 내 지시를 무시해서 '매립지에서 썩어 문드러질 쇳덩어리'라고 소리를 질렀더니 사과하지 않으면 그릇을 씻지 않겠다고 버티지 뭐야.

큰아들이 차를 몰고 나갔는데 과속하거나 우리가 미리 합의한 경로에서 벗어나면 경고해주는 피드백을 계속 전송받고 있어. 사고가 나면 사고 당시로부터 2시간 전후로 차의 모든 면에 장착된 카메라를 통해 동영상과 원격 측정 장치 기록에 접속할 수 있어. 물론 음성 자료도 있지.

아들이 부주의하게 운전하고 있다고 판단되면 인터넷에 접속해서 차를 안전하게 멈추는 것도 가능해. 게다가 차가 집으로 자율 주행하도록 지시할 수도 있어. 물론 그 녀석이 운전자 인식 기술 장치를 끊어버렸다면 다 소용없지만. 그러고서는 친구에게 차를 넘기고 1973 T를 몰고 나갔을 수도 있지. 그 차에는 컴퓨터 장치가 전혀 없으니까.

4

경제와 돈　　　Economy and Money

디지털 화폐의 등장으로
우리는 부주의해지고
있는가?

미래가 현재와 다를 것이라는 생각은 우리의
기존 사고 및 행동 방식에 정면으로 배치되기 때문에
우리 모두는, 아니면 적어도 우리 대부분은
그런 생각이 실현되는 것을 막기 위해 최선을 다한다.

존 메이너드 케인스 John Maynard Keynes

몇 년 전 나는 런던 서부에서 거리를 걷고 있었다. 그때 하얀 밴이 미끄러지듯이 다가오더니 길 건너편에 멈춰 섰다. 남자 넷이 내리더니 밴에서 커다란 유리관처럼 보이는 무언가를 조심스럽게 꺼냈다. 그 안에는 커다란 상어가 있었다.

런던에서 살아 있는 상어를 보는 것이 조금은 꿈같이 느껴져서 나는 천천히 길을 건너가서 무슨 일인지 물었다. 이야기를 들어 보니 문제의 생명체는 노팅힐의 한 주택 지하에 설치된 수족관에 들어갈 예정이었다. 그런 지하 비밀 기지는 〈오스틴 파워Austen Powers〉 시리즈에 나오는 악당 닥터 이블에게나 어울릴 법한 아이디어였다. 지하실을 깊이 파는 것에 반대한 동네 주민에게는 정말 그렇게 느껴졌을 것이다. 아마도 그 상어의 주인은 글로벌 금융의 디지털화로 혜택을 입은 누군가일 것이다. 매트 타이비Matt Taibbi가 〈롤링스톤〉지에서 "인류의 얼굴을 뒤덮은 거대한 뱀파이어 오징어"라며 불멸의 존재로 묘사한 골드먼삭스의 파트너[1]도 그런 누군가다. 아니면 런던 고래London Whale라고 알려진 트레이더가 소유자일 수도 있다. 그는 2012년 자신의 고용주인 JP모건의 돈을 60억 달러나 날렸다. 그것도 전자 도박으로. 바로 신용 부도 스와프라고 하는 아주 위험하고 다소 의심스러운 파생상품을 거래했던 것이다.

런던 부동산은 수상한 돈을 숨기기에 아주 좋은 장소로 급부상했다. 그러니 그 집은 부패한 외국 정부의 수장이나 국제기구의 은행 계좌에서 돈을 빼돌린 의뭉스러운 개인의 소유일 수도 있다. 자신의 이름을 딴 축제도 있는 예언자이자 공상과학작가인 윌리엄 깁슨William Gibson의 표현을 빌리면 런던은 이제 "제3세계인 고국을 성공적으로 등쳐 먹은 사람들이 가는 곳"이다(그 고국이 꼭 제3세계일 필요는 없다).

그 집의 소유자가 어떤 무자비한 포식자이든 간에 무언가 의심스러운 일이 벌어지고 있는 것은 분명했다. 내 짐작으로는 거침없이 진행된 금융 자유화와 관련이 있어 보였다. 다른 한편으로는 디지털 혁명이 경제를 승자 독식 게임의 온라인 도박장으로 만들고 있는 현상과도 관련이 있을 것이다.

권력이 지역적인 조직인 노동에서 세계적인 조직인 자본으로 이동한 지는 꽤 오래되었지만 최근의 흐름은 그런 이동을 가속화하고 증폭하고 있다. 디지털화가 세계화의 직접적인 원인은 아니지만 세계화를 막지도 않았다. 그리고 디지털화의 한 가지 부정적인 부산물은 개인 소득과 시장 독점이라는 두 가지 측면에서 나타나는 양극화 현상이다.

근대에 들어선 후 대개 선진국에서 생성된 돈의 3분의 2는 통상적으로 임금을 지불하는 데 들어갔다.[2] 나머지 3분의 1은 이자, 배당 등 여러 형태로 자본 소유자에게 자본 임대 비용으로 지급되었다. 그런데 2000년부터는 자본에 지불하는 금액이 어마어마하게 증가한 반면 노동에 지불

하는 금액은 줄어들었다. 그래서 대다수 사람들의 실질 소득은 현상태로 유지되거나 줄어들었다.

자본으로의 권력 이동은 순진한 아날로그적 요소가 작용한 결과일 수도 있다. 풍부한 저임금 노동력 공급처인 중국이 시장에 뛰어들어 전 세계의 임금을 낮추는 효과를 냈다. 물론 이런 상황은 중국에서 도시로 이주할 사람들이 줄어들고, 고령화로 노동 공급이 줄어들어 중국 근로자의 임금이 상승하면 언제든지 뒤바뀔 수 있다. 아니면 아마도 아프리카 같은 또 다른 저임금 노동 공급처가 등장할 수도 있다.

노동의 지위 약화는 인간이 더 이상 서로 경쟁하는 것이 아니라 눈에 잘 보이지 않는 일련의 디지털 시스템과 경쟁하는 현실로 설명할 수도 있다. 그리고 지금까지는 인간이 뒤처지고 있는 것처럼 보인다. 자동화 시스템이 더 많은 역할과 책임을 떠맡으면서 전 세계의 정부에 던져진 미래의 도전 과제는 인간과 기계 간 자원(그리고 아마도 세금)의 분배다.

예나 지금이나 마찬가지?

—

바퀴를 발명한 이래 우리는 인체의 부족한 점을 보완하기 위해 발명품을 사용했다. 그럴 때마다 어떤 기술은 반드시 쓸모가 없어진다. 그리고 새로운 발명품의 도입은 생산성과 삶의 질을 높이기도 하지만 부정적인 측면도 수반한다. 한 가지 예를 들어 보자. 불은 우리가 먹는 음식을 요리하고 우리를 따뜻하게 해준다. 그러나 우리가 거주하는 집을 태우거나 적의 무기가 되기도 한다.

산업혁명이 진행되면서 기계는 인간의 근육을 증강했고 우리는 더럽고 위험한 작업을 기계에 떠넘겼다. 최근에는 반복적이거나 지루한 작업은 기계에 맡겨서 인간의 사고 작업에 보조로 삼고 있다. 그런데 고성능 로봇과 센서 연결망부터 기초적인 형태의 인공지능과 자동화 시스템에 이르는 디지털 기술이 등장하면서 모든 것이 변했다. 기존에는 본질적으로 인간만의 영역이라거나 대체 불가능하다고 여겨진 인간의 활동이나 정보 입력 부문에서 인간을 대체할 수 있게 된 것이다.

특히 한계비용이 거의 0에 가까운 소프트웨어와 알고리즘은 이제 고차원 인지 작업을 수행하고 있다. 이것은 인간과 나란히 사용되는 디지털 기술이 아니다. 오히려 인간을 대체하고 있다. 인간과 함께하는 디지털이 아니다. 인간을 대신하는 디지털이다.

아직은 비숙련 일자리를 값비싼 기계에 빼앗길까 봐 걱정할 필요가 없다. 문제는 숙련 일자리를 값싼 소프트웨어에 빼앗기는 것이다. 그럼 우리에게는 무엇이 남는가? 기계와 자동화 시스템이 사고하기 시작하면 대다수의 사람들이 노동 시장에서 제공할 수 있는 기술 중에 살아남는 것이 과연 있을까? 이에 대해 당신은 꽤 자신이 있을지도 모른다. 당신 일자리만큼은 어떤 이유에서건 특별하거나 아주 까다롭다고 믿을 수도 있다. 그런데 당신이 틀렸을 확률이 매우 높다. 특히 컴퓨터의 가격과 처리 능력이 어떻게, 얼마나 빨리 변하는지를 생각한다면 더 그렇다. 현재 컴퓨터가 무엇을 할 수 있는지는 중요하지 않다. 오히려 10년 내지 20년 안에 컴퓨터가 무엇을 할 수 있게 될지를 걱정해야 한다.

1990년을 기준으로 로봇 사용 비용과 인건비가 똑같이 100이라고 가정한 다음, 지금으로부터 10년쯤 전에 각각의 비용이 어떻게 바뀌었는지를 비교한 글을 읽은 적이 있다. 로봇의 비용은 18.5로 떨어진 반면 인건비는 151로 상승했다. 최근 〈슈피겔〉지에 실린 기사에 따르면 공장의 자동화 비용을 인건비로 나눈 수치는 1990년에 비해 50퍼센트나 줄었다고 한다.

단기적으로는 그다지 걱정할 것이 없어 보인다. 장기적으로도 여전히 멍청한 천재인 소프트웨어가 제대로 해내지 못하거나 전혀 하지 못하는 업무가 있을 것이다. 그러나 우리가 사람들을 기계 지능과 나란히 경쟁하도록 훈련시켜서는 승산이 없다는 사실을 깨닫지 못하면 결국에는 곤란해질 것이다. 왜냐하면 그런 훈련은 사람들의 머리를 정해진 규칙에 따라 적용되는 지식으로 채우는 것인데, 바로 그것이 기계가 잘하는 일이기 때문이다. 우리는 사람들에게 기계가 할 수 없는 것을 가르쳐야 한다. 우리는 사람들이 끊임없이 질문하고, 답이 없는 문제를 고민하고, 창의적으로 사고하고, 다른 사람과 공감하면서 행동하도록 가르쳐야 한다. 우리는 고도로 추상적인 논리력, 수평적 사고, 대인 기술을 가르쳐야 한다.

언젠가는 우리와 동일한 인지 능력을 지녔으면서도 값은 999달러에 불과한 로봇이 등장할 것이다. 그런 로봇의 사용 비용은 한 달에 999달러가 아닌 기한에 상관없이 999달러인 것이다. 영원히. 점심시간도, 휴가도, 육아 휴직도, 병가도 제공할 필요도 없으며 파업 걱정도 없다. 인간이 어떻게 상대가 되겠는가?

이것이 터무니없는 과장이라고 생각한다면 중국의 전자회사인 폭스콘foxconn을 떠올려보자. 폭스콘은 칭다오에 완벽한 자동화 시스템을 갖춘 공장을 짓고 있다. 인간 노동자는 전혀 필요 없다. 나는 결국 자가복제도 가능한 공장과 기계가 등장하리라고 확신한다. 더불어 스스로 코드를 작성하는 소프트웨어와 다른 3D 프린터를 출력하는 3D 프린터도 물론 나올 것이다.

우리가 일단 우리보다 더 똑똑한 기계를 발명하면 이들 기계는 기계를 위한 기계를 발명하기 시작할 것이다. 그리고 우리는 그렇게 발명된 기계를 이해조차 할 수 없을 것이다. 그저 그 기계가 인간에게 호의적이길 바랄 수밖에.

오늘날 기계 중독이, 특히 모바일 기기 중독이 우리의 대인 기술을 잠식하고 추상적 논리력과 창의력을 약화한다는 것이 아이러니하다. 그런 기술이야말로 우리가 내일의 기계와 경쟁하는 데 꼭 필요한 능력이니 말이다. 미래가 이토록 심각하게 아이러니할 거라고 누가 말했던가?

물론 더 낙관적인 전망도 가능하다. 모바일 기술로 인한 생산성의 증대는 언젠가는 대차대조표에도 나타나서 그로 인해 생성된 부는 더 공정하게 분배될 것이다. 그리고 인구 고령화와 노동 인구 감소를 상쇄할 것이다. 보건이나 교육에서 발생하는 비용을 크게 아끼게 될 수도 있다. 인간에게 대인관계와 사회활동에 대한 욕구가 사라질 일은 거의 없으며 이런 모든 욕구 충족을 로봇이 담당할 가능성은 더욱 낮다. 단기적으로는 나사NASA가 1965년에 발표한 통찰력 있는 논평을 되새길 필요가 있다. "인간이 가장 비용이 적게 든다…. 비숙련 노동력이 전천후 컴퓨터 시스템을 대량 생산할 수 있다."

그러나 디지털화의 혜택이 균등하게 돌아가지 않거나 경제 설계자들이 인간이라는 수행인이 쓸모없거나 수익성이 떨어진다고 판단하면 양극화, 소외, 불안으로 규정되는 더 암울한 미래가 도래할 것이다.

빈손으로 돈 벌기

애플의 CEO 팀 쿡Tim Cook은 최근 애플이 창사 이래 가장 높은 연간 수익(534억 달러)을 올렸다고 발표했다. 그러면서 배당을 더 많이 달라는 주주들에게 이렇게 답했다. 자신의 목적은 수익을 더 많이 올리는 것이 아니라고. 그는 애플의 목표가 더 나은 제품을 만드는 것이며, 더 나은 제품을 만들면 더 높은 금전적 수익이 돌아올 것이라고 말했다. 이것은 누구에게나 그럴듯하게 들린다. 이익이나 가치를 더 넓게 정의하는 손익계산 기준을 무시하면서 저돌적으로 단기적인 금전적 이익을 추구하는 투기꾼은 탐탁지 않아 하겠지만 말이다. 제너럴일렉트릭의 CEO였던 잭 웰치Jack Welch는 이렇게 말했다. "주주 가치는 세상에서 가장 멍청한 관념이다."

플라톤은 더 많은 것을 갖고 싶은 욕심은 잘못된 행동을 낳는다고 말했다. 이 때문에 아리스토텔레스는 물건을 만드는 행위와 돈을 만드는 행위에 흑과 백이라는 엄격한 이분법을 적용했다. 두 철학자가 초단타 매매를 봤다면 분명 둘 모두 질려버렸을 것이다. 2013년에 로이터가 생산데이터를 1000분의 1초 일찍 유포하자 알고리즘은 1000분의 15초 동안 2,800만 달러어치 주식을 거래했다. 분명 돈은 벌었을 것이다. 그런데 무엇을 해서 번 돈인가?

현대 철학자 찰스 핸디Charles Handy도 『두 번째 곡선The Second Curve』에서 비슷한 지적을 했다. 돈이 활동의 목적이 되면 무언가 잘못된 것이다. 돈은 단순히 가치를 안전하게 보존하거나 전달하는 방법(혹은 제임스 버컨James Buchan이 더 시적으로 표현했듯이 '얼어붙은 욕망')에 불과하다. 돈은 다른 무언가로 교환되지 않는 한 그 자체로는 아무 가치가 없다.

그런데 많은 디지털 기업의 목적은 그 기업 자체를 누군가에게 팔아서 돈을 버는 것인 듯하다. 그리고 그런 기업의 또 다른 야망은 무언가를 이전보다 더 빨리 혹은 더 편리하게 전달하는 방법을 개발해서 시장을 교란시키는 것이고. 그런 활동의 최종 목표는 무엇인가? 그런 기업의 사명은 무엇인가? 그 기업은 무엇을 위해 존재하는가? 시간을 절약하고 고객을 광고주와 연결하는 것이 전부인가?

이런 맥락에서 초단타 매매는 분명 영리하긴 해도 사회적으로는 아무 짝에도 쓸모가 없다. 소수의 개인에게 돈을 벌어다주는 것 외에는 아무 기여도 하지 않는다. 더 나아가 알고리즘의 주인에게는 위험이 거의 없다시피 한 반면 일반적으로 사회 전체에 대해서는 그렇지 않다. 큰 수익은 개인화되는 반면 큰 손실은 사회화되는 경향이 있다.

연결성은 다양한 혜택을 낳지만 사물들을 연결한다는 것은 모든 위험이 연결된다는 것을 의미한다. 그래서 시스템 오작동이 발생할 가능성이 다분하다. 아직까지는 운이 좋았다. 2010년 5월 6일에 발생한 급격한 주가 폭락, 즉 '플래시 크래시Flash Crashes'는 격리된 사건이었다. 그런데도 그날 초단타 매매 알고리즘이 몇 초 만에 10억 달러어치 주식을 팔기로 결정하는 바람에 순간적으로 주식 시장이 공황 상태에 빠졌다. 알고리즘의 전지전능함에 대한 우리의 맹목적인 신뢰로 그런 오작동이 발생할 가능성은 더 높아졌고 실제로 사고가 발생하면 파괴력도 더 클 것이다.『알고리즘으로 세상을 지배하라Automate This : How algorithms came to rule our world』에서 저자 크리스토퍼 스타이너Christopher Steiner는 이렇게 적고 있다. "우리는 이미 알고리즘이 거의 모든 것을 운영하는 세상으로 반쯤 진입했다. 알고리즘에게 권력이 집중될수록 부 또한 알고리즘에 집중될 것이다."

마찬가지로 니컬러스 카는 이렇게 적고 있다. "잘못된 위험 산출과 초단타 매매 프로그램이 저지른 그런 실수가 증폭한 것이 바로 2008년의 세계 금융 위기라는 거의 종말에 가까운 사태의 원흉이다." 디지털화로 서브프라임 주택 대출 시장이 형성되었고 무모하리만치 빠른 속도로 확장했다. 그러나 부정적 네트워크 효과 때문에 시장이 충격적인 속도로 폭발했다. 금융 네트워크가 부채를 전이하는 것만큼이나 손쉽게 공황 상태를 퍼뜨린다는 점도 한몫했다.

네트워크 효과는 공동체와 시장을 재빨리 만들어내기도 하지만 그런 공동체와 시장을 똑같이 빠른 속도로 무참히 파괴할 수도 있다. 우리의 저축과 연금에 영향을 미치는 세계의 금융시장에서 알고리즘의 지배력이 점점 더 커지고 있다는 점을 고려하면 이것은 아주 심각한 문제다. 따지고 보면 모든 분석을 하는 알고리즘을 분석하고 감시하는 사람도 없지 않은가?

눈에서 멀어지면 마음에서도 멀어진다
—

흥미롭게도 개인은 물리적인 화폐가 아닌 디지털이나 전자 화폐를 쓸 때 더 헤프다는 사실이 밝혀졌다. 디지털 화폐는 어느 정도 감춰져 있거나 눈에 보이지 않아서 쓸 때 덜 고민하게 된다. 그리고 다른 사람(예를 들어 안면이 있는 개인보다는 직접적인 관계가 없는 기관의 것인 경우에는)의 돈을 쓸 때는 무모하고 충동적인 소비가 증폭된다.

수전 그린필드는 디지털화는 일회성을 강조하고 일회용 문화를 낳는다고 주장한다. 그리고 그런 태도가 현재의 금융 문제와 관련이 있다고 말한다. 만약 트레이더가 디지털 환경에서 광속으로 빠른 온라인 게임을 하면서 자랐다면 진짜 현실에서도 마찬가지로 별다른 대가를 치르지 않고도 투자거래 화면을 통해 스릴을 만끽할 수 있다고 착각할지도 모른다. 현실 감각이 무뎌지는 것이다.

화면의 숫자를 들여다보고 있으면 그 숫자 뒤에는 돈, 그리고 그 뒤에는 결국 사람이 있다는 것을 잊기 쉽다. 돈이나 사람 그 어느 쪽과도 대면하지 않는 점이 현실 감각을 잃게 되는 결정적이 이유일 수도 있다. 더 심각한 것은 우리가 디지털 오락거리가 넘쳐나는 화면을 통해 전달되는 정보를 쉽게 놓치곤 한다는 점이다.

이런 부주의는 다른 결과도 낳는다. 내가 런던에서 우연히 맞닥뜨렸던 것과 같은 대규모 지하 동굴 개발 프로젝트는 거주 공간의 확장을 의미한다.[3] 그것은 자신이 돈만 지불할 수 있다면 무엇이든 할 수 있다고 생각하는 자기애에 한껏 빠진 개인과 물리적인 공동체를 닮은 무언가를 지키려는 주민들 간의 거리를 상징적으로 보여주는 것이기도 하다. 소수의 부자는 심지어 더 많은 지역 주민을 언짢게 할수록 더 큰 쾌감을 느끼기도 한다. 마치 뭔가 대단한 컴퓨터 게임을 하고 있다고 착각하는 것이다. 물론 끊임없는 땅파기와 망치질 한가운데서 많은 이들은 그 소수는 결코 느끼지 못할 감정을 느꼈을 것이다. 이제 그만하면 충분하다는 감정 말이다.

런던 중심부에서는 대형 주택의 가격이 천만 파운드를 훌쩍 넘기기 일쑤다. 그리고 지하 공간에 주차장, 체육관, 수영장, 고용인을 위한 별도의 공간을 마련하는 것도 드문 일이 아니다. 다만 고용인을 위한 별도의 공간을 지하에 두는 것은 엄밀히 말하자면 불법이긴 하다. 가장 진화한 자연계의 포식자를 15미터 지하에 두는 것에는 관여하지 않는 런던 시의회도 필리핀 가정부가 땅속에서 지내는 것은 허락하지 않는다.

지하 개발에 관한 논쟁은 현대 사회에서 개인이 누리는 우월한 지위를 중심으로 이루어진다. 개인의 돈(디지털이건 아니건)이고 개인은 자기 마음이 내키는 대로 그 돈을 쓸 권리가 있다. 부수적인 소음, 먼지, 불편에 대해 이웃에게 사과할 필요조차 없다. 그런 개발에 반대하는 의견은 다른 모든 사람의 정신 건강을 지키는 문제이고, 이웃 공동체와 사회 통합을 유지하려면 공유된 이해, 일정한 수준의 예의, 협력이 필요하다고 주장한다.

사람들이 지하에 거대한 디지털 스크린이 달린 개인 극장을 짓기 시작한다면 그런 사람들이 지역 극장 같은 공공장소에 덜 간다는 것을 의미하며, 그래서 지역 공동체의 활기 유지에 도움이 되지 않는다. 달리 말해 합리적인 자제력과 겸손함을 갖추지 못한 소수의 천박한 개인들의 존재로 인해 나머지 공동체의 선택권이 제한을 받는다.

이것은 무조건 디지털화의 탓은 아니다. 사실 전혀 아니다. 그러나 개인이 자신이 원하는 것은 무엇이든 말하고 행동할 권리가 있다는 생각이 디지털 기술에 의해 증폭되고 있다. 이것은 어떤 측면에서는 어느 운전자가 차 안은 안전하다는 생각에 다른 운전자나 보행자에게 마구 거칠게 구는 것과 같은 상황이다.

기술에 대한 접근권, 특히 개인 모바일 기술로 개인 간 거리는 점점 더 멀어지고 있다. 그래서 다른 인간과 대면하고 교류하며 다른 인간의 감정을 배려할 필요를 줄인다. 특히 원거리 접속은 사람들의 친밀감과 연결성을 파괴한다. 물론 그런 기술로 나머지 공동체가 보기에 잘못된 행동을 하는 개인을 고발하고 비난하는 데 쓰일 수 있다는 장점도 있다.

고대 로마에는 사치금지법이 있었다.[4] 이 법은 공공 앞에서 부를 과시하는 행위를 금하고 사치품 구매를 제한했다. 천박함과 과시를 제한하는 유사한 사치금지법이 고대 그리스, 중국, 일본, 영국에도 존재했다. 아마도 그런 법을 다시 제정할 때가 왔는지도 모르겠다. 아니면 적어도 사회적으로 박탈감을 낳는 과시용 소비나 물리적 공동체 전반의 통합성을 해치는 디지털 제품에 더 높은 세율을 부과하거나, 그런 소비와 제품은 사회적 비난의 대상이 되어야 한다.

부의 축적이 일정 수준을 넘어서면 다른 인간에 대한 공감 능력이 쇠퇴한다는 연구 결과가 있다. 특히 우려되는 점이다. 아마도 물리적 상호작용 및 거래에서 디지털 상호작용 및 거래로 넘어가는 것도 마찬가지 효과를 내지 않을까?

물리적 세계에서 물러나고 숨는 것은 부자만이 아니다. '방콕 경제shut-in economy'라는 것을 지원하는 다양한 앱이 개발되었다. '방콕 경제'는 온디맨드(on-demand, 수요자가 원하는 물품이나 서비스를 바로 공급하는 비즈니스 모델 — 옮긴이) 경제의 일종으로, 앱은 재택근무자를 비롯해 바쁜 사람들을 대신해 집안일을 해준다. 앱을 써서 식료품이나 패스트푸드를 배달시킬 수 있을 뿐 아니라 기존에는 직접 할 수밖에 없었던 일들을 주문으로 해결할 수 있다. 세탁 서비스는 물론 가정부, 청소부도 주문 가능한 품목이다. 배달 서비스 업체 중 하나인 도어대시DoorDash의 문구대로 "다시는 집을 나설 일이 없다."

일자리는 다 어디로 갔는가?

—

컴퓨터와 자동화 시스템이 부를 생성하는지 아니면 파괴하는지, 그리고 디지털 경제에서 필요로 하지 않는 사람은 어떻게 되는지 등을 더 자세히 살펴보자.

디지털로 연결된 시장은 몇몇 사람을 부자로 만드는 동시에 생각보다 훨씬 더 널리 부를 퍼뜨리고 있기도 하다. 전 세계적으로 보면 국가 간 부의 격차는 물론 극빈층도 줄어들고 있다. 이를테면 1990년에는 개발도상국 전체 인구의 43퍼센트가 극빈층이었다. 극빈층이란 하루에 1달러 미만으로 살아가는 사람들을 가리킨다. 2010년에는 그 비율이 21퍼센트로 줄어들었다.

중국의 경우를 살펴보자. 중국은 2000년에 전체 가구 중 약 4퍼센트가 중산층이었다. 2012년에는 중산층의 비율이 전체 가구의 3분의 2로 늘었고, 2022년에는 중국 전체 인구의 절반이 중산층이 될 것이라고 전망된다. 여기서 중산층은 가구의 연소득이 9,000달러에서 1만 6,000달러인 계층을 의미한다. 이것은 디지털화보다는 인구 구조 변화 및 탈규제화와 더 관련이 있지만 우연이든 의도된 것이든 세계적으로 빈곤층은 지난 20년간 절반으로 줄어들었다.[5]

그런데 소득 최상위 집단과 소득 최하위 집단 간 격차는 점점 더 벌어지고 있고 디지털 네트워크의 확장과 함께 그런 추세는 심화될 것이다. 소설가 조너선 프랜즌Jonathan Franzen은 이런 상황을 아주 잘 묘사했다. "인터넷은 이미 소수에게 장악된 채 엘리트 계층에게 부를 몰아주는 장치 역할을 하고 있다. 인터넷이 대중을 대변하고 민주주의를 추구하는 것처럼 보이지만 실제로는 대중을 착취하고 있다."

오늘날 세상이 지금 당장 필요로 하는 것을 가지고 있는 사람은 짧은 시간 안에 엄청난 돈을 손에 넣을 수 있다. 그 무언가가 디지털로 전달될 수 있는 것이라면 더욱 좋다. 그러나 탈규제 및 신기술 개발의 전리품은 대개 고등교육을 받고 국제적인 감각이 있는 사람들이 독차지하고 있다. 그 둘 중 하나라도 없는 사람은 임금이 낮고 고용이 불안정한 일을 할 운명이다. 다만 적어도 죽을 때까지 시간을 때울 수 있는 공짜 음악, 영화, 컴퓨터 게임에 실시간 접속권은 주어진다.

현재 그 존재가 알려지지 않은 일자리를 포함해 새로운 일자리 창출을 둘러싼 논의가 활발하다. 그러나 현재 존재하는 일자리는 대부분 꽤 획일적이고 반복적이어서 자동화하기에 안성맞춤이다. 게다가 수백만 명의 사람들이 즉시 재훈련을 받아서 로봇, 가상현실, 자동화가 불가능한 일감을 맡을 수 있으리라고 기대하는 것도 비현실적이다. 자동차 생산 작업이 자동화되면서 수천 개의 일자리가 사라지는 것도 문제인데 자동화가 전 세계의 엄청난 일자리를 휩쓸어간다면 어떻게 될까? 전 세계의 일자리 절반이 사라진다면?

이론상으로는 인터넷이 발달하면 새로운 일자리가 생겨야 한다. 미국에서 1996년부터 2005년까지는 그런 것 같았다. 생산성이 약 3퍼센트 올랐고 실업률은 떨어졌다. 그러나 2005년이 되자(아직 세계 경제 불황이 시작되기 전이다) 이런 추세는 반전되었다. 왜 그랬을까? 컨설팅 회사 매킨지에 따르면 제조업, 컴퓨터 및 관련 전자산업, 정보산업은 2000년 이후 미국 생산성 향상의 절반을 담당했지만 (미국에서) 450만 개의 일자리를 없앴다.

우리가 손에 넣은 신기술이 아무리 전지전능하다고 해도 인구 구조 변화와 정부 부채를 이길 수는 없다. 화려해 보이기는 해도 컴퓨팅은 우리가 생각하는 것만큼 혁신적이지 않은지도 모른다. 물론 인터넷 덕분에 페이스북, 스냅챗, 인스타그램의 부자 고양이들Rich Cats of Instagram이 생겼지만 아직 달에 호텔이 세워진 것도 아니고 잘 차려진 저녁을 대신할 알약이 발명되지도 않았으며 많은 대도시에서 교통 체증은 100년 전이나 지금이나 나아진 것이 없다. 그렇다고 변한 것이 전혀 없다고 주장하기도 어렵다. 예를 들어 1988년부터 2003년까지 컴퓨터의 효율은 무려 4,300만 배나 증가했다. 이런 식의 기하급수적인 발전은 어디선가 엄청난 지각 변동을 일으키고 있음이 틀림없다. 그런데 정확히 어디서 일으키고 있는 걸까?

1955년 한창 전성기를 누리던 제너럴모터스는 60만 명을 고용하고 있었다. 오늘날 그에 맞먹는 미국의 대표 기업인 구글은 약 5만 명을 고용하고 있다. 페이스북의 직원은 6,000명뿐이다. 더 극적인 것은 페이스북이 2012년에 인스타그램을 100만 달러에 샀을 때 인스타그램 사용자는 3,000만 명이었지만 인스타그램의 정규직 직원은 13명에 불과했다는 사실이다. 페이스북이 2014년에 왓츠앱Whatsapp을 사들였을 때 이 스타트업에 고용된 직원은 55명이었는데 기업의 시장 가치는 소니 계열사 전체보다 높았다. 그래서 전 미 노동부 장관 로버트 라이히Robert Reich는 왓츠앱을 "미국 경제에서 잘못된 모든 것"이라고 묘사할 수밖에 없었다. 왓츠앱이 나쁜 기업이라서가 아니다. 일자리를 창출하지 않았기 때문이다.

또 다른 예는 아마존이다. 아마존의 경우 매출 100만 달러당 약 1명을 고용하고 있다고 보면 된다. 이것은 분명 효율적이기는 하지만 바람직한가? 이것이 진보인가?

이것은 모두 글로벌 경제의 탈물질화의 예이기도 하다. 무언가를 생산하는 데 예전만큼 많은 사람이 필요하지 않으며, 특히 고객을 대차대조표에 등장하지 않는 무보수 노동자로 일하게 만들 수 있다면 더욱 그렇다.

손에 꼽을 정도로 적은 수의 사람들이 이렇게 막대한 돈을 버는데 그에 대한 규제가 약하거나 거의 없다시피 하면 그들이 버는 돈은 몇 곱절이 된다. 다국적 기업의 입장에서도 돈을 버는 것이 더 쉬워지고 있다. 시장이 커져서가 아니라 국경을 의식하지 않고 생산과 사람을 조합할 수 있는 정보 기술을 활용해서 아끼는 비용이 엄청나기 때문이다.

공학 기술 vs 심리학

만약 사회에서 가진 것이 가장 적은 자를 어떻게 대우하는가를 근거로 그 사회를 판단한다면 현대 사회는 좋은 평가를 받기 힘들 것이다. 고독한 상어와 승자독식 정신이 지배하는 곳에서 5분만 걸어 나가도 3세대에 걸쳐 아무도 제대로 된 일자리를 얻어 보지 못한 가족을 만날 수 있다. 그 가족 구성원들은 대부분 자신이 죽기 전에 그런 일이 생기리라는 희망을 버린 지 오래다. 디지털 경제에서 그들은 아무것도 아닌 존재다. 더 구체적으로 말하면 버클리 대학교 사회학과 교수 마누엘 카스텔Manuel Castells이 '정보 자본주의'라고 표현한 경제에서 그들은 아무것도 아니다.

마찬가지로 일본에서는 한 번도 일한 적 없고 부모 집에서 독립한 적 없이 은퇴 연령에 이르는 사람들이 곧 생길 전망이다. 어떤 측면에서 일본은 독특하다. 이를테면 이민에 대한 저항이 강하다. 그러나 다른 측면에서 일본은 고령화와 저출산이라는 인구 구조적 이중고가 닥치면 어떤 일이 벌어지는지를 잘 보여주는 예다. 노동인구가 줄고 연금이 고갈되고 있다. 젊은 세대는 자신의 부모와는 달리 꿈도 없고 자신의 부모만큼 높은 가처분 소득을 누리지도 못한다.

아날로그 플랫폼에서 디지털 플랫폼으로의 이동이 일부 야기한 경제적 불확실성과 지정학적 불안으로 인해 젊은 세대의 취업과 결혼이 늦어지고 있다. 이런 현상은 저출산, GDP 감소로 이어지고 다시 경제적 불확실성이 심화된다. 이것은 매우 이론적인 이야기이기도 하지만 그 결과만큼은 사람들이 실제로 겪고 있는 이야기다.

사람들이 고용 및 주거를 보장받지 못하고 인간관계에 기대지 못한다면 물리적, 그리고 무엇보다 심리적 상태에 어떤 영향을 미칠까? 나는 우리가 앞으로 경험하게 될 가장 큰 변화는 바로 부정적인 심리 반응일 것이라고 본다. 하나로 결속된 '우리'가 등장해서 소득 불균형뿐 아니라 재능이 부족하고 기술이 부족하고 배경이 부족한 이들이 의미 있는 일자리를 보장받지 못하는 현실 등 그보다 더 부정적인 환경에 반기를 든다면 달라질 수도 있다.

수십 년 전 사람들은 다양한 제조업 및 서비스 분야에서 일하면서 임금과 사회보장을 약속받았다. 그러나 현재 하버드 법학대학원 교수 요하이 벵클러Yochai Benkler에 따르면 온디맨드 경제는 특정 기술을 파는 사람들을 구매자와 효율적으로 연결해준다.[6] 얼핏 듣기에는 좋아 보인다. 기업가 정신을 실천하는 것처럼 들린다. 효율적이고 유연하며 자신의 자본을 축적하기 시작한 노동의 예처럼 보이기도 한다. 그런데 이것은 또한 잠재적으로 대량 소비가 대규모 고용과 분리되는 예이자 규제를 전혀 받지 않는 자유시장이 잔혹할 정도로 비타협적이라는 사실을 보여주는 예이기도 하다.

물론 기계와는 달리 인간은 투표를 한다. 그리고 반란을 일으키기도 한다. 그러나 나는 행동하지 않는 불평불만과 정치에 대한 무관심을 목격하게 될 가능성이 더 크다고 생각한다. 인터넷의 최대 장점은 아이디어를 전 세계에 정말이지 너무나 쉽게 전달한다는 점이다. 그러나 아이디어가 언제나 행동으로 이어지는 것은 아니다. 너무 많은 데이터, 즉 '진실이 너무 많이 주어지면' 카스텔이 "정보가 야기한 혼란"이라고 묘사한 상태에 빠진다. 이것은 별로 폭력적이라고 느껴지지 않지만 혼란이 절망이나 고립감으로 탈바꿈하면 극단주의 추구로 이어질 가능성이 있다. 그러면 인터넷이 분노 공동체의 본부가 되고 혐오를 매우 효율적으로 퍼뜨릴 것이다.

현실에서 겪는 어려움과 정신적 분노를 참는 것이 노화를 촉진할 뿐 아니라 면역력을 약화하고 심장순환계에 해롭다는 사실도 밝혀졌다. 또한 자녀가 있는 경우에는 지워지지 않는 흔적을 남기기도 한다. 그런 환경에서는 자녀를 제대로 돌보지 못하기 때문이기도 하지만 그런 환경이 유발한 많은 질병이 유전되기 때문이다. UCLA의 조지 슬라비치George Slavich가 공동 지휘한 연구는 경제 침체기에 태어난 세대가 특히 평균 수명이 짧다는 주장과 증언이 역사적으로 뒷받침된다는 사실을 입증했다. 원숭이를 대상으로 한 실험에서도 자신의 사회적 지위가 낮을 것이라고 예상하는 원숭이의 경우 염증 발현 유전자가 활성화된다는 것을 발견했다. 이런 연구 결과는 자신이 디지털 노예가 될 거라고 예상하는 인간에게도 적용할 수 있을 것이다.

가난한 개인은 부당함을 확실히 더 민감하게 느낀다. 특히 공정한 대우를 받은 적이 없다면 더 그렇다. 그런데 그들이 분노하는 이유는 부유층의 절대적 혹은 상대적 소득 수준이 높기 때문만이 아니다. 현대 사회에서는 자신이 무엇을 갖지 못했는지가 너무 잘 보인다는 것이 문제다. 소셜미디어는 넘쳐나는 풍요와 사치의 이미지를 퍼뜨리기 때문이다.

좁아지는 시야

부가 양극화되어 있던 빅토리아 시대에도 사회 전체가 공유하는 도덕 규범, 보편적인 시민의식, 집단적 책임감이 존재했다. 혹자는 그 시절에는 사람들이 여전히 인간적이었다고 말할 것이다. 현재는 개인이 오로지 자기 이익만 챙기기 바쁘며 그런 성향이 심화되고 있다.

개인주의는 점점 더 부패하고 악과 탐욕으로 가득 찬 문화를 만들어내고 있다. 중국에서는 개인주의적 냉소와 보상 문화의 출현에 분노에 찬 논쟁이 벌어지고 있다. 2011년 급속하게 발전하는 광둥성의 도시 포산에서 두 살배기 왕위에Wang Yue가 여러 대의 자동차에 치어 죽은 사건이 벌어졌고 그 사건을 촬영한 동영상이 온라인에 올라오면서 불붙은 논쟁이다.[7] 아이가 크게 다친 것이 명백한데도 멈춰 서는 자동차가 없었고 아이를 도우려고 나서는 사람도 없었다. 마침내 두 살배기를 안아든 것은 청소부였다. 아이는 병원으로 옮겨졌지만 결국 죽었다.

중국에서 벌어진 또 다른 사건도 살펴보자. 두 소년이 물에 빠진 소녀 두 명을 구하려고 나섰지만 실패했다. 그러자 소녀들을 구하지 못한 책임을 물어 두 소년이 죽은 소녀들의 부모에게 5만 위안(중국 근로자의 평균 연소득의 거의 두 배에 해당하는 금액)을 배상해야 한다는 판결을 내렸다.

이런 사건은 드물지만 전혀 없는 일은 아니다. 앞으로 우리 사회가 인간보다는 돈에 더 관심이 많은 사회가 될 것이라고 말하는 듯하다. 무슨 수를 써서든 남을 등쳐 먹고 소송하는 세상, 신뢰와 도덕적 상호주의 원칙이 위협받는 세상이 오는 것이다. 물론 그런 사건을 알게 된 것도 디지털의 연결성 덕분이며(사실이긴 하다) 서로 나누고 돕는 분위기는 여전히 건실하다고 주장할지도 모르겠다. 그러나 다른 한편으로는 연결성과 소셜미디어가 이끌어낸 투명성 때문에 사람들이 위험을 감수하는 것을 꺼리게 되었다고 주장할 수도 있다. 비밀이 없는 사회, 끊임없는 감시 사회, 완벽한 기억의 사회에서 사람들은 수동적이 되기 마련이다.

그래서 우리는 실제로 행동에 나서기보다는 온라인 청원 버튼을 누른다. 최근 나는 아침에 시리얼을 먹다가 켈로그Kellogg가 교육, 건강, 정의 관련 프로젝트를 통해 여자아이들의 교육 기회와 권익을 신장하는 모금 및 홍보 활동을 벌이는 차임 포 체인지Chime for Change라는 단체와 협력 관계를 맺었다는 것을 알게 되었다. 켈로그는 어떻게 이 기관의 활동을 지원하는가? 사람들에게 자신이 '응원한다'라는 것을 알리는 셀카를 찍어서 공유하라고 부탁하는 방식이다. 나는 이것을 인터넷의 조급함과 거짓 친숙함을 보여주는 예로 본다. 이 사례는 공감과 소속감이 전혀 담겨 있지 않은 얄팍한 행위를 인터넷이 어떻게 부추기는지를 전형적으로 보여준다.

자선에 대해서 이야기해보자. 주변에서 자선 활동을 흔히 볼 수 있지만 그중 대부분은 어느 익살꾼이 예리하게 표현했듯이 '영혼을 위한 돈 세탁'이 되어버렸다. 자선은 개인의 이미지 관리를 위한 부산물인 된 것이다. 이타적이고 인류애에서 비롯된 익명의 선행이 아닌 거대한 셀카 덩어리가 자선 활동의 본부 역할을 하고 있다. 이런 추세를 상쇄하는 바람직한 추세로는 크라우드펀딩crowdfunding이 있다. 개인들이 마이크로 기부 형태로 특정 아이디어에 투자하는 방식으로 금전적인 지원을 제공하는 온라인 플랫폼이다. 현재로서는 대체로 발명품과 특이한 예술적 시도만이 지원 대상으로 인정된다. 그러나 앞으로 사람들이 모여 각자 적은 돈을 기부해서 이타적인 아이디어 혹은 더 나아가 장래가 유망한 흥미로운 개인을 지원하지 못할 이유가 없다.

나는 가끔 왜 서구에서는 아직까지 새로운 혁명이 발생하지 않는지 의아하게 생각한다. 디지털 미디어 덕분에 우리는 부자와 그의 요트에 대해 모든 것을 알고 있다. 심지어 그 요트가 어느 부두에 정박해 있는지도 쉽게 알아낼 수 있다. 모두 공짜 추적 앱 덕분이다. 반면에 우리는 바로 옆집에 사는 이웃에 대해서는 거의 알지 못한다. 그리고 그 이웃도 우리처럼 미리 정해진 기준에 따라 걸러진 친구와 정보만을 받아들이는 디지털 거품 안에서 살아간다. 그 결과 우리는 우리가 좋아하는 사람과 사물에 대해서는 아는 것이 점점 많아지지만 우리의 취향과 선호도 밖에 놓인 사람과 사물에 대해서는 알 기회와 방법이 점점 줄어들고 있다.

그런 무주의 맹시(우리가 종종 바로 눈앞에서 벌어지는 일도 자각하지 못한 채 행복감에 젖어 있다는 것을 의미한다) 같은 인지적 편향도 물론 문제이지만 우리가 심각한 자기도취에 빠진 나머지 도로 위에서 우연히 자신보다 조금 앞서가는 낯선 이에게 자신의 분노를 쏟아붓는 것 또한 문제다. 상태 업데이트로 자신의 일상생활을 끊임없이 기록하거나 온라인으로 사랑스러운 동물 사진을 보는 일에 중독된 사람이라면 더욱 그렇다.

현실에게 도둑맞다

혹시 마르크스의 소외론이 사회계층화 및 인간성 파괴와 관련 있다고 생각하는가? 나는 그럴 리 없다고 생각하지만 공산주의의 몰락은 개인주의의 득세, 자기집착의 출현과 관련 있다고 본다.

1989년 베를린 장벽이 무너지기 전에는 과도한 자본주의 및 개인주의에 맞서 균형을 잡아주는 대안적인 이데올로기 및 경제 체제가 있었다. 마찬가지로 많은 국가에서 노동조합과 예리하면서도 세심한 좌파가 정치적인 우파의 매서운 주먹을 막아주면서 버티고 있었다. 그리고 1990년대에는 인터넷이라고 하는 꿈이 있었다. 그러나 인터넷은 급격히 광고로 뒤덮인 또 다른 자본주의의 장으로 탈바꿈하고 있다. 초창기 페이스북에서 일했던 데이터 과학자 제프 해머바커Jeff Hammerbacher의 말을 빌리면 이렇다. "내 세대의 가장 똑똑한 이들이 어떻게 하면 사람들이 광고 배너를 클릭하게 할까를 고심하고 있다." 디지털 민주주의라는 초기의 이상은 변질되었다. 완벽해진 표현의 민주주의는 "멍청하고 분노에 차 있고 시간만 남아도는" 이들의 의견만을 끌어들이기 때문이다. 이것 또한 조너선 프랜즌의 말을 인용한 것이다. 다만 이 말은 또 다른 작가 테리 프래쳇Terry Prachett의 지적을 연상시킨다. "진정한 우둔함은 언제나 인공지능을 이긴다."

원래 이야기로 돌아와서, 요지는 균형을 맞춰주던 힘을 제거해버리면 세금을 꺼리는 억만장자만 남을 뿐 아니라 소득의 양극화와 도박에 가까운 금융 거래 또한 뒤따른다는 것이다. 금융 위기는 말할 것도 없다. 그런 위기는 곧 또 들이닥칠 것이다. 천문학적인 부채, 전 세계와 연결된 리스크, 개발도상국의 부정부패 확산 때문에 또 다른 금융 위기가 터질 것이라는 데는 의심의 여지가 없다. 연결성이 끊임없는 불안정이 아닌 안정을 가져올 가능성도 있지만 나는 그러지 않으리라고 본다. 오히려 상대적으로 중요하지 않은 사건, 이를테면 미국의 금리 인상이 공황과 정서적 불안증을 널리 퍼뜨릴 가능성이 높아졌다. 그런 때가 오면 여전히 디지털 거품 속에 사는 이들은 현실에게 도둑맞을 것이다.

다시 좋은 소식을 전하자면 경제에서 가장 중요한 추세는 글로벌 소득의 증가다. 실질임금이 줄어드는 추세와 모순된다고 생각하겠지만 글로벌 소득 증가는 선진국이 아닌 개발도상국이 주도하고 있다. 회계법인 언스트앤영의 보고서에 따르면 30억 명이 글로벌 중산층에 합류했다. 스마트폰을 사용하고, 핏비트fitbit를 차고, 링크드인LinkedIn에 이력서를 올리고, 하이브리드 차를 몰고, 인스타그램에 열심인 사람이 30억 명 늘었다는 이야기다. 중국에서 삶의 질은 단 한 세대만에 1만 퍼센트나 증가하는 충격적인 성장세를 보이고 있다. 중국과 인도에서 1인당 GDP가 두 배 증가하기까지는 각각 16년과 12년이 걸렸다. 영국에서는 그렇게 되기까지 153년이 걸렸다.

이런 전개 양상은 바람직하다. 언스트앤영의 '중산층'에 대한 정의에는 하루에 10달러밖에 벌지 못하는 이들도 포함되어 있는 것을 감안하더라도 그렇다. 다만 이들 중 많은 사람들이 중국의 거대한 방어벽 속에 갇혀 있으니 낙수경제 효과나 민주주의로의 이행을 기대하기에는 아직 너무 이르다. 게다가 세계화의 혜택을 곧 자동화가 도로 빼앗아갈지도 모른다. 그리고 많은 이들이 상위층으로 힘차게 도약하기보다는 노동 계층이나 신봉건 계급으로 밑도 없이 떨어져나가는 경험을 하게 될 것이다.

퓨리서치센터의 보고서에 따르면 미국에서 스스로를 중산층이라고 여기는 사람의 비율이 2008년 53퍼센트에서 2014년에는 44퍼센트로 떨어졌고, 자신이 실제보다 더 낮은 계층에 속한다고 여기는 사람이 2008년에는 25퍼센트였던 반면 2014년에는 40퍼센트에 달했다. 예를 들어 교사 집단은 열심히 공부하고 쉬지 않고 일했으며 사회 전반에 기여했는데도 부동산과 여러 사회·경제 계층 분류에서 금융 투기꾼 집단의 끝없는 성공의 희생양이 되어 자신들이 경제적인 손해를 봤다고 느끼고 있었다.

새로이 편입된 글로벌 부가 일시적인 것은 아니더라도, 선진국에서와 마찬가지로 그것은 단순히 잘살게 된 이들이 다른 이들을 희생시키면서 자신의 필요에 더 집중할 수 있게 되었음을 의미할 뿐이다.[8]

물론 숫자가 중요한 것은 아니다. 문제는 감정이고, 특히 사회 이동의 방향에 대해 사람들이 어떻게 느끼는지가 중요하다. 서구에서는 우리가 대체로 잘못된 방향으로 나아가고 있다고 느끼는 이들이 대부분이다. 이것은 건강 상태에서 잘 나타나며, 두 부류로 나뉜 미래 세계를 상상하는 것은 그다지 어렵지 않다. 날씬하고 부유하고 교육을 많이 받고 이동성이 보장된 엘리트 계층과 뚱뚱하고 교육받지 못하고 갇혀서 꼼짝 못하는 하류층으로 나뉜 세계 말이다. 땅 위에서 사는 지적인 엘로이 인Eloi과 지하에 거주하면서 억압받는 몰로크 인Morlock이 등장하는 H.G. 웰스 H. G. Wells의 『타임머신The Time Machine』을 떠올리면 된다. 유일한 차이점은 우리의 새로운 미래에서 지하에 거주하는 쪽은 땅속 깊이 지하실을 개발해서 바깥세상과 차단된 아늑한 보금자리를 마련한 글로벌 부유층일 것이라는 점 정도다.

나쁜 소식 가운데 좋은 소식

—

물론 이런 결론은 수정할 수 있다. 우리가 이와는 정반대의 미래, 즉 상업적 가치보다는 명예, 용기, 자기희생이 훨씬 더 소중하게 여겨지는 미래를 맞이하게 될 가능성도 충분하다. 사실 얼마 전까지만 해도 영국을 비롯한 여러 지역이 그런 사회였다. 그러니 자비, 겸손, 공공 정신과 같은 가치와 부의 천박한 과시를 비난하는 분위기가 다시 사회의 주류가 될 가능성이 있다. 아니면 가능하면 발자국을 남기지 않으려는 겸손한 소망이 사회를 이끄는 핵심 동력이 될 수도 있다.

그러나 다른 한편으로는 임박한 종말의 어두운 그림자야말로 지금 세상에 필요한 것인지도 모른다. 값싼 돈의 시대가 저물어가는 상황에서 저성장 시대가 지속되는 것이 오히려 세상에 약이 될지도 모른다. UCLA의 박희정 박사가 실시한 연구에 따르면 물질주의의 심화와 공감 능력의 저하 추세가 2008~2010년의 경제난으로 일부 역전되었다. 대상 기간을 2004~2006년으로 삼은 유사한 연구에서는 미국 청소년이 비싼 물품을 소유하는 것에 덜 관심을 보이는 반면 '사회에 기여하는' 직업을 갖는 것은 더 중요하게 여기고 있다. 이것이 일시적인 유행인지 아니면 영구적인 변화인지는 현재로서는 단언할 수 없다.

이들 연구는 경제적 부의 감소가 집단주의를 부추기고 우리가 무언가를 잃어야만 그 소중함을 깨닫게 된다는 결론을 내린 기존 연구와도 일부 연결된다.[9] 전 세계로 퍼져나가는 전염병, 궤도를 이탈하는 소행성, 그리고 금융 위기에서 긍정적인 면을 찾기는 거의 불가능하다. 그러나 임박한 죽음이나 재난의 위협에는 관점이라는 장초점 렌즈의 초점을 조절하는 기능이 있다. 아마도 우리는 인류라는 종의 멸종 위기에 직면해야만 진정한 인간으로서의 삶을 살기 시작할지도 모르겠다.

디지털 신뢰 vs 물리적 신뢰
—

돈의 디지털화로 미래에 우리의 일상적인 행위는 또 어떤 식으로 달라질까? 나는 여전히 특정 기술이나 그 기술의 적용에 대해 어떤 확정적인 견해를 내기에는 너무 이르다고 생각하지만 어쨌거나 현금의 종말은 불가피하다고 생각한다. 디지털 거래가 더 빠르고 편리하기 때문이다. 특히 기업의 입장에서는 그렇다. 현금 사용은 귀찮은 점도 있다. 그리고 정부와 관료들은 불법 경제 활동을 줄이고, 가능하면 짧은 시간 안에 세금을 많이 걷고 싶을 테고, 그래야 정부 조직의 권력도 강화된다.

이를테면 미국 경제는 현금 사용으로 매년 2조 달러의 비용을 부담하고 있다고 추정된다. 세금 회피와 절도 때문만이 아니라 시간이 낭비되기 때문이기도 하다. 터프츠 대학교의 한 연구에 따르면 미국인은 매달 평균 28분을 현금인출기로 이동하는 데 쓴다고 한다.[10] 그 사실을 접했을 때 내 반응은 '그래서?'였다. 사람들이 현금인출기로 이동하는 데 28분을 '허비' 하지 않는다고 하면 그 시간에 과연 무엇을 하겠는가? 소네트를 작곡할 것인가? 새로운 암 치료법을 개발하겠는가?

그러나 현금이 아예 종적을 감추거나 글로벌 전자화폐가 출현하기까지는 아주 오랜 시간이 걸릴 것이다. 물리적인 돈, 특히 은행권이 국가 정체성이라는 관념과 아주 밀접하게 엮여 있다는 점도 한 가지 이유다(유로만 봐도 그런 연계가 얼마나 문제를 일으키는지 알 수 있다!). 물리적인 돈은 아주 풍부한 이야기를 지니고 있으며 국가의 유산을 상징한다. 반면 디지털 지불 수단은 결코 그렇게 될 수 없다. 최근에 사람들이 현금을 더 신뢰하는 경향이 있다. 현금이라는 물리적 존재가 마음 깊숙이 안도감을 심어준다. 특히 경제가 혼란스러운 시기에는 더욱 그렇다.

2012년 영국에서는 모든 거래의 절반 이상에 현금이 사용되었고, 지폐와 동전의 사용은 그 전해보다 조금 늘어났다. 왜 그럴까? 그 답은 아마도 2012년에 영국이 여전히 긴축정책을 시행 중이었고 사람들은 현금을 사용하면 자신의 소비를 더 잘 통제할 수 있다고 생각했기 때문일 것이다. 아니면 은행이나 서로를 믿지 못했기 때문일 수도 있다. 마찬가지로 거의 모든 부유한 국가에서는 모든 소매 거래의 90퍼센트 이상이 여전히 온라인 상점보다는 오프라인 상점에서 이루어진다.

우리는 또한 모든 사람들이 우리 자신과 처지가 같다고 넘겨짚지 않도록 조심해야 한다. 현금을 사용하는 사람들은 대체로 노인, 가난한 사람, 혹은 취약 계층이다. 내가 보기에 물리적 돈 거래를 아예 중단한다면 큰 실수를 저지르는 것이다. 경제 위기가 닥치거나 휴대전화가 방전되어 저녁 값을 지불할 방법이 완전히 사라졌을 때를 대비해 현금을 쟁여놓는 것은 유용한 대비책이 될 수 있다. 다만 이런 견해는 아마도 대세에 역행하는 것이어서, 실제로는 모바일 지불 및 자동 지불 시스템에 대한 잠재 수요가 매우 클 것이다.

전 세계적으로 봤을 때 현금은 여전히 왕좌를 굳건히 지키고 있다(최근 연구에 따르면 모든 거래의 85퍼센트는 여전히 현금으로 이루어지고 있다). 그러나 선진국은 이와는 다른 추세를 보이고 있다. 미국에서는 대략 60퍼센트 정도의 거래가 디지털에서 이루어지며, 영국에서는 현금보다 비현금 지불 수단의 거래량이 더 많다.

분명 물리적 돈을 없애는 과정에서 돈을 벌 기회가 많이 생겨날 것이다. 영국 지불 평의회UK Payments Council의 보고에 따르면 2022년에 이르면 현금 사용이 현재의 3분의 1 수준으로 떨어질 것이라고 한다.[11] 물론 상황은 변하기 마련이고, 나는 새로운 지불 기술의 도입 여부는 시나리오에 따라 달라지리라고 본다.

2014년에 나는 그리스의 이드라 섬에 머물고 있었다. 당시 나는 그 섬의 경제가 물리적 돈으로 회귀했다는 사실에 당황했다. 그런 상황에 살짝 짜증이 나기까지 했다. 블로그에 현금의 사망에 관한 글을 막 게시한 참이었기 때문이다. 게다가 그 글은 2년 전 그 섬을 방문했을 때의 경험을 근거로 쓴 것이었다. 앞선 방문에서는 거의 모든 곳에서 전자 지불 거래가 가능했는데 상황이 극적으로 달라져 있었다. 다시 한 번 묻지만 왜 그렇게 되었을까?

처음에 나는 그리스 사람들이 세금을 회피하고 싶어서 그런다고 생각했다. 현금은 무기명 화폐다. 그런데 진짜 이유는 신뢰였음이 밝혀졌다. 타베르나(taverna, 그리스 지방의 작은 음식점 ─ 옮긴이)에 고기를 공급하는 작은 업체를 운영하고 있고 돈을 떼일까 봐 걱정하는 사람이라면 고기값을 현금으로 달라고 요구할 것이다. 이것이 화폐가 일부 IT 기술전도사 e-반젤리스트들이 주장하는 것보다 더 오랫동안 존속할지도 모르는 이유다. 현금은 가치를 보관하고 교환하는 편리한 수단이다. 그리고 현금을 쓰면 구매 이력이 드러나지 않는다는 큰 장점이 있다. 물리적인 현금 대신 디지털 통화를 사용하면 기업과 정부가 우리가 무엇을 하는지 엿보기가 쉬워진다.

화 폐 없 는 거 래
—

디지털 화폐는 종류가 다양하다. 신용카드는 꽤 오래전부터 존재했다. 카드를 이용한 거래는 아주 오랫동안 디지털 거래 수단 역할을 했고 다른 사람과의 접촉 없이 이루어졌다. 우리는 개인 발행 화폐, 가상 화폐, 소액 결제, 고객 보상 포인트, 선불 카드에 익숙해졌다. 또한 페이팔PayPal을 필두로 조파Zopa와 프로스퍼Prosper와 같은 여러 개인 대 개인 금융 거래 사이트를 신뢰하게 되었다. 물론 현금인출기에서와 마찬가지로 우리는 그런 사이트에 돈을 집어넣는 것보다 빼는 것을 더 좋아한다.

또한 우리는 모바일 기기를 이용한 지불이라는 아이디어에 점차 익숙해졌다. 심지어 자기 몸에 화폐 칩을 삽입한 얼리어답터도 소수 존재한다. 신체에 화폐 칩을 이식하는 것이 보편화되려면 시간이 걸리겠지만 돈을 우리 몸에 집어넣고 다니는 것에도 장점이 있다고 인정할 수밖에 없다. 턱이나 팔에 칩을 삽입하는 것은 지나치다고 느낄 수 있겠지만 디지털 화폐가 충전된 아주 자그마한 전자 알약이라면 어떨까? 한번 삼키면 최대 500 달러까지, 아니면 1주일간 유효하다면? 심지어 디지털 금도 존재하지만 솔직히 말하자면 디지털 금의 원리는 아직 이해를 잘 못하겠다.

여기서 말하고자 하는 요지는 이 모든 디지털 거래 방식이 정도의 차이는 있지만 대체로 눈에 보이지 않는다는 사실이다. 또한 빠르고 편리하다. 따라서 내가 보기에 그런 방식은 더 충동적인 소비 행태를 낳을 것이다. 물론 우리는 자신의 디지털 거래가 구체적으로 기록된 명세서를 정기적으로 받을 것이다. 그러나 그런 명세서 또한 디지털이어서 화면으로 전달되며 다른 디지털 눈요깃거리의 홍수에 파묻히고, 따라서 일반적으로 무시되거나 사람들이 제대로 읽지 않을 것이다.

나름 생각이 있는 걸까 아니면 아무 생각 없이 소비하는 걸까?

———

이 주제에서 가장 흥미를 끄는 문제는 돈이 눈에 보이지 않는다는 사실이 우리의 태도나 행동에 영향을 미칠지의 여부다. 이 문제를 다루는 연구는 놀랍게도 매우 드물다. 몇몇 연구 결과와 내 자신의 경험에 비추면 일단 우리가 물리적 돈에서 디지털 돈으로 옮겨가면 실제로 여러 가지 변화가 일어날 것으로 짐작된다.

우리는 물리적 돈(지폐, 동전, 수표)에 대해서는 그 돈 자체에 본질적인 가치가 있다고 착각하기 쉽다. 그런 착각 때문에 물리적인 돈을 다룰 때 조심한다. 당연히 나를 포함한 많은 사람들이 더 신중해진다. 즉 생각을 한다. 물리적 돈은 진짜처럼 느껴지기 때문에 물건을 살 때(그리고 빚을 질 때) 한 번 더 생각한다. 더 나아가 소비량이 우리가 들고 다닐 수 있는 돈의 양으로 제한된다. 그리고 우리 주머니에 든 돈은 대개 우리 자신의 것이다. 디지털 돈과 그것을 대하는 우리 행동에는 그런 제약이 없다.

양적 완화의 눈에 보이지 않는 본성 역시 그와 유사하다.[12] 만약 채권을 포함한 금융 자산을 사려고 컴퓨터 키보드를 눌러서 주식 유통시장으로 디지털 돈을 전송하는 장면 대신 똑같은 거래를 위해 중앙은행 밖에서 한 무리의 트럭이 진짜 돈뭉치를 실어 나르는 장면을 본다면? 두 장면에 대한 우리의 반응은 완전히 다를 것이다. 부채를 양도하고 그 내용을 모호하게 만드는 바람에 2008년 금융 위기가 발생했다는 사실을 고려할 때, 우리는 정부가 자신의 부채를 사들이는 것이 현명한지 의문을 제기할 수도 있다.

물론 양적 완화를 통해 자산에 돈을 쏟아붓는 작업은 다시 불평등을 양산하는 식으로 되돌아온다. 부동산 같은 실물 자산을 소유한다면 양적 완화로 인한 가격 인상은 언제나 환영할 일이다. 실물 자산의 가치가 올라가기 때문이다(종종 그런 자산은 빚으로 구매한 것이고 인플레이션 덕분에 부채는 축소된다). 반면 현금을 저축한 사람이나 자산이 없는 사람은 손해를 본다.

양적 완화가 아랍의 봄을 일으켰다고 말한다면 과장이겠지만, 식료품 값 인플레이션이 한 요인이었다고 지적하면서 양적 완화가 상품에 미치는 영향과 아랍의 봄이 간접적으로 연결되어 있다고 주장하는 사람도 있다. 음모론자라면 심지어 양적 완화의 진짜 목적은 달러화, 파운드화, 유로화의 가치를 끌어내리는 것이라고 말할지도 모른다. 대신 물리적 화폐 부채가 급격하게 증가하고 개발도상국 화폐 가치가 급격하게 상승하는 희생을 치르는 것이다.

다시 거시경제로 돌아가야 하지만 아직은 아니다. 다만 프레데릭 테일러Frederick Taylor가 자신의 책 『돈의 추락The Downfall of Money』에서 독일의 초인플레이션이 중산층뿐 아니라 민주주의 자체를 파괴했다고 지적했는데 이를 한번 살펴볼 필요가 있다. 테일러에 따르면 인플레이션이 정점에 치달았을 즈음에는 "모든 사람이 독재를 원했다."[13] 독일에서 초인플레이션이 발생한 건 애초에 독일이 제1차 세계대전이 끝난 후 프랑스에 지불해야 하는 돈을 제때 주지 못했기 때문이기도 하지만 넘쳐나는 돈이 너무적은 재화를 쫓고 있었기 때문이기도 하다. 양적 완화가 낳은 일종의 자산 거품이었던 것이다.

마침내 유권자로 하여금 히틀러에게 표를 던지게 한 것은 인플레이션 자체가 아닌 그 뒤에 이어진 경기 침체였지만 이 또한 익숙한 광경이다. 우리는 유럽 전역에 걸쳐 우파가 점차 주류로 부상하는 현상을 목격하고 있다. 그리고 독일이 유럽연합 경제의 경기 부양을 망설이는 주된 이유 중 하나는 바로 90년 전 발생했던 그 인플레이션이 남긴, 치유되지 않은 트라우마 때문이다.

양적 완화, 부채, 연결된 리스크, 금융 부문에서의 개인 및 기관의 자제력 부족(모두 디지털화로 증폭되었다)의 지워지지 않는 유산이 높은 인플레이션이나 지속적인 경기 침체 중 하나라면 사태는 급격히 악화될 수 있다. 그런 일이 벌어지면 우리는 모두 현금의 부활을 갈망하게 될지도 모른다. 현금만이 그런 위기를 넘길 상대적으로 안전하고 은밀한 거래 수단일 테니까.

암 호 화 화 폐 계 정

———

부정직한 은행, 탐욕스러운 투기꾼, 규제만 고집하는 정부에서 자유로운 글로벌 디지털 경제라는 관념은 점점 더 인기를 얻고 있다. 그리고 예상했겠지만 특히 온라인에서 큰 인기를 끌고 있다.

세계 각국의 통화는 여전히 대략 물리적 재화와 서비스가 교환되는 지리적 국경과 지역 경제라는 관념에 뿌리를 내리고 있다. 그러나 누군가 탈중앙집권적인 디지털 화폐를 발명해서 중앙은행과는 독립적으로 운영한다면? 그리고 그 통화가 암호화 기술을 활용한다면? 그것도 단순히 보안이나 탈취 혹은 세금을 피하기 위해서만이 아니라 통화 발행을 통제하기 위해서 그러는 것이라면? 비트코인 같은 암호화 화폐가 머릿속에 떠오르는가?

비트코인이 대안적인 지불 기반 시설이 되는 시나리오도 생각할 수 있다. 그리고 애플페이Apple Pay와 페이팔 같은 지불 수단이나 심지어 항공사 마일리지 같은 대안 화폐와도 경쟁할 것이다. 그러나 더 급진적인 시나리오도 가능하다.

만약 어떤 국가가 위기에 처한다면(그리스? 이탈리아? 아르헨티나?), 그리고 국가 통화에 대한 신뢰가 무너진다면? 사람들은 다른 지불 수단이나 돈을 안전하게 보관할 수단을 찾을 것이다. 이때 많은 사람들이 비트코인 같은 것을 거래 수단으로 인정하면 정부도 따를 수밖에 없을 것이다. 그리고 우리는 암호화 화폐를 무역 거래에 쓰게 될 것이고, 그 가치는 특정 국가 경제나 지역 경제와 연동될 것이다.

이보다 더 급진적인 시나리오로 특정 행동 유형을 보상하는 화폐는 어떤가? 어떤 의미에서는 이런 화폐가 이미 존재하고 있다. 바로 고객 보상 포인트다. 그러나 나는 더 큰 영향력을 행사할 화폐 체제를 염두에 두고 있다. 비트코인을 지원하는 시스템이 도덕적으로 행동하는 사람들에게 배분되는 화폐를 만든다면 어떻게 될까? 예를 들어 지역 공동체에서 에너지나 물을 빼가기보다는 보태는 행위를 해서 돈을 벌 수 있다면 어떻게 될까? 혹은 지하실을 3층까지 파내려가는 행위를 하지 않거나 독거노인을 찾아가 안부를 묻는 행위로 돈을 벌 수 있다면? 그렇게 된다면 애플의 스마트 안경이나 구글의 콘택트렌즈의 눈동자 추적 및 안면 인식 기술을 사용해 낯선 사람에게 미소를 짓는 사람에게 돈을 지급할 수도 있을 것이다.

정부가 잠재적으로 무엇을 볼 수 있고 할 수 있는지를 고려할 때, 정말로 현금이 사라진다면 옛날 방식인 물물교환과 함께 그런 대안 화폐가 인기를 얻을 수도 있다. 현재 중앙은행은 경제를 통제하거나 경기를 부양하는 주요 무기로 금리를 활용한다. 그런데 사람들이 금리가 낮아서 혹은 은행을 신뢰하지 않아서 화폐를 움켜쥐고 있으면 금리가 제 기능을 하지 못한다. 반면 무현금 사회에서는 정부가 또 다른 강력한 무기를 지니게 된다. 은행이 사람이 맡긴 돈에 수수료를 물리는 것(마이너스 금리)에서 더 나아가 정부가 돈을 쓰지 않는 행위에 세금을 추가로 부과한다면?

이런 이야기를 하는 것만으로도 머리가 빙빙 도는 것 같다. 그러니 이제 의료 서비스와 의학이라는 멋진 신세계로 탐험을 떠날 차례다. 그 분야에서도 돈은 강력한 힘을 발휘한다. 다만 그전에 연금과 세금을 잠깐 살펴보고, 마크 저커버그 같은 이들을 그대로 내버려두어도 괜찮은 건지 생각하면서 이 장을 마무리하겠다.

경제 상황이 좋을 때는 돈과 지불이 꾸준히 디지털의 형식으로 옮겨갈 것이다. 은행의 대체물이 등장할 것이고 정부는 세금을 덜 걷을 것이다. 그러나 긴축정책이 계속되거나 되살아난다면 정부는 무슨 수를 써서라도 당신 돈을 걷으면서도 그렇게 끌어들인 돈을 풀지 않으려 할 것이다. 특히 기본 공공서비스라고 여겨지던 것들에 인색해질 것이다. 앞으로도 소득과 소비를 근거로 세금을 부과하겠지만, 자산과 부를 근거로 세금을 부과하는 체제로 옮겨갈 것이며, 개인의 행동을 세금 부과의 근거로 삼을 것이 거의 확실하다.

디지털 지불 수단과 연결성을 도입함으로써 얻는 결과물은 투명성이다. 정부는 적어도 이론상으로는 당신이 무엇에 돈을 쓰는지 알 수 있고 더 넓게는 당신이 어떻게 사는지도 알 수 있다. 그리고 실시간으로 당신에게서 세금을 걷어간다(연말 정산 및 세금 환급이여, 잘 가). 즉 세금 부과가 은밀하게 이루어진다. 재활용 분리 수거를 할 때 플라스틱을 또 엉뚱한 통에 넣었는가? 벌금(세금) 부과. 아이들이 또 학교에 지각했는가? 벌금(세금). 또 햄버거에 감자튀김 대자를 시켜 먹었는가? 이제 어느 정도 감이 왔을 것이다.

정부는 재정을 극대화하려고 할 뿐 아니라 사람들이 도덕적인 행동을 하도록 등 떠밀 것이다. 그래서 사람들은 아주 사소한 실수에도 돈을 지불하도록 강요받을 것이다. 이것은 의심의 여지 없이 사람들의 분노와 저항을 유발하겠지만 그런 반발 행위에도 세금이 부과될 수 있다.

연금의 경우에는 가능한 시나리오가 두세 개 정도 된다. 그러나 지금과 똑같은 방식이 지속되는 일은 없을 것이다. 연금 체제는 피라미드 판매 체제나 다름없어서 대부분 망할 것이다. 따라서 새로 재편성할 필요가 있다. 영국에서는 인구 일곱 명당 한 명은 은퇴를 위한 저축을 전혀 하지 않는다. 게다가 디지털의 즉각적인 만족감 추구 문화에 젖은 사람들에게 훗날을 위해 저축하도록 권한다고 해도 그것이 성공할 가능성은 희박하다.

다음에 어떤 일이 벌어질지는 지금의 문화가 지속될 것인지의 여부와 미래에 대한 책임을 개인이 질지 아니면 집단이 질지에 달려 있다. 개인주의 문화와 즉각적인 보상 문화가 확고하게 자리 잡는다면 우리는 사회 안전망이 아주 보잘것없는 미래나 사람들이 절대로 완전히 은퇴하지 못하는 미래를 맞이하게 될 것이다. 만족 지연이 가능하다면 저축 문화로 회귀하거나 정부가 많이 걷고 많이 지원하는 미래가 도래할 것이다.

여기서 핵심은 연금이 미래에 받을 돈이며, 우리는 미래에 대해 생각하기는 좋아하지만 미래를 위해 돈을 쓰기는 원하지 않는다는 것이다. 그러니 세계를 더 나은 방향으로 바꾸고 더 지속가능한 사회로 나아가기 위해서는 어떤 변화가 필요할까?

인간을 중시하는 경제

—

1973년 경제학자 E.F. 슈마허E.F. Schumacher 는 『작은 것이 아름답다 : 인간 중심의 경제를 위하여Small is Beautiful : A study of economics as if people mattered』라는 저서에서 '자이갠티즘(gigantism, 큰 것이면 무조건 좋다는 태도— 옮긴이)'의 위험성을 경고했다. 이 저서는 전반적으로 근대성, 그리고 특히 세계화를 격렬하게 비판했다. 또한 선구적이었고 미래를 제대로 예측했다. 슈마허는 자원 고갈 문제를 정확히 예측했고 인간의 행복이라는 문제를 바라보는 틀을 마련했다.

그는 인간의 행복이 물질 소유로 충족될 수 없다고 믿었다. 또한 인간의 만족과 즐거움이 모든 일에서 핵심적인 요소가 될 것이라고 주장했다. 이것은 윌리엄 모리스William Morris 와 미술공예운동이 주장하는 바와도 같다. 모리스와 미술공예운동 지지자들은 소비자의 요구가 바로 경제의 핵심 동력이기 때문에 세상을 더 나은 곳으로 만들고 싶다면 다수가 원하는 것이 바뀌어야 한다고 주장했다.

냉정하게 평가하면 슈마허의 책은 이상주의적이고 히피처럼 반체제적이고 별 볼일 없다. 더 너그러운 시선으로 본다면 이 책은 인간적인 판단 기준, 인간관계, 그리고 적절하고, 통제 가능하고, 무엇보다 이해할 수 있는 기술에 대한 우리의 영원한 바람을 제대로 묘사하고 있다. 물리적 돈은 물리적 상호작용을 부추긴다. 반면에 디지털 돈은 원거리에서 비대면으로 거래된다. 환경 문제도 고민할 필요가 있다. 디지털 거래는 전력을 소모한다. 그린 컴퓨팅에 대한 열망이 화폐 없는 사회라는 이념의 실현을 막지는 못하겠지만 늦출 수는 있다.

이미 사회가 사람이 중요하다는 것을 깨닫고 있음을 보여주는, 슈마허라면 환영할 소소한 징후가 나타나고 있다. 스팀펑크 패션과 이야기에 대한 갈망, 엣시Etsy 같은 수공예품 판매 전문 사이트의 부상, 라이브 음악, 레코드판, 문학 축제의 인기, 디지털 디톡스 운동 등은 모두 자신이 가장 잘하는 것에 집중할 수 있는 세상과 균형에 대한 사람들의 열망을 나타낸다. 기계가 우리를 서로에게서 더 멀어지게 만드는 세상이 아닌 더 가까워지게 만드는 세상 말이다. 물론 여기서도 디지털이 해야 할 일이 있다. 완전한 물리적 소유권에서 단기적인 디지털 사용권으로의 세대 이동은 바람직한 현상으로, 제임스 월먼James Wallman이 말한 '과소유 증후군stuffocation'을 막는 데도 도움이 될 것이다.

슈마허는 또한 경제권력 및 정치권력의 집중화를 경고했다. 그는 그런 집중화가 비인간화로 이어질 것이라고 여겼다. 따라서 모든 결정은 책임지지 않는 기업과 정부의 재정상 필요가 아닌 사람들의 필요에 근거해야 한다. 이런 문제에서 인터넷은 어느 방향으로도 나아갈 수 있다. 사람들을 한데 모으고, 지역에 더 관심을 기울이게 만들고, 지속가능한 삶의 방식을 지원할 수도 있다. 아니면 독재 정부와 독점적 초국가 기업의 성장을 뒷받침할 수도 있다. 그러나 글로벌 경제의 탈물질주의화(원한다면 아날로그에서 디지털로의 이동이라고 불러도 좋다)는 아직 사람들의 눈에 잘 들어오지 않고 그래서 사람들의 생각에서도 멀어져 있다. 따라서 현재 이런 문제를 논의하는 사람은 극소수에 불과하다.

어떤 의미에서는 디지털 지불은 해결해야 할 문제를 찾아 헤매고 있는 기술이다. 현금은 가지고 다니기 편하고, 사용이 쉽고, 현금인출기에서 출금할 때를 제외하면 전력 공급원도 필요 없다. 다른 한편에서는 신용카드와 체크카드가 전 세계와 온라인에서 일반적인 거래 수단으로 인정받고 있다. 그런데 굳이 다른 지불 수단이나 지불 형식이 필요할까? 필요가 없을 수도 있는 것이다. 마찬가지로 돈도 우리 생각만큼 꼭 필요한 것은 아닐지도 모른다.

경제학의 관점에서 볼 때 디지털 경제의 문제 중 하나는, 우리가 이미 살펴보았듯이, 디지털 기업이 일자리를 많이 창출하지 않는다는 점이다. 그런데 이것이 큰 문제가 되지 않을 수도 있다. 일단 사람들이 주거, 안전, 생계 문제를 해결하고 나면 행복하게 사는 데 필요한 것들은 경제학자의 눈에는 보이지 않는 것들인 경우가 많다. 우리 마음속 깊숙한 곳에서 나오는 욕구를 충족하는 것들은 물리적인 것이 아니라 사랑, 소속감, 열정 같은 모호한 관념이다. 이것은 에이브러햄 매슬로Abraham Maslow의 욕구 위계이론을 연상시킨다. 그런데 안타깝게도 자존감, 이타주의, 사명감, 영성은 GDP에 잡히지 않으며 대규모 고용으로도 직접 연결되지 않는다. 그런

데 그래야 하지 않을까?

인정하고 싶지는 않지만 아마도 마크 저커버그를 비롯한 디지털 공상가들은 결국 문제의 핵심을 제대로 짚었는지도 모른다. 디지털 경제는 우리의 이해의 틀을 바꾸고 우리의 관심을 비금전적인 가치와 다른 인간과의 교류로 돌릴지도 모른다. 물론 그런 변화가 때로는 극단으로 치닫기도 한다.

슈마허가 우리의 현재 경제 상황을 본다면 뭐라고 할까? 그는 현재를 무언가 끔찍한 것의 시작점이라고 볼지도 모른다. 아니면 아름다운 것의 시작점으로 볼 수도 있다. 언제나 그렇듯이 미래는 우리가 만드는 것이다. 다만 슈마허가 상어에 대해서는 뭐라고 할지 전혀 상상도 안 가는 게 사실이다. 최근에 그 상어가 약을 복용하고 있다는 이야기는 들었다.

산타페, 뉴멕시코 주
2018년 12월 24일

사랑하는 A에게

이제 더 이상 당신이랑 잠자리를 같이할 수 없겠어. 언제든 다른 누군가가 함께할 수 있다는 것을 아는 이상. 심지어 한밤중에도. 우리가 사랑을 나눌 때조차도 누군가 반드시 끼어드니까.

당신은 언제나 온라인을 그 무엇보다, 그리고 그 누구보다 우선시해. 도대체 왜? 뭐가 그리 급하고 중요하지? 아이들조차 진저리를 치고 있어.

난 떠날 테니 모바일 기기랑 둘만 남겠지.

둘이서 잘 해봐.

D

5

의료 서비스와 의학 Healthcare and Medicine

외로움에 대한
면역력이 생길 날이
과연 올까?

생각하는 기계의 대가가
생각하지 않는 사람들이라면?

조지 다이슨 George Dyson

셰인 원Shane Warne이 콘택트렌즈를 끼거나 팔꿈치 수술을 받아도 인간으로 인정받고 프로 크리켓 선수로 계속 활동하는 데는 아무 문제가 없을 것이다. 그러나 그가 생체공학 눈, 의수, 동영상 문신(번다버그 럼Bundaberg rum 광고를 보여주는)을 하고 증강현실 선글라스를 낀다면 어떨까? 최근 그의 외모에 일어난 변화에 비추어 보면 원과 리즈 헐리Liz Hurley가 유전자 변형을 거친 아이를 함께 가지기로 했을 때 어떤 일이 벌어질지 생각만 해도 머리가 터질 것 같다.

인간 증강 기술은 특별한 것이 아니다. 이미 수 세기 동안 행해져왔다. 문신, 피어싱, 성형수술, 보톡스 시술, 보청 장치 등이 전부 인간 증강 기술이며, 지금은 단지 우리 자신을 향상시키는 방법이 더 정교해졌을 뿐이다. 그런데 인간 증강 기술이 인간의 신체를 향상시켰는지의 여부에 대해서는 다른 견해가 있을 수도 있다. 한 예로 삽입 보청 장치는 청력을 회복시킬 뿐 아니라 소리를 증폭하기도 한다.

장애를 지닌 사람들은 보철 장치로 없는 부위나 작동하지 않는 부위를 대신한다. 그러나 현재 보철 장치 설계자들은 정상적인 인간의 신체 부위보다 더 뛰어난 보철 장치를 만들어낸다. 이를테면 오스카 피스토리우스Oscar Pistorius는 '치타' 다리 덕분에 장애인 올림픽에서 불공정한 이점을 얻은 것으로 여겨졌다.[1] 이언 소프Ian Thorpe가 '상어 피부sharkskin' 전신수영복을 입었을 때도 유사한 논쟁이 벌어졌다. 그런 증강은, 특히 인간 신체의 물리적인 부분에 가해질 때 커다란 파장을 불러일으킨다. 그리고 윤리적 논쟁은 이제 막 시작되었을 뿐이다.

증강이라는 뻔뻔한 제안에, 그리고 미래 세대가 더 건강한 신체를 지닐 가능성에 대한 기대에 휘둘리지 않을 사람은 없다. 비록 주관적인 문제이기는 하지만 이것이 자연에 개입하는 것은 아닌가도 고민해야 한다. 그리고 우리가 늘 몸에 지니고 다니는 기기 또한 증강의 한 형태라고 볼 수도 있다.

실리콘을 꿈꾸다

——

사람들이 건강해지면서 인구 고령화가 진행되고 있다. 그리고 그 결과 알츠하이머에 대한 두려움 또한 높아지고 있다. 기억은 노인에게 아주 중요한 문제이지만 이 분야에서의 연구는 그 이상의 함의를 지닌다.

영화 〈매트릭스〉의 팬이라면 네오라는 인물이 쿵후 사범의 실력을 다운로드하는 장면을 기억할 것이다. 인간 뇌에 디지털 시스템을 연결하는 것은 불가능하다고 여기겠지만 영화를 본 지 10년 만에 나는 스타워즈 포스 훈련기라는 재미있는 장난감을 샀다. 이 헤드셋을 착용하면 생각만으로 단순한 기계를 조정할 수 있다. 사소한 연결이지만 시사하는 바가 크다. 몇 년 후 나의 뇌가 기계-인터페이스에 대한 열정으로 넘쳐흐르던 때 임페리얼칼리지런던에서 포사이트프랙티스foresight Practice와 협력 작업을 하기에 이르렀다. 거기서 나는 언젠가는 기계에 접속해서 외국어나 쿵후 같은 기술이나 경험을 인간 뇌에 직접 다운로드하는 것이 가능할 것인지에 관한 논쟁을 벌였다. 학계의 견해는 불가능하다는 것이었다. 그래도 2040년에 이르면 꿈을 다운로드해서 원거리에서 감상하는 것이 가능할 것이라고는 인정했다.

이것을 언급하는 이유는 마찬가지로 기이한 일이 막 시작될 참이기 때문이다. 2013년 12월 샘 데드와일러Sam Deadwyler라는 과학자는 쥐의 뇌에 기억을 이식하는 것을 포함한 일련의 실험 결과를 기록한 논문을 발표했다. 생각으로 조종하는 휠체어, 로봇 팔다리, 그리고 달팽이관 및 수정체 삽입물이 이미 존재하거나 곧 존재할 것이다. 이 모든 것은 어느 정도 뇌와 기계 간의 직접적인 소통을 요구한다. 그런데 왜 우리는 인간의 노화로 인한 기억 상실을 치료하지 못하는 걸까? 뇌의 손상된 부분을 교체하거나 건너뛰게 하면 안 될까?

반대로 기억을 끄거나 제거할 수 있다면 이것은 외상후 스트레스 장애 증후군으로 고통받는 군인이나 일반인에게 유용할 것이다. 미 방위고등연구계획국US Defence Advanced Research Projects Agency은 2020년에 바로 그런 기술을 인간에게 시범 적용하려고 한다. 그러나 이런 전개는 여러 딜레마를 낳는다.

디지털 시대의 가장 흥미로운 함의들은 대개 권력, 공동체, 동맹, 정체성의 변화와 관련이 있다. 정체성에서 기억은 매우 중요하다. 기억은 우리를 유일한 인간으로 규정하고 우리로 하여금 자신이 누구인지 반추하게 한다. 어떤 사람들은 당신이 기억을 잃는다면(예를 들어 정신병 때문에) 당신은 다른 사람이 되고, 따라서 어느 정도는 기억을 잃기 전 자신이 한 행동에 법적인 책임을 지지 않는다고 말한다.

사람의 기억을 복제하는 것은 쉽지 않다. 인간의 기억은 여러 층위에서 작동하는데 우리가 그 비밀을 풀 수 있다면 온갖 것이 가능해진다. 언젠가는 전자 기억 삽입물이나 지극히 정상인 뇌를 훈련시키는 전자 알약을 구매하는 것이 가능할 날이 올 수도 있다.[2] 학생용 학습 칩은 어떤가? 그런데 그런 아이디어를 각각 별개로 다뤄서는 안 된다.

노인의 기억을 돕는 기술은 분명 개발될 것이다. 다만 단기적으로는 우리에게 일어나는 모든 것을 기록하고 필요할 때마다 돌려보는 것이 훨씬 쉬울 것이다.

디지털상에서 무언가를 절대 잊지 못하게 됨으로써 야기되는 문제들을 앞에서 다뤘다. 창피한 이미지나 서둘러 쓴 트윗은 절대 사라지지 않는다. 빅토르 마이어쇤버거는 1950년에는 디지털 데이터 저장 비용이 메가바이트당 7만 달러였는데 1980년에는 500달러로 떨어졌고 2000년에 이르러서는 1센트, 2008년에는 0.01센트로 급감했다고 지적한다. 이것은 모든 것을 기억하고자 하는 노인에게는 반가운 소식이겠지만 잊어버리고자 하는 젊은이에게는 그다지 좋은 소식이 아니다.

마이어쇤버거는 이 문제에 아주 흥미로운 해법을 제시했다. 바로 자동 폐쇄 일정이 설정된 디지털 데이터다. 그 덕분에 우리는 사회적으로 어색한 상황에서 구제받을 것이고 동시에 숨 막힐 정도로 넘치는 디지털 쓰레기로부터도 벗어날 수 있다. 구글도 유사한 아이디어를 제시한 바 있다. 사람들이 성인이 되면 디지털 정체성을 완전히 지우고 새롭게 시작하게 하자는 것이다.

다시 말하지만 이런 아이디어를 각각 별개로 생각해서는 안 된다. 언제나 연결해서 생각해야 한다. 기억을 이식한다거나 당신의 전 생애를 기록하는 것이 각각 무엇을 의미하는가가 중요한 것이 아니다. 그런 것들이 몸짓 인식 암밴드, 기분 향상 기기, 기분 인식, 디지털 약, 과몰입 가상현실 등 다른 기술과 결합하면 어떻게 될지를 생각해야 한다.

이것이 또 다른 공상과학영화의 줄거리처럼 들린다면 단단히 각오하자. 이보다 훨씬 더 비현실적인 이야기들이 기다리고 있기 때문이다. 우리의 기억(즉 사건에 대한 우리의 기억)이 우리를 규정한다면, 우리가 다른 사람의 기억을 조작할 때 어떤 일이 벌어질까? 그 사람은 여전히 같은 사람인가? 극단적으로는 그 사람은 여전히 인간일까? 아니라면 왜 아닐까?

데이터 노출증

—

내가 보기에 미래에는 자신에 관한 정보를 통제하는 능력, 특히 우리가 스스로 만든 정보를 통제하는 능력이 필수다. 이를테면 나는 주요 제약회사가 수익을 내는 약을 개발하는 데 익명의 개인들의 데이터를 통합해서 사용했다는 이유로 집단소송을 당하는 미래 상황이 눈에 훤히 보인다. 소송을 제기하는 측은 적어도 제약회사가 신약으로 얻은 수익의 일부는 그 데이터를 만든 사람에게 돌아가야 한다고 주장할 것이다.

한 연구는 우리가 이미 매년 최대 5,000파운드의 가치가 있는 개인 정보를 내주고 있다고 추정한다.[3] 다큐멘터리 영화 〈약관에 동의합니다Terms and Conditions May Apply〉는 "역사상 가장 큰 절도의 대상은 돈이 아니라 바로 당신의 정보였습니다. 그리고 당신은 그 모든 절도 행위에 동의해주었습니다"라고 지적한다.

당신이 수치화된 자아, 혹은 '라이프로깅lifelogging' 운동에 동참하고 있다면 자신의 심혈관계 활동이나 수면 시간을 웨어러블 기기로 최적화할 수 있다는 사실을 자랑스럽게 여길 것이다. 타임홉Timehop 같은 앱을 쓰면 같은 요일에 당신이 어떤 활동을 했는지에 대해 몇 주치, 몇 개월치, 심지어 몇 년치를 동시에 볼 수 있다. 그런 개인 데이터를 혼자만 간직하기보다는 다른 이와 공유하기로 결정할 수도 있다. 그러면 사회적 상호작용을 촉진할 수도 있고, 그에 따라 이런 데이터 공유가 정신 건강이나 신체 건강에 중요해질 수 있다.

그런데 이런저런 이유로 꽤 오랫동안 비활동적인 시기를 보낸다면? 혹은 사적이어야 할 활동을 하는 동안 그런 데이터가 공유되거나 해킹당한다면? 네트워크상에서 창피를 당하거나 건강보험회사로부터 보장 범위가 제한되었다는 편지를 받게 될지도 모른다. 당신의 데이터가 판단하기에 심장수술의와 수면의의 광고가 당신의 관심을 끌 거라는 결론이 나온다면 그런 팝업 광고가 반드시 뜰 거라고 기대해도 좋다.

일단 정보가 디지털화하면 돌아다니고 싶어 한다. 작가 스튜어트 브랜드Stewart Brand의 유명한 선언처럼 "정보는 자유를 갈망한다." 다만 현재는 정보가 메뚜기 떼처럼 번식해서 마찬가지로 '주변 생태계를 파괴하고 싶어 하는 것처럼 보이기도 한다.

정보가 일단 인터넷 같은 공유 네트워크에 들어가면 그 즉시 당신은 그 정보에 대한 통제권을 상실한다. 그것도 영원히. 다른 이들이 그 정보를 복사하고 전달하는 것은 물론이고, 더 나아가 원래 맥락을 싹 제거할 수도 있다. 당신이 데이터를 제3자의 서비스에 맡기면 그런 정보는 해킹당할 수도 있다는 사실도 잊지 말자. 실제로 '클라우드cloud'라는 단어에서는 내구성이나 안전성이 전혀 연상되지 않는다. 이미 신용카드 정보를 도용당한 수천 명의 사람들도 나의 말에 동의하리라 확신한다.

분명 특정 유형의 정보를 공유하는 것은 선을 위해 작동한다. 개인의 건강 데이터가 수집되면 더 나은 방향으로 행동을 바꾸는 데 도움이 될 수 있다. 웰니스 위키wellness wiki부터 섭식장애 블로그 같은 사용자 생성 데이터는 삶을 바꾸기도 한다. 페이션츠라이크미닷컴patientslikeme.com처럼 수백만의 환자들이 자신의 치료 과정을 기록하는 사이트는 디지털로 힘을 얻은 환자가 기존 의료계에 어떻게 도전하는가를 보여주는 훌륭한 예다. 나는 열린 의료의 잠재력이라는 측면에서는 우리가 이제 막 그 가능성의 표면만 간신히 훑었다고 확신한다. 자기기록 데이터 통합이 확산되면서 치료와 돌봄 서비스가 더 개선되고 더 싼 값에 제공될 가능성이 높다.

스 스 로 를 관 찰 하 기

—

추적용 기기들이 대개 한 가지 행동이나 사건만 기록하는 반면 구글의 파코PACO, Personal Analytics Companion 앱은 어떤 행동이나 사건도 추적하도록 설정할 수 있다. 커피를 마시면 작업의 효율성이 얼마나 높아지는지, 어떤 요인이 두통을 유발하는지를 추적할 수 있는 것이다. 그런 데이터를 당신의 필요나 기분에 따라 혼자 간직하거나 다른 사람과 공유할 수도 있다.

디지털을 통한 규칙적인 자기기록은 그것이 기억에 의존하지 않고, 시간이 지나도 사용할 수 있으며, 그렇게 기록하는 일이 쉽다는 이점이 있다. 의학계에서 하는 임상 실험은 비용이 많이 들고 관리가 어려우며 대체로 단기적이다. 그런데 데이터 추적은 인지 손상, 임상 우울증, 전염병의 발병 등을 관찰하는 데 도움이 될 것이다. 그리고 자신의 증상이나 습관을 정직하게 털어놓지 못하는 사람들을 안심시킨다. 사회복지사는 자신이 담당하는 사람들에게 부정적인 감정을 유발하는 요인이 무엇인지 알아낼 수 있고, 교사는 신체 활동과 음식이 학생들의 행동에 어떤 영향을 미치는지 관찰할 수도 있다.

현재 구글은 당뇨병 환자의 눈물 속 포도당 양을 측정하는 센서가 부착된 콘택트렌즈를 개발 중이다. 이런저런 신체검사를 할 수 있는 수많은 의료기기가 이미 개발되어 있다. 무선 체중계, 스마트폰에 달린 심전도 진단기, 귀 속을 살펴보고 그 결과를 아이폰 앱으로 전송하는 검이경 등.

지금 이 문장 끝에 찍힌 마침표만 한 크기의 컴퓨터도 있다. 녹내장이 생겼다는 의심이 든다면 이 작은 기계를 눈에 넣고 안압을 잴 수 있다. 데이터는 무선으로 의사에게 전송된다. 한 기업은 심지어 위액을 분석해 환자가 약을 복용했는지 여부를 측정하는 센서를 개발해 시험 중이다.

조금만 더 기다리면 보석이나 시계 모양을 한 웨어러블 의료기기도 나올 것이다. 또한 전자 피부 분석기도 개발될 것이다. 이것은 옷, 그중에서도 속옷으로 출시될 것이다. 전도성 섬유에 자이로스코프(항공기·선박 등의 평형 상태를 측정하는 데 사용하는 기구 — 옮긴이), GPS, 송신기, 운동에너지 배터리가 탑재되어 있어서 활력 징후를 관찰하고, 응급 상황을 감지하며, 필요하다면 구급차를 부를 것이다.

또한 바이오센서 변기, 디지털 반창고, 전자 알약, 무선 의료 관찰 패치, 작업이 끝나면 용해되는 섭취 가능한 로봇, 인체에 삽입되어 원격으로 전신 측정을 하고 무선으로 동력을 얻는 센서 등도 가능하다. 그즈음에는 신체가 서서히 기술 플랫폼으로 탈바꿈하고 있을 것이다. 그리고 아마도 구글의 통제를 받고 있을 것이다.

이 모든 것이 그다지 유쾌하게 느껴지지 않는다면 의료업계의 저항과 보수적 입장을 이해할 수 있을 것이다. 의사들은 새롭고도 신기한 장치에 열광하는 기술자와는 확실히 대조된다. 게다가 의사들은 대체로 환자를 진찰할 때마다 돈을 받는데, 환자들이 병원을 예전만큼 자주 방문하지 않게 될 거라는 전망이 반가울 리 없다. 한편 보험회사는 그런 기기가 심기증(건강염려증)을 낳을까 염려한다. 건강에 예민한 이들이 정상에서 벗어난 측정 결과가 나올 때마다 호들갑을 떨며 의사를 더 자주 찾게 될지도 모르니까.

어쨌든 중요한 것은 새로운 의료기기를 평가할 때는 새로운 의약품을 평가할 때와 마찬가지로 엄격한 잣대를 들이대야 한다는 것이다.

네트워킹의 힘

—

최종적으로 의료 데이터는 우리 몸속에 저장되고 우리는 네트워크의 노드node가 될 것이다. 더 많은 사람이 더 많은 기록을 생성할 것이고, 더 많은 기록이 생성된다는 것은 구글 독감 동향Google Flu trends에 통합되는 자료가 더 늘어난다는 것을 의미한다. 구글 독감 동향은 기존 방식에 비해 전염병의 발생을 일곱 배 더 빨리 포착한다.

구글 독감 동향은 빅 데이터의 한 예다. 빅 데이터는 소비자의 행동과 관련한 기록이나 스마트폰 센서와 지리학적 정보를 표시하는 지오태그로 수집한 자료 등 점점 더 디지털화하는 세계에서 생성되는 엄청난 양의 데이터에 붙여진 이름이다. 인터넷 검색 기록만 봐도 구글은 전염병 발생 여부를 예측할 수 있다. 이런 예측은 한동안 정확했다. 다만 최근의 예측 일부는 빗나갔다. 그리고 이것이 빅 데이터의 심각한 문제다.

경제학자 팀 하퍼드Tim Harford가 지적하듯이 모든 데이터를 가지고 있지 않다면 데이터가 더 많다고 해서 꼭 좋은 것은 아니다. 방대한 데이터의 집합보다는 모집단을 정확하게 반영하는 샘플 집합이 나은 경우가 대부분이다. 또한 미래 행동을 예측할 때 기존 패턴에 과도하게 의존하는 문제도 발생한다. 게다가 우리가 빅 데이터 활용법을 꾸준히 개선한다고 해도 문제의 핵심은 여전히 해결되지 않는다. 21세기의 기업과 정부는 자신들이 수집한 그 많은 데이터를 가지고 무엇을 해야 할까? 그리고 누가 최종적으로 그 데이터를 소유하거나 통제할 권한을 지니는가?

한 가지 흥미로운 양상은 구글과 애플이 의료 서비스 분야에 뛰어들었다는 사실이다. 따라서 언젠가 의사가 앱을 처방할 것이라는 주장도 아주 터무니없는 소리는 아니다. 나이키나 가민Garmin과 달리 이들 소비자 기술 브랜드는 건강관리와 별 상관이 없어 보인다. 그러나 구글과 애플은 모바일 기기를 통해서건 우리가 누구이며 무엇을 하는지에 관해 그동안 축적한 정보에 기반해서건 건강 관련 조언을 할 완벽한 위치에 있다.

앞으로 상황이 어떤 식으로 전개될지를 보여주는 한 가지 징후는 스튜던트라이프StudentLife라는 앱이다. 이 앱은 처음에는 학생들이 대학교에 어떻게 적응하는지를 알아보고자 설계되었다. 연구진은 대학에 잘 적응하는 학생은 대체로 다른 사람들과 더 자주, 그리고 더 오래 대화를 나눈다는 사실을 발견했다. 반면에 대학에 적응하는 데 어려움을 겪는 학생은 혼자 지내는 시간이 많았고 대개 실내에 머물렀으며 너무 조금 자거나 많이 잔다는 사실을 알아냈다.

스튜던트라이프의 실험은 핸드폰으로 핸드폰 소유자의 정신 건강을 지속적으로 기록할 수 있다는 것을 보여준다. 그리고 그런 기록은 자가 설문조사보다 더 신뢰할 만할 것이다. 늘 그렇듯이 사생활 침해 문제가 제기될 수도 있겠지만 이 경우 사용자는 완벽한 통제권을 행사한다.

내 마음에 든 또 다른 신기술은 대만에서 발명한 치아로, 그것은 당신 입이 무엇을 하는지 관찰한다. 대만국립대학교에서 개발한 이 구강 활동 인식 장치는 당신이 언제 먹는지, 얼마나 먹는지, 얼마나 빨리 씹는지, 기침을 했는지, 그리고 심지어 당신이 얼마나 자주 말을 하는지 등을 감독할 수 있다. 이 인공 치아는 틀니에 삽입했을 때 가장 잘 작동하지만 앞으로 치아 하나만 이식하거나 더 나아가 치아에 덧씌울 수 있게 될 것이고(아마도 블루투스도 탑재하지 않을까) 의사에게 데이터를 전송할 것이다.

전자 치아가 콘택트렌즈와 같은 웨어러블 기기와 연결되면 카메라로 사람들이 무슨 약을 먹는지 식별할 수도 있을 것이다. 아니면 사람들이 무엇을 먹는지 보고 식단 조언을 할 수도 있다. 심지어 음식 포장의 사진을 찍어서 온라인 크라우드의 지혜를 동원해 요리법을 제안받을 수도 있을 것이다.

가상 기술 전문가와 가상 의료진도 등장할 것이다. 고객 보상 포인트

카드와 연결된 의료 카드는 각 개인에게 특화된 추천을 하거나 건강에 해로운 구매 행위에 경고를 보낼 수도 있다. 아마도 그런 아이디어의 실천 방안 중 하나는 신용도와 유사한 건강 별점일 것이다. 건강 점수가 높은 사람은 의료 보험비를 할인받고 최고로 인정받는 수술의에게 수술을 받을 기회나 최신 의약품을 제공받는 등 더 고급 의료보험 선택사항을 제공받을 것이다.

디지털 나

의학적으로 정확하게 구현된 디지털 쌍둥이는 어떨까?[4] 어떤 점에서 유용할까? 늘 듣는 소리지만 사람은 다 다르다. 그래서 지구에 있는 모든 사람의 생리학적 시뮬레이션이 가능하게 된다면 의료 서비스는 지금까지 와는 차원이 다르게 진행될 것이다.

우리 모두 실시간으로 개인별 건강 예측 정보를 받을 수 있게 된다. 그런 예측에는 예상 소멸(사망) 일자도 포함된다. 이런 정보는 식단, 운동, 생활방식에 따라 매일 달라질 것이다.

23앤드미닷컴23andme.com 같은 사이트에서 자신의 유전자 구성을 살펴보는 것도 유용하다. 미래에 어떤 병을 앓을지 예상할 수 있고 맞춤형 처방을 받을 수 있기 때문이다. 그러나 유전자가 모든 것을 알려주지는 않는다. 우리가 매일 어떻게 사는지를 고려하지 않고, 여러 질병이나 치료 방법 간 복잡한 상관관계를 고려하지 않기 때문이다.

디지털 쌍둥이가 있으면 활력 징후 등 의료 자료를 바탕으로 그 모형을 꾸준히 업데이트할 수 있고 가상 검사와 더 나아가 여러 치료 시나리오를 적용할 수 있다. 당신이 죽으면 당신의 디지털 쌍둥이를 가상으로 해부할 수도 있다.

이론상으로는 이런 신기술로 환자는 자기 행위의 결과에 더 신경 쓰고 의사는 개인에게 특화된 치료를 제공할 수 있다. 반면에 앞서 말했듯이 사람들에게 심기증을 유발할 수 있고 수많은 법적, 윤리적 문제도 제기한다. 예를 들어 누가 당신의 디지털 쌍둥이와 그 쌍둥이가 수집하는 데이터를 소유할 것인가? 매달 사용료를 내지 못해서 서비스가 중단되면 어떻게 되는가? 당신이 생명을 구할 수 있는 정보를 더 이상 얻지 못하게 될까? 그리고 사생활, 평등, 자율성은 어떻게 할 것인가?

아마도 더 큰 문제는 과연 환자가 인간의 경험 대신 기계의 조언을 신뢰할 것인가다. 미래를 고찰할 때 늘 반복되는 주제다. 우리는 이미 온갖 권위를 기계에게 넘기고 있다. 그러나 어떤 조건이 갖춰져야 인간이 자율적인 기계를 완벽하게 신뢰하게 될까? 그리고 그런 신뢰는 어떻게 증명될 수 있을까?

모바일의 위험성
—

윤리적 문제는 접어두고라도 화면만 뚫어져라 쳐다보는 것에는 다른 부작용도 있다.

미국, 영국, 호주 등 많은 나라에서는 사람들이 거의 움직이지 않고 가만히 앉아서 지내는 생활방식을 따르다 보니 신체 활동 수준이 지난 50년간 20퍼센트 줄어들었다.[5] 그리고 2030년에는 그보다 15퍼센트 더 떨어질 것으로 예측된다. 마찬가지로 화면을 통해 제공되는 오락거리가 지나치게 많아지고 신선한 공기와 햇빛을 접할 수 있는 실외에 아이들을 내보내는 것에 거부감이 크다 보니 오늘날 아이들은 부모 세대와 조부모 세대가 그 나이였을 때보다 허약하다.[6] 이런 것을 고려하면 꽤 오랫동안 수명 연장이 확고한 추세로 자리 잡았지만 그런 추세가 역전되는 것도 아주 불가능한 일은 아니다.

물론 이런 문제를 해결해줄 앱이 이미 나와 있다. 그러나 기기 자체가 직접 유발하는 문제는 어떻게 할 것인가?

스웨덴에서 1997~2003년에 뇌암 진단을 받은 1,200명의 모바일 기기와 무선 전화기 사용을 분석한 결과 10대부터 10년 동안 꾸준히 사용한 사람들의 뇌암 발생률이 4.9배 높다는 사실을 발견했다.[7] 10년 이상 무선 전화기를 사용한 경우에는 3.9배 높았다. 또한 무선 신호에 오랜 기간 노출되면 건강에 심각한 영향을 미칠 수 있다는 증거가 발견되고 있다.[8] 2015년 프랑스는 유치원에서 무선 인터넷 사용을 금지했고 초등학교에서의 사용도 제한했다. 보험회사 로이드loyd의 보험 업무 대행사인 CFC 언더라이팅CFC Underwriting은 영국 학교에 '전자기장, 전자 자기장 방사선, 전자기, 무선 전파 및 소음과 관련되거나 이런 것들로 유발된' 상해는 보상 대상에서 제외한다고 알렸다. 여기에는 모든 무선 인터넷, 스마트폰, 아이패드, 기타 모바일 기기가 포함된다. 암과의 연관성 때문에 카롤린스카 연구소Karolinska Institute의 올 요한슨Olle Johansson 같은 전문가는 그런 기기에서 방출하는 방사선에 대한 태도가 '패러다임 지각 변동'을 일으킬 것이라고 예측한다.

모바일폰은 아이들이 '끼고 다니는 새로운 장난감'으로 불리고 있다. 그런 위험을 심각하게 받아들이는 국가도 있다. 프랑스에서 12세 이하 어린이에게 모바일 기기를 판매하는 것은 불법이다. 초등학교에서 사용하는 것도 금지하고 있다. 영국, 이스라엘, 독일 등에서는 어린이의 사용을 제한하는 정도에 그치고 있다.

데브라 데이비스Devra Davis는 자신의 책 『단절Disconnect』에서 어린이는 방사선에 더 취약하다고 주장했다. 어린이의 해골은 어른의 해골보다 뼈가 더 얇고 어린이의 뇌는 여전히 발달 중이기 때문이다. 그렇다 보니 부모는 곤란한 입장에 놓이게 된다. 아무도 모바일폰이 어린이에게 암을 유발한다고 단언하지는 않지만 부모가 불안할 만큼의 증거가 모이고 있다.

이것은 모바일폰 사용이 성인에게는 어느 정도나 안전한가라는 문제도 낳는다. 현재 우리는 때와 장소를 가리지 않고 모바일폰을 사용하고 있기 때문이다. 방사선의 위험성이 무시해도 좋을 정도로 미미하다고 밝혀질 수도 있다. 일단 현재 사용되는 모바일폰이 예전보다 방사선을 더 잘 막을 수 있게 설계되었기 때문이다. 또한 예전만큼 전화기를 귀에 바싹 붙이고 사용하는 일이 드물기 때문이다. 그러나 자기 전에 핸드폰이나 아이패드로 독서를 하면 수면의 양과 질에 '매우 강력한 영향'을 미친다는 증거가 나오고 있다.[9]

수면은 어쩌다 새로운 섹스가 되었는가

—

10년 내지 20년 전에는 전자기기를 잠자리에 가지고 가는 이유는 단

하나였다. 요즘은 침대에서 책을 읽거나 컴퓨터 게임을 하는 일이 꽤 흔하다. 침실은 미디어룸이자 작업실로 바뀌고 있다. 언제 어디서나 연결되어 쉬지 않고 돌아가는 세계화된 세상의 상징이자 징후인 셈이다. 그러나 이것은 질 좋은 수면을 희생한 대가로 얻어진 것이다.

특히 알파 성향의 남성들 사이에서는 얼마나 잠을 조금 잤는지 혹은 얼마나 잠을 조금 자도 괜찮은지를 으스대며 자랑하는 경우가 많다. 어느 순간 잠자는 시간을 줄이는 것이 인간의 수명을 늘리는 대안적인 방법이라고 생각하는 사람도 나올 것이다. 아마도 잠자리에서 『스페인의 거지 Beggars in Spain』를 읽은 적이 있는 누군가일 것이다. 『스페인의 거지』는 공상 과학소설로 유전공학 기술의 발전으로 잠 없이 사는 것이 가능해진 세상을 배경으로 한다. 그러나 누군가 온디맨드로 깊은 수면을 유도할 수 있는 경두개 자기자극 기술을 발명하지 않는 이상 밤에 충분한 수면을 취하는 것은 매우 중요하다. 수면 부족이 만성적이 되면 민첩성, 주의력, 판단력, 문제 해결 능력, 창의력에 문제가 생긴다. 심지어 노화가 빨라지고 면역력에 문제를 일으키기도 한다.

수면은 회복 기능을 할 뿐 아니라 수면 시간은 우리가 사물을 이해하는 시간이기도 하다. '일단 잠을 자 봐sleep on it'라는 표현은 꽤 오래전부터 있었지만 사람들은 1953년이 되어서야 우리가 잘 때 뇌가 전원을 끄듯이 작동을 멈추는 게 아니라는 사실을 알게 되었다. 대신 우리 뇌는 정보를 처리하느라 바쁘다. 더 구체적으로 말하면 우리가 잘 때 뇌는 최근 경험을 기억으로 바꾸고 안정화한다. 우리 뇌는 늘 이런 작업을 하고 있지만 우리가 잠이 들어야만 정보를 적극적으로 거르고, 유용한 것과 그렇지 않은 것을 분류하고, 정보를 연결해 의미를 도출하고, 문제를 해결하고, 새로운 아이디어를 구상한다. 따라서 우리가 매일 밤 여섯 시간 이하로 수면을 취하면서 생존하려고 하면 기억 안정화와 학습 작업이 제대로 작동하지 못한다. 극단적인 경우에는 전혀 작동하지 않을 수도 있다.

스마트폰과 기타 모바일 기기를 침대 같은 장소에서 사용할 것인가는 다른 모든 것과 마찬가지로 상식의 문제다. 결혼생활이 위기에 빠질 수도 있고 건강 문제도 간과할 수 없다. 물론 모바일 기기를 과도하게 사용했을 때의 이야기다.

가족 주치의여, 안녕

디지털 상호작용으로 인해 손해를 보는 것은 부부관계만이 아니다.

의사의 진단서와 처방전은 곧 디지털 파일로만 존재하게 될지도 모른다. 이것은 몇 가지 측면에서는 좋은 소식이다. 예를 들어 의사의 악필은 잘못된 진단과 처방으로 이어질 수 있다. 이론적으로는 전자 진단서가 도입되면 환자와 의사가 세계 어디서나 의료 기록을 확인할 수 있다. 그런데 내 주치의는 나와 상담하면서 동시에 손으로 진단서를 작성할 수는 있어도 상담하면서 동시에 키보드를 칠 수는 없다고 주장한다. 용의자를 심문할 때 손으로 기록할 때는 용의자의 눈빛만 봐도 거짓인지 여부를 꿰뚫어볼 수 있지만 태블릿 PC에 기록할 때는 그럴 수가 없다고 내게 말한 경찰관을 상기시키는 대목이다. 그 경찰은 디지털 기기에 시선을 줄 때는 다른 용의자나 증인을 예리하게 관찰할 수 없다고 말한다.

앞으로 전자 처방은 확실히 도입될 것이며 이는 모바일 의료 서비스 및 원격 의료 서비스와 연계되어 널리 보급될 것이다. 다만 공통 표준과 플랫폼의 부재로 초기에는 잡음이 끊이지 않으리라고 짐작된다. 그런데도 나는 우리가 꾸깃꾸깃한 종이 처방전 대신에 모바일 기기에 QR 코드 처방전을 들고서 약국을 찾을 날이 그리 멀지 않았다고 확신한다.

일반적으로 모바일 의료 서비스 혹은 원격 의료 서비스에는 두 가지 유형이 있다. 첫째, 조본Jawbone 팔찌처럼 웨어러블 기기 장착자의 건강 상태를 관찰하는 것이다. 둘째, 센서나 다른 유형의 디지털 감시 장치로 의료진과 환자를 연결하는 것이다. 혼자 사는 사람이나 오지에 사는 사람에게는 후자가 더 잠재력이 크다.

2008년 미국의 한 연구에서는 미국에서 원격 가정 의료 프로그램에 등록한 만성 질병 환자가 간병을 받아야 하는 날이 25퍼센트 줄고 병원 입원 횟수가 19퍼센트 줄어서 1인당 의료 비용이 평균 1,600달러가 감소한 것으로 나타났다.[10] 기존 방식을 따랐을 때는 1인당 의료 비용이 1만 3,121달러였다.

1970년과 2009년 사이에 미국의 전체 의료 비용은 매년 약 9퍼센트씩 증가했다.[11] 미국은 다른 국가만큼 고령화의 진행 속도가 빠르지는 않지만 인구 고령화의 당연한 결과라고 생각할 것이다. 주목할 점은 2009년, 2010년, 2011년에는 평균 증가율이 4퍼센트도 채 안 되었다. 왜 그럴까? 경기 불황도 한 가지 요인이겠지만 하버드 대학교의 연구진은 구조적인 변화가 주된 원인이라고 보았다. 즉 구조적인 변화로 사람들이 병원을 덜 방문한다는 것이다. 그리고 여기가 바로 디지털 모니터링 및 진단과 연결되는 지점이다.

현대 의학의 종말

—

조금 더 있으면 의사를 찾아간다는 것은 인체에 삽입할 수 있는 센서보다 더 강력한 센서를 작동시킨다는 것을 의미하게 될 것이다. 예를 들어 스캔을 해서 질병을 감지하는 휴대용 3면 의료 기록 장치(〈스타트렉Star Trek〉에 늘 등장한다)를 사용해 진단하는 식이다.

수술은 출산을 제외하고는 침습 시술을 피하는 방향으로 변할 것이다. 그전에 로봇 수술이 상용화되고 인간의 감독을 받지 않는 자동화된 로봇 수술이 실시될 것이다. 실험실에서는 피부, 신장, 혈관, 방광, 그리고 심지어 기관지 같은 신체기관도 만들어낼 것이다. 그리고 결국 개인의 특성에 맞춰 지역 병원에서 3D 프린터로 출력해서 사용하게 될 것이다.

3D 프린팅은 현재 글래스고 대학교의 리 크로닌Lee Cronin을 비롯해 많은 이들의 상상력을 자극하고 있다. 리 크로닌은 디지털 청사진과 3D 프린터로 이부프로펜 같은 간단한 화학물질을 찍어냈다. 현재 이 3D 프린터는 화학자를 염두에 두고 만들었지만 안전성이 검증되지 않았거나 불법인 약물 제조를 막는 소프트웨어만 있다면 일반인에게 보급되지 못할 이유가 없다.

크로닌이 이끄는 연구진은 이부프로펜을 대량 생산할 수 있는 프로그램을 만들고 있다. 개발도상국에서 모바일폰으로 그런 물질을 손에 넣을 수 있도록 하는 것이 목표다. 이상한 말처럼 들리겠지만 약은 대부분 탄소, 수소, 산소의 조합으로 이루어져 있다. 거기에 약간의 액상과당, 글리세린, 파라핀만 더하면 된다.

맙소사, 우리 모두 다
살아남게 생겼어!

━

어떤 사람들은 이 작은 지구에 너무나 많은 사람들이 살고 있다고 걱정한다. 인간은 아주 오래전부터 토끼처럼 번식을 해왔고 논리적으로 따지면 한정된 자원을 소모하는 인구가 끝없이 늘어나면 위기가 닥칠 수밖에 없다.

이런 주장은 저 뒷산만큼이나 오랫동안 존재해왔다. 1970년대 로마클럽Club of Rome과 『성장의 한계The Limits of Growth』의 출간으로 거슬러 올라간다. 더 나아가 1800년대에 활동했던 정치경제학자 맬서스Malthus와 대규모 기아 사태라는 그의 멸망 시나리오로까지 올라갈 수도 있다. 그래도 인간이 너무 많다는 주장은 터무니없다.

지구의 인구가 70억 명이 넘는 이유는 인간이 토끼처럼 무분별하게 번식하기 때문이 아니다. 인간이 더 이상 하루살이처럼 죽어나가지 않기 때문이다. 지난 세기에 의료 분야는 눈부시게 발전했고 인간의 평균 수명은 거의 두 배로 늘었다. 내 생각에 이것은 저주가 아닌 축복이다.

인구가 늘어나면 자원과 관련해서 심각한 문제가 생기는 것은 사실이지만 열심히 보존하고, 가격을 적절히 매기고, 규제하고, 행동을 교정하면 필요한 자원은 충분히 확보할 수 있다. 또한 대체 자원을 찾을 수도 있다. 무엇보다 인류의 뛰어난 상상력이 문제를 해결할 열쇠다. 그래서 인류가 살아남은 것이고 인구가 늘어나면 더 많은 문제를 해결하고 무언가를 발명할 머릿수도 늘어난다.

나는 우리가 식량, 물, 에너지, 기후 변화 등 인류가 직면한 문제를 발명이나 발견을 통해 해결할 수 있으리라고 믿는다. 많은 경우에 최후의 순간에서야 가능할 수도 있다. 우리는 곧 일련의 발명품이 한꺼번에 등장하는 것을 목격할 것이다. 특히 에너지와 농업 분야에서 획기적인 발명들이 나올 것이다. 의료 분야의 경우 여러 흔한 질병의 치료법이 개발되고 인간의 수명은 연장될 것이다. 다만 그런 발전의 혜택이 모두에게 공평하게 돌아갈 것인지는 여전히 불투명하다.

의학 그 자체의 미래는 전반적으로 예후가 좋다. 다만 우리는 기술을 만병통치약으로 여기면서 기술에 맹목적으로 기대지 않도록 주의해야 한다. 〈영국 의학 저널〉의 한 논평은 기술 공급이 수요를 낳고 있다고 지적했다.[12] 기술이 더 많이 개발될수록 우리는 그런 기술에 더 의존할 것이다. 이미 지극히 정상적인 상태에 과잉진단과 과잉치료가 이루어지는 문제가 발생하고 있다.

의료 분야에서 증가한 비용의 약 50퍼센트는 첨단기술 탓이라고 여겨지고 있다. 인구 고령화, 물가 상승, 수요 증가라는 요인보다 훨씬 더 큰 영향을 미치고 있다. 첨단기술의 지나친 도입도 치명적인 문제다. '새로운 아이디어는 언제나 기존 아이디어보다 낫다'라거나 '복잡한 최신 의료 기술이 언제나 간단한 치료법보다 낫다'는 환상과 함께 최첨단 치료법을 과도하게 적용하는 결과를 낳는다.

딱 적당한 양의 냉소주의
—

또한 눈부시게 발전한 미래 의료 기술의 혜택을 모두가 동등하게 누리지 못했을 때 벌어질 일이 매우 걱정된다. 무어의 법칙의 창시자 고든 무어Gordon Moore는 우리가 현재 교육 기회에 따라 양분된 사회에 살고 있다고 지적했다. 의료 혜택의 차이로 두 사회 간 격차가 더 벌어지면 어떻게 될까? 부유층이 빈곤층은 받지 못하는 치료를 받는다면? 이미 벌어지고 있는 일이지만 사회가 고령화되고 의료 서비스에 대한 의존도가 더 높아지면 치료비를 부담할 경제적 여유가 있는지의 여부가 더 중요해질 것이라고 본다. 이를테면 현재 3,500만 명이 알츠하이머병을 앓고 있다. 그리고 노인 환자의 돌봄 비용은 비싸다. 미국에서는 메디케어 자금의 25퍼센트가 임종까지 365일도 남지 않은 환자의 돌봄 서비스에 지불된다.

2015년이 되면 알츠하이머 환자 수가 세 배로 증가할 것으로 전망된다. 어떤 비평가들은 전 세계 알츠하이머 환자 수가 무려 1억 1,400만 명에 이를 것이라고 예측하기도 한다. 주된 원인은 고령화 추세다. 이런 전망도 우려스럽지만 더 무서운 것은 알츠하이머가 2형 당뇨병의 말기 증상이라는 점이다. 현재 2억 7,000만 명이 2형 당뇨병을 앓고 있다. 2형 당뇨병은 대개 식이습관과 생활방식의 개선으로 바꿀 수 있으므로 부디 이런 문제가 해결되길 바란다. 특히 새로운 추적 기록 기술과 게임화 기술이 발달했으니 가능하리라고 본다.

앞에서 언급했듯이 사회 불평등의 심화는 면역 체계의 약화로 인한 노화 속도의 증가로 이어지기도 한다. 어떤 측면에서는 오래되어 낡은 옛 신체 부위를 고치는 방법을 연구하는 재생의학은 아주 멋진 아이디어다. 그러나 극단적으로 나아가면 문제를 일으킬 것이다. 아직까지는 현재의 최고 수명 연한인 120세 넘게 인체의 수명을 늘리는 데 성공한 이는 아무도 없다. 그런데 인간이 그 수명 연한을 넘어선다면, 그리고 출산율이 계속 떨어진다면 우리는 돌봄을 담당할 젊은이들은 적은데 노인은 차고 넘치는 사회를 물려받게 될 것이다. 그런 사회에서는 아마도 로봇 공학, 이를 테면 외골격(인체에 둘러씌운 기계 해골)이 노인들이 계속 자유롭게 움직이면서 자립할 수 있도록 도울 것이다. 그러나 다시 한 번 묻지만 누가 그 비용을 지불할 것인가? 구글일까?

현재 구글이 무엇을 찾고 있는지는 확실치 않다. 그러나 최근 구글이 인수한 기업들의 면면에 비추어 볼 때 앞으로 미래가 어떤 식으로 전개될지 매우 기대된다. 몇 년 전 구글은 칼리코Calico라는 생명공학 분야 스타트업을 인수해서 수명 연장 산업에 뛰어들었다. 구글은 2010년 이후 거의 매주 기업을 하나씩 사들이고 있다. 대개 검색엔진, 자동화 기기, 로봇 공학, 인공지능 같은 분야의 기업이다. 2013년 한 해 동안 구글은 여덟 개의 로봇 공학 분야 스타트업을 인수했다. 구글은 이런 기업들을 사면서 그런 스타트업을 움직이는 머리를 사는 건지도 모른다. 아니면 구글 덕분에 우리는 이런 기술들을 공짜로 이용하게 될 수도 있다. 다만 실제로는 공짜가 아닐 것이다. 구글이 우리를 안팎으로 속속들이 알게 내버려두는 것이 그런 기술을 사용하는 대가가 될지도 모른다.

소프트웨어 오류로서의 죽음
—

그런데 그런 멋진 아이디어는 운명과는 어떻게 연결되는가?

첫째, 죽음 자체를 없앨 수도 있다. 첨단기술이 많이 배출되는 지역에 사는 사람들에게는 눈에 띄는 특징이 몇 가지 있다. 주로 경제적으로 성공한 남성이고 죽음 문제라고 불리는 것들을 피하려고 애쓴다는 점이다.[13] 예를 들어 페이팔의 공동 설립자인 피터 틸Peter Thiel은 죽음에 대해 "기본적으로 저는 반대합니다"라고 말한다. 개인적으로 나는 죽음은 아주 좋은 것이라고 생각한다. 죽음에도 장점이 있다. 죽음이 있어야 세대가 교체되고 부가 세습되며 지루하지 않다. 생명이 무한하다면 삶은 의미가 없어진다.

그러나 많은 디지털 몽상가들에게 이런 논리는 통하지 않는 듯하다. 죽음을 영원히 퇴출하고자 하는 열망은 극단적인 투명성의 도입과 규제 틀의 전면적인 배제를 선호하도록 부추긴 바로 그 철학에서 나온 것이다. 완벽한 투명성을 도입하고 규제 틀을 전면적으로 배제하고 싶다면 다른 모든 국가의 법적 관할권에서 벗어난 떠다니는 국가를 건설하면 된다. 앤드루 킨은 이를 "현실 세계에서 분리 독립하는 환상"이라고 부른다.

마찬가지로 죽음을 영원히 퇴출하고 싶은 사람이 바라는 미래는 지불할 능력만 된다면 절대 죽는 일이 생기지 않을 정도로 생명을 연장하는 세상일 것이다. 오브리 드 그레이Aubrey de Grey는 노인학 연구로 이를 실현할 수 있다고 말한다. 피터 틸도 이 연구에 자금을 지원하고 있다. 드 그레이 교수에 따르면 아주 성숙한 나이인 천 살까지 살 최초의 인간이 이미 태어났을 수도 있다. 물론 그렇지 않을 수도 있다.

결국 우리는 죽는 것을 선택할 것이라고 나는 생각한다. 반면 우리가 죽는 편을 선택하지 않는다면 아마도 아이를 갖지 않는 선택을 할 것이라고 봐야 한다. 인구 밀집과 자원 고갈 문제를 어떤 식으로든 해결해야 할 것이기 때문이다.

상 자 속 뇌

—

그런데 실리콘 몽상가들의 공상은 이것보다 훨씬 더 멀리 확장된다. 그들은 죽음을 해결해서 불멸을 성취할 뿐 아니라 세상에서 가장 어려운 암호를 풀 기회를 얻고자 한다. 바로 인간의 무의식이라는 암호다.

이 문제를 제대로 이해하려면 다음을 알아야 한다. 우리는 현재 인간의 의식을 설명하지 못하고 있다. 그러니 인체 밖에서 의식을 재현하는 것은 아주 먼 훗날에나 고려할 일이다. 어떤 과학자는 의식이 데이터를 한데 모으는 행위라고 생각한다. 그런데 데이터가 서로 연결되면 발동이 걸리고 단순히 부분들의 총합 이상인 다른 무언가가 된다고 설명한다.

현재 인간의 의식(성찰하고 자신의 사고와 실존 조건에 대해 심사숙고하는 능력)은 인간이 기계와 구별되는 점 중 하나다. 직관도 그렇지만 의식도 컴퓨터로 처리할 수 없다. 그런데 의식이 반드시 생화학적 신경연결망 속에 있어야만 작동하는 것은 아닐지도 모른다(신이나 외계인 이야기를 다시 한번 해볼까?).

추측하건대 의식은 모든 동식물이 지닌 자각의 스펙트럼일 것이다. 그러나 무생물인 물질이 의식을 가지는 것이 가능한지, 그리고 일정 수준의 자의식을 기계에 더할 수 있는지는 알 수 없다. 다만 어떤 인간의 뇌는 창조자가 되고 싶은 열망이 너무나 큰 나머지 후자를 시도하고 있다.

제네바의 인간 뇌 프로젝트Human Brain Project는 유럽연합의 납세자가 낸 세금 중 10억 유로를 지원받아 슈퍼컴퓨터 깊은 곳에 실리콘으로 만든 뇌의 복제품을 설치하는 작업이다. 아직 진전은 별로 없는데, 아마도 인간이 느끼는 방식이 아닌 인간이 생각하는 방식에만 초점을 맞추기 때문일 것이다.

데미스 허사비스Demix Hassabis는 딥마인드DeepMind의 설립자로 구글이 2014년에 4억 달러에 이 회사를 인수했다.[14] 허사비스도 앞서 살펴본 것과 유사한 프로젝트를 진행하고 있는데 바로 기계를 '똑똑하게' 만드는 인공지능 시스템과 범용 학습 알고리즘을 개발하는 작업이다. 내가 아는 한 딥마인드의 목표는 인간의 의식을 재현하는 것이 아니다. 인간의 뇌를 여러 방식으로 복제하는 것을 시도하고 있다. 이를 통해 질병 등 전 세계가 당면한 문제를 해결하고 싶어 한다.

허사비스는 원래 천재 체스 선수였는데 은퇴하고 컴퓨터 게임 설계자 및 신경과학자가 되었고 뇌에서 기억, 탐색, 미래를 예측하는 역할을 담당하는 부위를 연구했다. 그는 물론 엄청나게 똑똑하기도 하지만 진심으로 세상을 더 나은 곳으로 만들고 싶다는 생각에서 연구를 하는 것 같다. 다만 논리와 효율에 천착한 나머지 인간의 의식과 창조성을 잠재적인 소프트웨어 프로그램 정도로 여기는 것 같다. 그는 "분명 인간에게만 고유한 독특한 면이 있을 수도 있다. 그러나 지능에 있어서는 그렇지 않은 것 같다"라고 말한다. 요컨대 그가 보기에 인간의 정신은 컴퓨터인 것이다.

피터 틸과 일론 머스크Elon Musk는 딥마인드의 인공지능 기술에 투자했다. 그리고 허사비스는 인공지능 기술은 "그 자체로 중립적"이라고 말한다. 그것도 사실이지만 나는 어떤 기술이든 인간(즉 우리)과 접촉하면 반드시 다른 무언가가 된다고 생각한다. 오해는 마시라. 나는 허사비스가 좋은 사람이 아니라고 말하는 것이 아니다. 다만 네 살부터 체스를 두었고 체스 경기에서 대부분 어른을 상대한 사람은 인간의 실존 조건에서 무언가를 놓쳤을 수도 있다는 말을 하려는 것이다. 이런 점은 허사비스가 한 말에서도 드러난다. 그는 먹는 일은 외식이 아니라면 시간 낭비이며 차라리 튜브에 담긴 페이스트를 먹을 수 있으면 좋겠다고 말했다. "더 효율적인 게 있으면 더 좋고요."(또 그 단어가 나왔다.)

확실히 허사비스는 레이저와도 같은 놀라운 집중력을 지녔다. 실리콘밸리의 많은 사람들처럼 그는 사명감에 취해 있다. 그러나 나는 그의 주요 관심사가 인간성이 아니라 효율성은 아닌지 우려된다. 효율성은 매우 차갑고 계산적인 느낌을 준다. 나는 '실효성'이라는 표현을 선호한다. 나의 이런 선호는 매우 비논리적인 것이기는 하다. '효율성'이라는 말을 들으면 영국 노퍽의 한 초등학교 선생님에 대한 기사가 생각난다. 선생님은 교실의 커튼을 전부 닫고서 수업을 했다. 아이들이 밖에 내리는 눈을 보면 산만해질까 봐 그런 것이었다.[15] 시인 W.H. 데이비스W. H. Davis는 다음과 같이 적었다.

이 삶이 무슨 소용인가 걱정하느라
잠시 멈춰 서서 바라볼 시간이 없다면

기계를 가르쳐 체스 같은 논리 문제를 처리하게 하는 일은 비교적 쉬워 보인다. 로봇에게 쿵후를 가르치는 것도 수학 문제를 가르치는 것과 크게 다르지 않을 것이다. 그러나 기계에게 천천히 내리는 눈이나 웰시 언덕의 바람에 대해 생각하게 하고, 시를 읽고 감동하게 만들기는 어렵다.

인간은 언제나 적응한다. 실제로 적응이야말로 인간이라는 종이 가장 잘하는 것이다. 수전 그린필드가 지적한 대로 우리는 다른 종에 비해 더 많은 환경적 틈새를 찾아낸다. 인간은 빙하기, 전염병, 혁명, 전쟁, 패리스 힐튼에도 살아남았다. 인간은 또한 변화에 직면할 때마다 신체와 도구를 증강했다. 옷, 안경, 총, 그리고 보안 비슷한 것을 창조했다. 앞으로 인간의 생존 여부는 이 모든 것을 계속하면서도 더 많은 것을 해내는지에 달려 있다.

또한 인간의 진화가 끝났다고 넘겨짚어선 안 된다. 인간의 진화는 결코 완성되지 않았다. 인간은 앞으로도 계속 진화할 것이다. 그것도 아마도 생체전자공학bio-electronics을 통해 기계와 융합하는 식으로 진행될 것이다. 일리노이 대학교 재료공학과 교수인 존 로저스John Rogers는 "아주 조금씩, 인간의 세포와 조직은 업그레이드가 필요한 또 다른 하드웨어 브랜드가 되고 있다"라고 말한다.[16]

우리 뇌를 상자 속에 넣어 디지털 불멸성을 획득하면 실제로 무언가를 먹어야 할 필요도 없어지고, 다른 인간과 직접 대면하거나 신체를 거쳐야 하는 어색하고 불편한 과정도 사라질 것이다. 떠다니는 디지털 마음은 정부의 통제를 훌쩍 뛰어넘고 머나먼 우주를 향해 마음껏 날아갈 수 있을 것이다. 그리고 영원히 그곳에 머물면서 새로운 페이스북을 발명할 수 있을 것이다. 충분히 오랜 시간이 지나면 이것은 분명 실재하는 진짜 위험이 될 것이다. 따라서 우리는 인간으로서 우리가 어디를 향해 가는지, 그리고 그것이 우리가 가고 싶은 길인지 지금 당장 진지하게 고민해야 한다.

지극히 현대적인 병[17]

—

이 장을 마무리하기 전에 내가 새로운 전염병이라고 판단하는 것에 대해 간략하게 논하고자 한다. 인구 구성, 기술, 문화 등 이 전염병을 유발하는 요인은 많다. 이 전염병을 해결하기 위해서 기술이 개입하겠지만 나는 사람들을 활용하는 것이 더 적절하리라고 본다.

의료 서비스 분야에 대해 내가 우려하는 점은 우리가 인간의 손길을 더 이상 고려하지도 않는 위험한 길에 들어섰을지도 모른다는 사실이다. 그러나 이것은 내가 말하는 전염병이 아니다.

영국의 국가보건서비스The National Health Service는 불안증의 치명적인 증상을 완화하는 약에 대한 수요 증가로 최근 1년간 진정제 처방전 700만 건의 비용을 지불했다. 단 5년 만에 불안 증세를 치료하기 위해 통근 치료를 받는 환자의 수는 네 배로 증가했다. 부유한 국가에서 벌어지는 매우 비극적인 상황이다.

임상심리학자 린다 블레어Linda Blair는 기술이 경제에 대한 염려를 증폭하고 있다고 말한다. 기술의 발달로 사람들이 끊임없이 경계 태세에 있기 때문이다. 특히 디지털 미디어로 인해 우리는 테러와 자동화부터 코앞에 닥친 경제 붕괴에 이르기까지 쉼 없이 전개되는 위험에 언제나 노출되어 있다.

더 나아가 새로운 기술은 우리가 휴가와 휴식의 세계로 도피하도록 돕기보다는 1960년대에 대다수가 예상한 대로 그 반대의 결과를 낳았다. 여유로운 부자라는 관념은 완전히 뒤집어졌다. 지금은 어느 정도 부유한 사람이라면 시도 때도 없이 일하는 게 일반적이다. 오늘날 휴가를 너무 자주, 오래 가는 것은 게으름과 실업을 상징한다. 임금이 높으면 휴가의 기회비용도 높아진다는 대체 효과 때문에 나타나는 현상이기도 하다.

디지털 커뮤니케이션 기술은 전원을 끌 기회를 빼앗아갔다. 언제나 대기하고, 눈을 뜨는 순간부터 잠들 때까지 쉬지 않고 메시지를 보내고 있으면 긴장을 풀거나 전원을 끌 수 없게 된다. 그리고 다음에 무슨 일이 일어날지 늘 걱정하는 만성적인 불안에 사로잡힌다. 우리가 성취해야 할 것들의 이미지가 계속 쏟아져 들어오면 만성적인 저강도 피로에 시달리게 된다. 우리는 우리 삶의 통제권을 잃을까 늘 두려워한다. 무엇보다 어느 날 문득 잠에서 깨었을 때 한때 우리가 꿈꿨던 이상적인 삶이 결코 실현되지 않으리라는 것을 깨닫고 나면 그 두려움은 더 커진다.

우리는 또한 진짜든 상상의 산물이든 고난에 더 취약해진 듯하다. 그리고 그런 걱정에 무너지지 않고 견뎌내기 위해 기댈 수 있는 뭔가를 필요로 하는 것처럼 보인다. 그래서 술, 음식, 기분 전환용 마약으로 억지로 긴장을 풀거나 긴장이 풀어지는 것을 억제한다.

사회학자인 프랭크 푸레디Frank Furedi는 이와는 대조적인 관점을 취한다. 그는 현대 문화가 불안을 조장하면서, 불안을 느끼는 사람들에게 그 불안을 훈장처럼 여기도록 부추긴다고 말한다. 그래서 상류층의 디너파티에서는 불안에 대해 대화하는 것이 유행이 되었다. 불안해하지 않는 사람이 이상한 사람이다. 아이들조차 '일상을 의학의 영역'으로 삼고 불안의 어휘를 배운다.

불안은 현대 문제로 1980년에서야 불안에 대한 의학적 정의가 내려졌다. 그해에 『정신 장애 진단 및 통계 편람Diagnostic and Statistical Manual of Mental Disorders, DSM』의 편저자들은 일반적으로 2퍼센트에서 4퍼센트 정도의 인구가 불안과 관련된 증상을 앓고 있다고 적었다.[18] 그로부터 30년이 지나 '미국인의 정신 상태America's State of Mind'라는 미국의 한 보고서는 이 수치가 증가해서 현재 여섯 명당 한 명꼴로 불안과 관련된 증상을 앓고 있다고 했다. 더 최근에 실시한 연구는 심각한 불안증이나 정서 불안을 겪는 사람이 전체 인구의 20퍼센트를 차지한다고 주장한다.

한편에서는 이런 현상이 제약업계가 자신들만이 해결할 수 있는, 실제로는 존재하지 않는 문제를 만들어낸 결과라고 설명한다. 다른 한편으로는 미국 같은 국가에서는 불안을 느끼는 사람들이 보험회사에 치료비를 청구하고 받아내려면 이런 상태를 질병으로 진단받아야만 하기 때문이라고 설명하기도 한다.

여러 면에서 불안은 지극히 정상적인 증상이다. 과거 17세기와 18세기에는 불안(당시에는 '신경쇠약'이라고 불렀다[19])은 상류층의 예민한 감성의 상징으로 여겨졌다. 그래서 시인이 불안에 시달리는 것은 당연하다고 생각했다. 반면에 석탄 광부는 그렇지 않았다. 심각한 불안증과 높은 창의성 간에는 물론 상관관계가 있다. 어떤 사람들은 일정 수준의 불안을 느끼는 것은 바람직하다고 생각하기도 한다. 사람들이 다른 사람의 필요에 더 민감하다는 의미이기 때문이다.

다만 사람들은 흔히 불안이 우울증과 같은 것이라고 생각하는데 사실은 그렇지 않다. 그리고 우리는 이 둘이 다르다는 것을 확실하게 알고 있어야 한다. 불안은 보통 걱정과 관련이 있다. 우울은 관심과 즐거움의 상실과 관련이 있다. 다만 둘 다 착 가라앉은 기분, 그리고 무엇보다 고독과 관련이 있다. 또한 어떤 식으로든 불확실성에 의해 유발될 수 있다.

불안이 어떤 형태를 띠든지 부와 관련이 있다. 다만 흔히 생각하는 그런 식으로는 아니다. 이를테면 2002년에 세계보건기구가 실시한 연구에 따르면 한 해 동안 미국 국민의 18.2퍼센트가 불안을 느꼈다고 말했지만 멕시코에서는 이 숫자가 반으로 줄어든다. 패턴은 반복된다. 가난한 국가일수록 불안을 경험했다고 답하는 비율이 낮아진다.

2002년 나이지리아에서는 전체 인구의 거의 85퍼센트가 하루에 2달러 미만으로 생활했다. 나이지리아에서 불안을 느낀다고 답한 비율은 3.3퍼센트에 불과했다. 이런 결과만 보면 불안증이 부, 자유, 안전이 내린 저주일 수도 있다. 달리 말해 사람들은 걱정거리가 전혀 없을 때 오히려 사서 걱정하는 것이다. 그런데 심리학자 비크람 파텔Vikram Patel 같은 비평가들은 불안의 수준은 전 세계적으로 차이가 없다고 말하면서 이런 주장에 반론을 제기한다. 어쨌거나 감당할 수 없는 세상 혹은 통제를 잃은 세상과 불안 간에는 분명 상관관계가 있다는 것이 내 생각이다.

세상을 멈춰줘, 나 내리고 싶어
—

내가 깜빡하고 빠뜨린 작은 일화가 있다. 원래는 이 이야기로 이 책을 시작할 생각이었다. 전직 왕립해군 기술자이며 은퇴한 미술교사인 서식스 출신의 여든아홉 살 앤의 이야기다.[20] 앤은 열성적인 환경보호주의자로, 2014년에 죽기로 결심했다. 컴퓨터가 인간관계에서 인간성을 완전히 제거해버렸다고 느꼈기 때문이다.

앤은 사람들이 전자기기에 중독된 '로봇'이 되었다고 생각했다. 왜 그토록 많은 사람들이 그 오랜 시간을 화면 앞에서 보내는지 이해할 수가 없었다. 그녀의 말에 따르면 이렇다. "사람은 적응하거나 죽거나 합니다. 내 나이에 적응할 수는 없을 것 같아요. 새 시대는 내가 자라면서 이해하게 된 세상이 아니에요. 모든 것이 조금씩 무너져내리는 것처럼 보여요."

불안과 마찬가지로 자살도 전염병처럼 확산되고 있다. 자해는 선진국에서 15~49세 인구의 주요 사망 원인이다.[21] 심장병이나 암보다 순위가 높다. 2010년, 자해로 죽은 사람은 전쟁, 살인, 자연재해로 죽은 사람보다 더 많다. 미국의 중년 인구 사이에서는 21세기의 첫 10년간 그 빈도가 30 퍼센트 증가했다.

세계보건기구에 따르면 자살률은 제2차 세계대전 이후 60퍼센트 증가했다. 이런 현상을 간단하게 설명할 방법은 없다. 경제적, 사회적, 문화적 요인이 복합적으로 작용했을 것이다. 그러나 내가 앞서 말한 새로운 병은 전염병처럼 퍼지고 있는 이 자해가 아니다.

앞에서 언급했듯이 여러 해 전에 시어도어 젤딘은 내게 고독이야말로 21세기 인류가 직면할 가장 크고도 유일한 문제일 것이라고 말했다. 나도 그 말에 동의한다.

잊 히 긴 했 지 만 사 라 지 진 않 았 다

—

불안을 느끼는 것이 때로는 정상이라면 고독은 어떤가? 이 질문에 대한 답은 당신이 인간이 사회적 동물이라고 생각하는지, 아니면 사회가 인간에게 강요된다고 생각하는지에 따라 달라질 것이다. 역사적으로 사회성은 당연한 것으로 여겨졌다. 그런데 다른 대안이 없기 때문이었는지도 모른다. 지금은 상황이 달라졌다. 인구 구조의 변화 때문이든 기술 발전 때문이든 어쨌거나 혼자 지내기가 비교적 쉽다.

출산율 감소, 세대 구성원 수 감소, 직계 가족 및 친척의 감소로 미래에는 더 많은 사람들이 혼자 살게 될 것이다. 특히 노인은 가족이 있는 경우에도 홀로 사는 기간이 늘어날 것이다. 가족과 물리적으로 교류를 지속하기가 어려워지기도 했고 가족이 관계를 끊는 경우도 있다. 직장 또한 점차 분열되고 있다. 집에서 재택근무를 하거나 회사에 출근하지 않고 다른 곳에서 일하는 사람이 늘고 있다. 이것은 사람들이 직장동료와 의미 있는 교류를 할 기회가 줄어든다는 것을 의미한다. 그리고 미래의 의료 서비스와 노인 돌봄 서비스는 앞서 다루었듯이 다른 인간과의 접촉을 줄이는 방향으로 이동하는 것처럼 보인다.

여기서 우리가 고려해야 할 문제는 다음과 같이 정리할 수 있다. 인간이 다른 사람과 함께 있어야만 행복하고 건강한 삶을 살 수 있는가? 이것은 이 책에서 묻는 핵심 질문이기도 하다. 인간은 어느 정도까지 서로 물리적으로 연결되어 있어야 하는가? 어떤 사람들은 다른 사람과의 물리적인 교류는 필수이며, 타협의 여지가 없다고 말한다. 사회성은 인간의 본성이며 인간의 본성은 사람에 따라 달라지는 것이 아니라고 주장한다. 나는 잘 모르겠다. 인간 본성은 오랜 세월 동안 고정되어 있었다. 그러나 외부 환경의 변화, 특히 기술의 변화로 인해 인간의 본성도 변했을 수 있다. 그래도 그런 내 생각이 틀렸으면 좋겠다.

새 디너 프린터의 주인에게

음식의 미래에 오신 것을 환영합니다! 무선 충전 접시와 정해진 거리 내에 이 프린터를 놓기만 하세요. 그러면 20만 가지가 넘는 디지털로 출력된 저녁 메뉴가 펼쳐집니다. 디너 프린터에는 다채로운 음식 잉크가 45개나 채워져 있고 지금 당장 다운로드할 수 있는 레시피가 900가지나 제공됩니다. 또한 디너프린터닷푸드WWW.DINNERPRINTER.FOOD의 디너 프린터 상점에서 수천 개가 넘는 레시피 중에서 마음에 드는 것을 주문하실 수도 있습니다.

식사는 대부분 60초면 출력됩니다. 자사가 제공하는 홈메이커 부엌도구 프린터를 함께 사용해 자신이 원하는 접시와 식기를 출력하면 장 보러 집 밖을 나설 일이 없습니다. 부엌 쓰레기 처리를 위해 리버스 프린터를 더하면 설거지할 일도 사라집니다. 장난꾸러기 아이들이 기구에 손을 집어넣지 않도록 조심하기만 하면 됩니다! 농담이고요. 아이들에게도 안전합니다.

6

자동차와
이동 수단

Automotive and Transport

자율주행 자동차는
결국 우리를 어디로
데려갈 것인가?

논리를 적용하면 A에서 B로 갈 수 있다.
상상을 하면 어디든 갈 수 있다.

알베르트 아인슈타인 Albert Einstein **(추정)**

서서히 진행되는 인구 고령화는 앞으로 그 사람들이 어떻게 돌아다닐 수 있을까라는 걱정을 낳는다. 현실 세계에서 물리적인 상호작용에 참여하고 외로움을 느끼고 싶지 않다면 더더욱 돌아다닐 필요가 있다. 외골격 장치가 하나의 답이 될 수 있을 것이다. 자율운행 개인 이동 캡슐도 가능하다.

구글의 자율운행 자동차는 290만 킬로미터를 달리는 동안 경미한 사고를 열네 번 내는 데 그쳤다. 그 사고들도 모두 인간에게 잘못이 있었다. 운전자가 없는 자동차가 문제에 부딪힌 듯하다. 바로 규칙을 지키지 않는 인간이다.

나는 인간의 입장이 이해가 된다. 나는 구형 자동차를 좋아하고, 클래식 카에 거의 미칠 뻔한 적도 있다. 가상현실의 아바타 아이처럼 자동차는 아주 원초적인 감정에 호소하도록 설계하기도 한다. 1970년대에 철판을 이리저리 구부려 만든 것이 어떻게 이토록 가슴을 설레게 하는지를 이성적으로 설명할 길은 없다. 프로이트의 이론이 적용되는 경우인지도 모르겠다. 엄마 문제일 수도, 자궁을 연상시키는 곡선 형태가 문제일 수도 있다. 그러나 더 그럴듯한 이유는 자동차 디자이너가 컴퓨터의 보조를 받지 않던 시대에 설계된 차이기 때문일 것이다. 컴퓨터를 이용한 디자인은, 니컬러스 카에 따르면 "성찰적이고 탐색적인 놀이 감각을 대체로 건너뛴다." 요즘 자동차는 더 안전하고 어떤 면에서는 더 효율적이다. 그러나 대부분 영혼이 담겨 있지 않다. 섹시한 1966년 람보르기니 미우라(스물두 살짜리 디자이너가 컴퓨터의 도움 없이 설계했다)나 혼을 쏙 빼놓는 1973년 페라리 데이토나(7일 만에 종이 위에 설계도를 그렸다)를 현대에 만들어진 동종 자동차와 비교해 보라(다이노 246 GT에 대해서는 할 말이 많지만 아예 시작하지 않는 편이 나을 것이다).

요즘 자동차는 다른 면으로도 짜증을 유발한다. 포드의 디자이너 프리먼 토머스Freeman Thomas는 첨단기술이 운전 경험을 망치고 있다고 말한다. 나도 동의한다. 내 친구 데이비드는 1958년산 알파 로메오 줄리에타를 몰지만 현대적인 포르셰 911도 소유하고 있다. 그는 최고 속도로 달리는 포르셰를 운전하는 것보다 시속 60킬로미터로 달리는 알파를 운전하는 것이 더 즐겁다고 말한다.

빠른 속도가 반드시 진보를 의미하지는 않는다는 것을 더 극명하게 보여주는 예도 있다. 내가 신형 랜드로버의 보조 전자키를 잃어버렸을 때의 일이다. 결국 열쇠는 찾았지만, 처음에는 판매사원을 찾아갔다. 그런데 판매사원은 새 전자키를 받으려면 110파운드(세금 별도)를 내야 하고 그 전자키에 프로그램을 다운받으려면 60파운드를 추가로 내야 한다고 말했다. 이런 전자키는 아마도 중간 단계 기술에 해당하지 않을까? 그런데 쇠열쇠보다 더 나은 점이 없다. 쇠열쇠는 고장 나는 일도 거의 없고 거의 공짜에 가까운 가격에 복사본을 마련할 수도 있다. 그런데 또 잃어버리면 핸드폰, 태블릿, 노트북으로 위치 추적을 할 수 있는 최첨단 아이키 i-key만 못하다.

한번은 랜드로버가 고장이 나는 바람에 며칠 동안 서비스센터에서 대여해준 차를 탄 적이 있다. 차를 받아서 처음 운전하던 날 15분 동안 운전석에 앉아 차 시동을 어떻게 걸어야 하는지 고민하느라 짜증 나는 시간을 보냈다. 문제는 내 랜드로버와는 달리 그 차에는 전자키를 꽂는 구멍이 없었다. 알고 보니 열쇠가 차 안에 있는 것만으로 충분했다. 다만 기어를 주차에 둔 상태에서 브레이크 페달도 밟고 있어야 시동이 걸렸다.

이보다 더 좋은 예에는 스바루가 등장하는데, 어떻게 복잡성이 우둔함의 동의어가 되는지를 보여준다. 아내의 친구가 얼마 전 아이를 학교에 데려다주고 집에 돌아올 때였다. 잠깐 어딘가에 들러 차 한잔을 마셔야 할 일이 있어 차를 멈춰야 했고 시동이 꺼졌다. 그런데 차에 열쇠가 없다는 사실을 몰랐다. 그 차는 열쇠가 차 안에 없어도 차 가까이에만 있으면 시동이 걸린다. 그래서 열쇠를 들고 타지 않았는데도 차를 몰고 나갈 수 있었던 것이다. 그런데 그 상태에서 차의 시동을 끄면 안 된다. 열쇠가 근처에 없으니 다시 시동을 걸 방법이 없기 때문이다. 자동차 업계가 제정신인 걸까? 예전에는 어떤 차든 시동이 꺼져도 다시 시동을 걸 수 있었다. 지금은 자동차 시동이 걸리지 않으면 절망에 빠진다.

길은 여기서 끝인가요?

—

전 세계의 도로 위를 누비는 자동차의 수는 가까운 미래에 두 배로 늘어날 전망이다. 이는 천연자원과 기후 변화, 그리고 인간의 안전에 심각한 영향을 미칠 것이다.

전 세계에서 자동차 사고로 인한 사망자 수는 매달 평균 10만 8,000명에 달한다. 이 숫자는 2020년이 되면 15만 명으로 늘어날 것으로 추정된다. 자동차 사고의 90퍼센트는 기계 고장보다는 인간의 잘못으로 발생했다. 인구가 고령화되면 이런 추세가 더 강화될 것이다.

이를테면 미국의 한 연구는 미국 전체 인구에서 70대 이상이 차지하는 비율은 9퍼센트에 불과하지만 전체 교통사고의 14퍼센트를 일으켰고 보행자 사망 사고의 17퍼센트를 일으켰다고 밝혔다.[1] 분명 이론상으로는 인간, 그중에서도 노인을 운전석에서 쫓아내야 할 것처럼 보인다. 그러면 교통 흐름도 더 좋아지고 대기오염도 줄어들 것이다. 이미 원거리로 교통을 통제한다는 아이디어가 현실이 되었으니 자동차에 직접 데이터를 보내고 어떻게 운전할지를 자동차가 결정하게 하면 안 될 이유가 없지 않은가?

그런데 그런 자동화에는 윤리 문제가 따른다. 니컬러스 카가 지적하듯이 "어느 순간 자동화는 핵심적인 역할을 담당할 정도로 규모가 커질 것이다. 그러면 사회 규범, 전제, 윤리를 바꾸기 시작할 것이다." 예를 들어 생사를 결정하는 문제를 운전자가 아닌 알고리즘 소유자에게 아웃소싱해도 괜찮을까? 기계가 도덕적 판단을 내리도록 프로그램해도 될까? 아니면 반드시 그렇게 프로그램해야만 할까? 당신이 죽게 되더라도 핸들을 꺾어 도로를 무단횡단하는 낯선 주정뱅이 두 명을 살리고 나무에 처박히는 쪽을 선택하는 자동차를 어떻게 받아들여야 할까?

우리 눈에 잘 띄지 않아서 그렇지 이미 수년 전부터 기계가 운전자 대신 판단을 내리고 있다. 자동차 번호판 자동 식별 시스템은 1970년대 중

반에 작동되었고 1980년대부터는 상용화되었다. 마찬가지로 버스 노선과 속도를 감시하는 카메라도 곳곳에 설치되어 있다. 심지어 네덜란드와 호주에서는 인간의 감독이나 개입 없이 벌금을 부과하고 있다. 이런 현상은 인간의 행동을 감시하고 처벌하는 능력을 역사상 유례가 없는 수준으로 끌어올렸다.

예를 들어 지금도 공공장소에서 술에 취한 사람을 식별하는 카메라를 설치하는 것이 가능하다. 카메라를 설치하면 알고리즘이 사람들의 신체 움직임이나 체온과 얼굴의 혈색을 분석한다. 카프카의 소설이 떠오른다. 아주 사소한 범법 행위도 처벌받고 인간의 개입, 인간의 융통성, 인간의 호소가 불가능한 문화에서는 어떤 일이 벌어질까? 알고리즘에게는 모든 것이 이분법적인 판단의 대상이다.

이런 첨단기술의 도입과 신기술 개발로 시민들이 책임의식을 가지고 더 신중하게 행동할 수도 있다. 반대로 사회의 자율성이 줄어들고 실험정신이 약해지며 사람들이 정부, 경찰, 대중 의견에 반대 목소리를 잘 내지 않게 될 가능성도 있다.

우리는 모두 승객이다
—

자동차의 안전성을 강화하고 운전자를 운전이라는 부담에서 해방할 수 있는 기술은 크게 두 가지다. 하나는 스마트 자동차이고 다른 하나는 스마트 도로다.

자동차를 인도하는 노선이나 전깃줄을 도로에 놓는 아이디어(소형 전기 자동차, 노면 전차, 장난감 트랙카를 한데 섞어놓았다고 보면 된다)는 1950년 대부터 존재했다. 그리고 실행만 되면 아주 효과가 좋을 아이디어이기도 하다. 다만 현재 우리는 도로에 난 구멍을 메우는 데 필요한 돈도 겨우 마련하는 형편이다. 스마트 도로를 깔고 유지하면서 수리 문제로 여기저기 끊임없이 파내야 한다면 너무나 성가실 것이다.

다른 방법은 자동차를 똑똑하게 만들어서 아무런 도움 없이 스스로 돌아다니게 하는 것이다. 기술은 거의 대부분 이미 개발되어 있다. 구글 맵이 정말로 사람을 위해 설계되었다고 생각하는가? 구글의 전자책 프로젝트가 사람을 위해 설계되었다는 것만큼이나 터무니없는 생각이다. 구글 검색을 구글 내비, 구글 자동차, 그리고 아마도 유전 정보를 제공하는 구글 제노믹스까지 더한다면 미래는 살짝 공포스러운 모습을 하게 된다.

운전자 없는 자동차는 10년 내지 15년 안에 상용화될 것이다. 기술은 단계적으로 도입될 것이다. 예를 들어 이미 많은 차들이 긴급 자동 제어 기능을 탑재하고 있다. 정속 주행 시스템은 고속도로와 도심 도로가 정체된 상태라면 운전자가 손을 떼고 운전해도 괜찮을 정도로 발전했다. 지금 이 순간에도 제조업자들이 운전자의 편의나 안전을 이유로 운전자의 통제권을 줄일 또 다른 방법을 찾고 있다.

일단 차가 스스로 운전하기 시작하면 스스로 주차도 하게 될 것이다. 만약 공유 자동차이거나 공동체 소유 자동차라면 주차를 하는 대신 차를 타고 싶어 하는 다른 사람을 찾아 계속 돌아다닐 것이다. 어떻게 보면 택시와 비슷하다. 운전자가 더 이상 운전을 하지 않아도 되면 차 안에서 다른 일을 (안전하고) 자유롭게 할 수 있다. 일, 식사, 음주, 신문 읽기, 영화 감상, 고양이가 나오는 웃긴 동영상 보기 등. 구글의 사업 모델이 광고 중심이라는 것을 생각하면 자동차의 승객이 된 대가로 광고를 봐야 할지도 모른다. 길 밖에 운전자의 시선을 빼앗는 볼거리가 있어도 더 이상 문제되지 않는다면 도로를 따라 영화 화면이 줄줄이 세워질지도 모르겠다. 또는 구글 팟즈Google Pods나 애플 아이카Apple iCar의 모든 유리창이 개인의 취향을 반영해서 내가 보는 것과 당신이 보는 것이 다를 수도 있다.

그중에서 가장 흥미로운 것은 완벽하게 자율적인 전기차가 대세가 되면 어떻게 될 것인가다. 특히 도시가 어떻게 달라질지 궁금하다. 일단 자동차 설계(대시보드와 제어 시스템의 역할이 줄어든다)와 도시 계획(출퇴근 거리가 늘어나도 그다지 불편하지 않기 때문에 도시가 커질 수도 있고, 교통 흐름이 좋아져서 도심 인구 밀도가 증가할 수도 있다)에 관심이 집중될 것이다. 자율운행 자동차가 상용화되면 교통 신호나 도로 표지판도 더 이상 필요 없게 된다. 대신 보행자에게는 증강현실 안경이나 모바일 기기가 필요할 것이다.

그리고 전기 자동차가 흔해져서 수백만 대, 아니 수십억 대가 곳곳을 돌아다니고 충전 기술이 발전하면 유동적인 지역 에너지 저장 연결망, 즉 그리드를 만들 멋진 기회가 생긴다. 전기를 물리적으로 한곳에서 다른 곳으로 옮길 수 있게 되는 것이다.

사람들이 차를 사고 차 값을 치르는 방법도 달라질 것이다. 궁극적으로는 자동차를 소유한다거나 자가 운전을 한다는 개념 자체가 사라질 것이다. 대신 이미 몇몇 사람들이 하고 있듯이 자동차, 아니 자동차들을 대여해 주는 서비스에 회원으로 등록할 것이다. 스마트 기기를 두드리기만 하면 공유 자동차가 오고, 다 쓴 다음에는 아무 데나 주차해두면 그만일 것이다.

앞으로는 자동차에 연료가 떨어지는 일도 없을 것이다. 자기 유도 방식 충전 덕분이다. 전기 충전 장치를 찾아서 전기 케이블을 길게 늘어뜨리는 대신 충전용 상판 위로 차를 몰고 올라가거나 도로 표면에 삽입된 코일 위를 달리기만 해도 충전이 될 것이다. 전자기장 유도 장치를 통해 무선으로 자동차를 충전하는 것이다. 지금과 다른 새로운 점은 과학자들이 90퍼센트에 가까운 에너지 효율성을 유지하면서 전기를 충전하는 방법을 개발했으리라는 것이다. 차고, 주차장, 쇼핑몰에 차를 주차해둔 동안 충전을 끝내거나 오가는 길에 충전할 수도 있다.

그런데 역사와 그 역사 속 문화 규범이 바뀌려면 오랜 시간이 걸린다. 특히 오랫동안 세습된 물건과 관련된 경우는 더욱 그렇다. 더 나아가 더 이상 자가 운전이 필요 없게 되면 오히려 직접 차를 몰고 싶어질 수도 있다. 이동하기 위해 어쩔 수 없이 하는 운전이 아닌 오로지 즐기기 위한 운전을 하는 것이다. 그래서 자동차 산업은 결국 다시 원점으로 되돌아올 수도 있다.

로봇에게 자동차라는 형태로 통제권을 넘기는 것이 어떤 사람에게는 도저히 참을 수 없는 일일 것이다. 특히 시동이 걸리면 차 안에 갇히게 된다거나 운전대를 완전히 없애버려서 인간이 운전할 선택권 자체가 사라진다거나 하면 더욱 그럴 것이다. 아마도 대도시에서 인간이 운전하는 것을 금지하는 일이 곧 현실이 될 것이다. 그러나 자율주행 자동차가 인명 피해를 낸다면 예측하지 못했던 방향으로 분위기가 급변할 수도 있다. 차가 작업장이자 사회 연결망의 공간이 되는 것만큼은 막아야 할 것이다. 자동차는 마지막 남은 사적인 공간이다. 더 많은 일이(그리고 더 많은 사람이) 끼어드는 것은 거부해야 한다. 지루함에 관해서 말하자면 지루함도 쓸모가 있다. 많은 좋은 아이디어들이 지루한 자동차 여행 중에 탄생했다.

그러나 경제 효율성의 관점에서는 자율주행 자동차는 당연한 지향점이다. 많은 사람들에게 운전은 더 이상 즐거운 행위가 아니다. 미국에서 통근자는 하루에 평균 50분을 차 안에서 보낸다. 예를 들어 로스앤젤레스에서는 도심 열다섯 블록 안에서 거주하는 운전자의 경우 매년 주차할 곳을 찾느라 15억 킬로미터를 운전한다. 즉 지구를 38바퀴 돌 수 있고, 연료가 17만 8,000리터가 들며, 이산화탄소를 66만 2,000킬로그램을 배출했다는 소리다. 사람이 운전석에서 다른 것을 할 수 있다는 장점도 있다. 병원에서도 치료해야 할 환자가 줄어들고 응급실도 덜 붐빌 것이다.

그러나 기술적인 문제가 여전히 남아 있다. 인간 운전자는 아주 멍청하긴 해도 여전히 똑똑한 점이 있다. 인간은 길 가운데 나뒹구는 비닐봉지와 단단한 물체를 구별할 줄 안다. 나무의 그림자를 길로 착각하지 않으며 자전거를 탄 아이와 사슴도 꽤 잘 구분한다.

기계는 아무리 똑똑해도 고장 나기 마련이다. 그리고 우리는 컴퓨터나 모바일폰이 고장 나는 것은 그런대로 참을 수 있어도 자동차가 고장 나면 이야기가 달라진다. 특히 자동차가 스스로 운전하고 있을 때라면 더 큰 문제가 생긴다. 모바일폰의 신호가 약하다거나 태블릿 PC가 산산조각이 난다고 사람의 목숨이 오락가락하지는 않는다. 2009년 도요타가 결함이 있다고 의심되는 자동차 10억 대를 리콜했던 사건을 기억하는가? 소문에 따르면 자동차가 급발진을 해서 사람들이 죽었다고 한다.

디지털 자동차는 해커나 사이버 테러리스트의 목표물이 될 수 있다. 그렇지만 대개는 기술에 밝은 범죄자가 자율주행 자동차를 원격으로 조종해서 훔치는 것이 문제가 될 것이다. 이렇게 말은 했지만 〈롤링스톤〉지의 기자인 마이클 헤이스팅스Michael Hastings의 사고를 떠올리지 않을 수가 없다. 2013년 그는 야자수를 들이받았고 차가 폭발하면서 사망했다. 헤이스팅스는 미군과 미 첩보국을 고발하는 기사를 쓰는 기자로 유명했다. 사고가 나기 전날도 친구들에게 쓴 이메일에서 자신이 엄청난 기사를 준비하고 있으며 당분간 '숨어 지낼 것'이라고 했다. 그래서 이 사고가 났을 때 여러 사람이 의혹을 제기했다.

컴퓨터 소프트웨어로 엔진, 트랜스미션, 브레이크를 제어하는 모든 자동차는 이론상으로는 해킹을 당할 수 있다. 예를 들어 제너럴모터스General Motors(온스타OnStar)와 메르세데스벤츠Mercedes-Benz(엠브레이스mbrace)는 이미 핵심 부품을 감독하는 데 모바일 네트워크를 활용한다. 그래서 가장 싼 모델도 차에 노트북을 연결해서 차의 문제를 진단할 수 있다.

빠르든 늦든 결국 무언가가 잘못될 것이다. 아마도 그래서 영국에서 자율주행 자동차를 타고 다니기가 꺼려진다고 답한 사람이 48퍼센트에 이르고, 그런 아이디어조차 '끔찍하다'고 답한 사람이 16퍼센트나 되었을 것이다. 그렇지만 생각해 보면 얼마 전까지만 해도 기차를 타면 자신이 병에 걸리거나 죽을 거라고 생각하는 사람들이 있었다.

지금은 자동차 설계 기술이 향상되었기 때문인지, 아니면 시간이 흐르면서 사회적으로 받아들여졌기 때문인지 자동차를 타도 멀미를 하는 사람은 드물다. 내가 자랄 때는 자동차나 비행기를 타면 멀미를 하는 사람이 많았다. 다시 한 번 말하지만 인간은 적응하는 동물이고 그래서 시간만 충분히 주어진다면 어떤 것이라도 거의 적응할 수 있다.

크게 보면 가장 큰 문제는 인간도 기술도 아니다. 무인 자동차와 자동화된 교통수단에서는 대개 규제, 법적 책임, 그리고 특히 뜻밖의 사고에 대한 법적 대응이 문제가 된다. 이런 문제의 해법은 인간과 기계 간 신뢰의 정도에 따라 달라질 것이다.

그렇다면 자동차와 이동 수단의 미래는 어떨까? 일단 인간이 신중해질 것이고 기술 진화와 신뢰 축적은 서서히, 조금씩 진행될 것이다. 무인 기차와 무인 버스가 늘어날 것이고 곧 무인 트럭도 등장할 것이다. 자동차 대기업들은 완전한 자율성을 추구할 테지만 진전 속도는 더딜 것이다. 기술기업들은 덜 신중할 것이다. 그러나 이 경우에도 기술이 도입되면 소비자의 간섭과 규제의 제한을 받을 것이다. 위험 회피 성향이 강한 국가와 손해배상 책임을 묻는 데 혈안이 된 국가에서는 특히 그런 소비자의 간섭과 규제는 기술 개발에 방해가 될 것이다.

따라서 미래는 기이한 충돌 사고, 갑작스러운 브레이크 사고, 다중 추돌 사고와 함께 조각조각 다가올 것이다. 그리고 많은 사람들이 일자리를 잃게 되리라는 것은 확실하다. 택시 기사, 트럭 운전사, 그리고 자주 욕먹는 주차장 관리인 등이 실업자가 될 것이다. 자동차 렌탈 업체는 운전자가 원하는 곳으로 데리러 가고 원하는 곳에 내려주는 무인 자동차를 빌려줘야 할지도 모른다. 주차장은 장사가 잘 안 될 것이고, 그래서 지역의회의 수입이 줄어들 것이다. 또한 자율주행 자동차에 보험을 든다면 그 자동차를 타고 다니는 사람이 아닌 자동차회사와 소프트웨어 기업이 보험료를 낼지도 모르겠다.

정말 운전을 하고 싶긴 한가?

—

큰 그림만 보자면 무인 자동차가 우리를 어디로 데려갈지는 확실치 않다. 다만 선진국에서는 일반적으로 자동차에 대한 관심이 줄어들고 있다는 점을 염두에 두어야 한다. 최근 사람들이 운전하는 거리가 줄어들었고 자동차 소유자 수도 한계점에 다다르고 있다. 뉴욕이나 런던 같은 대도시에서는 인구의 약 절반은 자동차를 소유하지 않는다. 미래에는 수백만 명의 사람들이 운전면허를 따지 않은 채 성인이 되고 성인이 되어서도 운전대를 잡지 않을 것으로 예상된다.

은퇴자들은 여전히 운전을 하는 반면 젊은이들은 자가용 대신 대중교통을 이용한다. 예를 들어 프랑스에서는 자동차 구매 고객 중 30대 미만은 10퍼센트도 안 된다. 첫 새 차(중고차가 아닌)를 사는 사람들의 평균 연령은 현재 55세다. 이런 추세는 유럽 전역에서 비슷하게 나타나고 있다. 폭스바겐의 골프를 사는 구매자의 평균 연령은 54세다.

파리에서는 대중교통, 카풀, 카셰어링이 대세다. 이를테면 블라블라카BlaBlaCar는 프랑스를 포함한 유럽 13개국에서 천만 명의 회원을 거느리고 있다. 오토리브Autolib는 파리에서 등록한 회원만도 17만 명에 이른다. 한 시장조사 기관에서는 프랑스 사람들이 자동차를 사회적 불평등의 구체적인 징후일뿐더러 "사회적 지위를 어설프게 과시하는 물건"이라고 생각한다고 밝혔다.

인터넷 덕분에 젊은 세대는 화면을 통해 세계 곳곳을 여행할 수 있다. 그래서 오히려 모바일 기기가 정체성과 자유의 상징이 되었다. 개발도상국에서는 모바일 기기가 부족한 도로와 비싼 교통수단을 대체한다.

그렇지만 다시 한 번 말하지만 개인 소유 자동차의 시대가 끝났다는 주장은, 그것도 사람들이 A지점에서 B지점으로 더 효율적으로 이동하고 싶어 한다는 이유만으로 하는 그런 주장은 휴대전화로 시간을 확인할 수 있으니 시계가 끝났다는 주장만큼이나 말이 안 된다. 시계에 관한 주장은 1970년대에 나왔다. 디지털 시계가 처음 등장했을 무렵이다. 사람들은 값비싼 시계가 사라질 것이라고 말했지만 그런 일은 일어나지 않았다. 시간을 확인하기 위해서만 시계를 차는 것이 아니기 때문이다. 시계는 패션 아이템이자 정체성과 지위의 선언문이다. 개인 소유 차량도 마찬가지라고 볼 수 있다.

그런데 자율주행 자동차라는 예측이 자기충족 예언이 되기도 전에 이보다 더 위험한 아이디어가 도로 위에 깔릴 예정이다. 유럽연합은 2018년부터 유럽에서 팔리는 모든 새 차에 연결성 장치를 탑재해야 한다는 법령을 통과시켰다. 사고가 났을 때 자동차가 자동적으로 도움을 요청하는 기능을 더한다는 것이 법령의 취지다. 대부분은 심SIM 카드의 형태로 장착될 것이다

이론상으로는 자동차에 연결성 기능이 더해지면 기계 결함이 발생했을 때 자동차가 수리 센터에 연락을 취할 수도 있다. 아주 훌륭한 아이디어이고 애플이나 구글 같은 기업이라면 분명 두 손 들어 환영할 소식이다. 두 기업은 최근 각각 자동차용 아이튠스 플레이어 앱 카플레이CarPlay와 차량용 운영 체제 안드로이드 오토Android Auto를 출시했다. 매킨지의 보고서에 따르면 아이폰 사용자의 27퍼센트가 경쟁사의 자동차가 더 나은 연결성 기능을 제공한다면 그 회사의 자동차로 갈아탈 것이라고 답했다. 연결성은 실시간 교통 정보 접속권, 빈 주차 공간 찾기 서비스, 음악 스트리밍 서비스와도 연계될 수 있다(라라Rara라는 회원제 서비스는 2,800만 개의 음원을 제공하는 차량용 음원 사용권을 판매하고 있다).

평범한 자동차를 인터넷과 연결하면 다른 것도 가능해진다. 지역 교통 상황과 사고 발생 소식을 전송받는 것 외에도 자신의 차보다 1킬로미

터 정도 앞서가는 자동차의 시야에 들어오는 것을 당신도 볼 수 있게 된다. 내 아들 말에 따르면 자신의 자동차 앞에 자전거를 타는 사람이 있다는 경고 메시지를 받을 수도 있고, 앞에서 천천히 모는 자동차 운전자에게 돈을 지불해서 길을 양보하게 할 수도 있다고 한다.

다른 보험 분야에서와 마찬가지로 자동차 보험 회사들은 그동안 (고객들이 작성한) 인구 통계 정보에 근거해 특약 조항을 계산했다. 자동차의 유형, 엔진 크기와 함께 나이, 성별, 직업, 거주 지역이 우선적으로 고려되는 항목이었다. 새로운 기술이 도입되면서 보험업계는 자동차에 장착된 디지털 센서가 제공하는 자동차 운전 환경과 피보험자의 운전 습관에 관한 정보를 근거로 작성한 개인 맞춤 보험 계약서를 활용하는 방향으로 바뀌고 있다. 보험회사가 고위험 운전자를 배제하고 안전하게 운전하는 사람에게 할인을 제공할 수 있게 된 것이다. 특약 산정에 있어 미국에서는 운전 환경이 중심이 되고 유럽에서는 피보험자의 운전 습관이 중심이 되고 있다.

일반적으로 차량용 무선 인터넷 서비스인 텔레매틱스가 감독관 역할을 하게 될 전망이다. 블랙박스가 보험회사에 정보를 송신하거나 운전자 휴대폰의 앱이 정보를 송신하는 식이다. 그런 감찰 기능이 시행되면 보험회사가 사기 행각을 적발하기 쉬워질 것이다. 특히 러시아에서 흔히 사용하는 대시보드 전방카메라와 센서를 연결하면 그런 범법 행위를 적발하는 데 도움이 될 것이다. 그런데 이런 자료가 빅 데이터와 결합하면 사람들이 실제 저지른 행동이 아닌 그의 성향 때문에 금전적으로 손해를 보는 상황이 벌어질 수도 있다. 알고리즘이 어떤 사람이 고위험군에 속한다고 판단해버리면 그 사람은 실제로 아무것도 하지 않았는데도 벌을 받는 셈이 된다. 물론 이미 이런 상황이 벌어지고 있다.

전 세계의 경찰기관은 그 누구보다 신속하고 성실하게 전방카메라를 대량으로 보급 및 장착하고 있다. 영국에서는 약 5,000개의 신체 부착 카메라가 돌아다니고 있다.[2] 가장 큰 교훈은 이런 카메라의 존재만으로도 경찰관과 경찰관을 대하는 사람 모두의 행동이 달라진다는 사실이다. 우리의 행동에 점점 더 관심을 가지며 눈을 번득이는 보험회사를 생각하면 기계가 운전대를 넘겨받기 전에 사람들이 더 조심스럽게 운전하는 세상이 올지도 모른다. 그렇다면 나쁜 소식은 무엇인가?

집중력의 한계

—

자동차와 기술회사는 우리가 운전하는 와중에도 네트워크에 완벽하게 연결된 미래의 모습을 판매하기 시작했다.

핸즈프리 전화기는 이미 흔한 것이 되었다. 최근 사람들의 구매욕을 자극하는 것은 화면을 보거나 손을 쓰지 않고도 문자를 보내고 받는 기능이다. 심지어 일부 고급 사양 차량에서는 운전자가 (이론상으로는) 도로에서 눈을 떼지 않고도 식당을 예약하거나 극장표를 예매할 수 있다. 매킨지에 따르면 2020년에는 차량의 25퍼센트가 인터넷에 연결될 것이다. 이것은 모두 끔찍할 정도로 어리석은 아이디어다.

2011년에 미국에서만 운전자의 부주의로 죽은 사람이 3,300명에 이른다.[3] 2013년에 미국 정부는 자동차에서 문자 메시지를 보내거나 인터넷 화면을 띄워두는 것을 금지하도록 권고했다. 수많은 연구에서 이 문제의 심각성을 강조한다. 영국 교통연구소Transport Research Laboratory는 2002년에 핸즈프리 핸드폰을 쓰는 운전자는 혈중 알코올 농도가 음주운전 처벌 기준을 살짝 넘긴 운전자보다 돌발 상황에 더 둔하게 반응한다는 결과를 내놓았다. 2005년에 호주의 한 보고서에서는 핸즈프리를 이용하는 운전자는 도로에만 집중하는 운전자보다 사고를 낼 확률이 네 배 더 높다고 보고했다. 2008년 미국의 연구는 핸즈프리 전화기로 통화하는 것이 동승자와 대화하는 것보다 운전자가 운전에 집중하는 데 더 방해가 된다고 발표했다. 영국의 RAC 재단The Royal Automobile Club Foundation for Motoring이 실시한 2015년 연구에서도 같은 결론을 내렸다.

현재 이와 관련된 법은 사람들이 그런 기기를 사용할 때(그리고 실제로 사용한다) 도로에서 눈만 떼지 않으면 안전하다는 것을 전제로 한다. 그런데 사실은 그렇게 안전하지 않다는 게 문제다. 핸드폰에서 인간의 손을 치운다고 해결되는 문제가 아니다. 여전히 집중력이 분산되기 때문이다. 인간의 집중력은 무한하지 않으며 멀티태스킹은 집중을 위한 정신 자원을 조각조각 나눈다.

영국 서식스 대학교의 연구는 디지털 멀티태스킹(이 연구에서는 '두 번째 화면' 설치)을 하면 전방대상피질에 변화가 일어나서 의사 결정 능력과 충동 조절 기능이 떨어진다는 사실을 발견했다. 또 다른 연구는 고도의 멀티태스킹과 집중력 약화 간에 상관관계가 있음을 밝혔다. 이런 증거들에 비추어 볼 때 우려할 만한 상황이 벌어지고 있다. 운전을 하면서 화면도 슬쩍슬쩍 보는 것만으로 큰일이 나지야 않겠지만 바로 앞에 무언가 예상치 못한 것이 튀어나오면 어떻게 할 것인가?

아는 것이 힘인 이유

—

위성 추적의 시대에 기술적인 측면에서 본다면 그 누구도 자신이 어디로 가는지 미리 알 필요가 전혀 없다. 그런데 정말 그럴까? 우주의 날씨 변화(예를 들어 태양 표면의 폭발)로 지구에 설치된 GPS 시스템이 잠시 끊기면 어떻게 할 것인가? GPS와 디지털 지도는 굉장하지만 분명 그런 것들 없이 어떻게 목표 장소에 가야 하는지 알아두는 것도 나쁘지 않다.

종이 지도는 문자 그대로 큰 그림을 보여주고 공간과 주변 상황에 대한 정보도 담고 있다. 종이 지도로 얻은 주변 상황에 대한 정보를 인지하고 있는 것이 뇌에 도움이 된다는 증거도 나온다. 몬트리올 소재 맥길 대학교의 베로니크 보봇Veronique Bohbot은 디지털 지도 사용은 치매에 걸릴 위험을 높일 수 있다고 경고한다. 뇌의 특정 부위를 사용하지 않으면(이 경우에는 공간 지각 및 기억을 담당하는 부분) 그 부분의 기능을 잃을 수도 있다는 것이다.

이런 지적은 우리가 운전을 그만두면 뇌 기능이 저하되거나 성찰 능력이 떨어질 것인가라는 의문을 낳는다. 우리는 자동차가 발명되기 전에도 아주 잘 지냈다. 적어도 그랬다고 생각한다. 그런데 런던 칼리지 대학교의 연구에 따르면 '지식The Knowledge' 시험 통과를 위해 훈련 과정을 완료한 택시기사는 뇌 구조가 변했다. 시험 준비 과정이 외부 자극으로 작용한 것이다.

택시기사는 보통 공식 훈련 책자에 실린 320개의 경로를 익히는 데 최대 70주를 투자한다. 채링크로스를 중심으로 10킬로미터 반경 내에 위치한 지식 구역Knowledge zone 전체를 익히기 위해서다. 그래서 2만 5,000여 개의 거리와 2만여 개의 주요 지형물의 이름과 위치를 암기해야 한다. 이 지식 훈련 과정은 70퍼센트가 중도 탈락할 정도로 아주 강도가 세다. 택시기사들은 기술이 자신들의 우월한 지식을 결코 대체할 수 없을 것이라고 장담한다. 또한 도로 폐쇄같이 시시각각 변하는 도시의 변화에도 제대로 대처하지 못할 것이라고 주장한다.

바로 얼마 전에 나도 그런 경험을 했다. 우리 일행(그리고 영국 여왕)이 런던의 더 몰 근처에 도착할 무렵 그곳이 잠시 폐쇄되었다. 택시기사는 능숙하게 다른 길을 찾아 이동했다. 지식에는 다리와 일방통행로 등 런던의 교통 환경에 관한 다양한 정보가 포함되어 있다. 게다가 택시기사는 인간에 의해 변하는 런던의 교통 상황에도 대처할 줄 안다. 그것도 바로 그 자리에서. 인간만이 할 수 있는 일이다.

잠시 딴 길로 새자면 구글맵에 대해 내가 우려를 표하는 또 다른 이유는 지도에 나타나는 것이 사람에 따라 다르기 때문이다. 2013년에 구글은 사용자에 대한 정보를 반영해 도시의 지형이 사용자마다 다르게 표시되는 구글맵을 내놓았다. 그렇다고 길을 못 찾는 일은 없을 것이다. 다만 구글맵에서 강조되는 관심 품목은 달라진다. 이것은 니컬러스 카가 지적했듯이 우연성을 거르고 편협성을 강화하는 구글의 특성을 보여주는 또 다른 예가 아닐까?

마지막으로 무인 자동차의 등장으로 대도시의 모든 택시기사가 일자리를 위협받지는 않을 것이다. 그렇지만 확실히 일자리가 줄어들기는 할 것이다. 사실 차와 트럭을 운전하는 일은 별다른 자격이 없는 사람에게 괜찮은 일자리다. 〈이코노미스트〉가 지적하듯이 말 없는 마차가 말이 끄는 마차를 대체했을 때 경제적 이득은 "노동자, 소비자, 자본가 집단이 골고루 나눠 가졌다."[4] 자동차는 '노동 증강' 기술이었기 때문이다. 사람들이 더 빠른 속도로, 더 먼 거리에 있는, 더 많은 고객에게 서비스를 제공하게 도왔다. 그러나 무인 자동차, 더 일반적으로 말하면 자동화의 경제적 이득은 그렇게 골고루 분배되지 않는다.

우리는 언제쯤 경험, 지혜, 임기응변의 가치를 깨닫게 될까? 사회는 언제쯤 (일부 집단에게만 더 싸고, 더 효율적인 것의 도입으로 발생하는) 손익을 따질 때 사회 전체가 평생에 걸쳐 부담하게 될 총 비용을 고려하게 될까?

무인 비행기와 무인 기차
—

여전히 인구의 48퍼센트가 무인 자동차라는 아이디어에 거부감을 표한다. 그렇다면 무인 비행기는 어떨까? 분명 대다수의 탑승객은 기장이 없는, 더 나아가 승무원도 없는 비행기가 하늘을 나는 일은 상상도 할 수 없다고 말할 것이다. 그러나 이미 기술적으로는 가능한 일이다. 그리고 저비용 항공사는 그런 비행기를 하늘에 띄우는 것을 고려하고 있을 것이다.

보잉의 전무이사 제임스 얼바James Albaugh는 심지어 "무인 비행기는 곧 도입될 것이다. 정확한 도입 시점만 모를 뿐이다"라고 말했다.[5] 그의 논리를 이해하기는 어렵지 않다. 얼바는 우리가 이미 자동 엘리베이터에 익숙하다는 점을 지적한다. 그렇다면 자동 비행기를 거부할 이유가 없지 않은가? 현재 미군에는 땅에서 무인 비행기(UAV나 드론)를 조정하는 '비행사'의 수가 일반적인 의미의 전투 비행사 수보다 두 배나 많다. 그러니 전투 비행사가 아예 사라지는 날도 머지않았다. 게다가 비행기 사고에는 확실히 문제가 많다. 그중 절반 정도는 인간의 실수로 일어난다. 자동차 사고의 경우 인간의 실수로 일어나는 사고가 90퍼센트인 것에 비하면 훨씬 적은 수치이지만 사고의 결과가 훨씬 더 참혹하다는 것이 문제다.

교통사고의 대부분은 인간의 판단 잘못으로 일어난다. 대다수의 비행기 추락 사고는 인간이 판단을 전혀 하지 않아서 일어난다. 기장이나 비행사가 자신의 판단력과 훈련에 기대기를 주저하기 때문에 일어난다는 뜻이다. 여러 면에서 무인 비행기가 이미 하늘을 날고 있다고 볼 수도 있다. 현재 매일 운항하는 평범한 여객기에서는 일반적으로 비행기가 이륙해서 땅에서 30미터 떨어진 상공으로 올라간 순간 기장은 운전대에서 손을 떼고 자동 비행사가 대신 운전하다가 착륙할 때만 다시 기장이 운전대를 잡는다. 미래에는 여객기의 승무원은 기장 한 명과 개 한 마리가 전부일 것이라는 말이 더 이상 농담으로 들리지 않는 데는 다 이유가 있다. 이때 개는 기장이 아무것도 손대지 못하게 지키는 역할을 맡는다.

그런데 나는 제임스 얼바와는 생각이 조금 다르다. 10년에서 20년 안에 페덱스FedEX나 유피에스UPS 같은 화물 수송기는 100퍼센트 무인 비행기로 운항될 수도 있을 것이다. 그러나 여객기는 원초적인 본능이 기술의 발전을 누를 것이라고 생각한다. 인간의 통제 욕구, 아니면 적어도 통제를 한다는 환상을 유지하고자 하는 욕구를 상쇄하기까지는 오랜 시간이 걸릴 것이다. 자동화를 연구하는 메리 커밍스Mary Cummings는 이를 다음과 같이 표현했다. "함교에 제임스 T. 커크James T. Kirk(《스타트렉》 시리즈에서 우주 연합함선 엔터프라이즈호를 지휘하는 함장 ─ 옮긴이)가 서 있는 모습을 보고 싶은 열망은 매우 강하다."

여기서 문제는, 늘 그렇듯이, 누가 혹은 무엇이 통제권을 행사할 것인가다. 내 친구 중 한 명이 기장인데 그는 통제 주도권이 문제의 핵심이라고 주장한다. 그는 자동 제어 시스템의 도입으로 디지털 시스템에 대한 의존도가 커졌고 그럴수록 기장이 스스로 비행을 할 능력이 감퇴하거나 적어도 자신에게 통제권을 돌려달라고 요구할 수 있는 자신감이 타격을 입는다고 생각한다. 이미 비행사가 통제권을 돌려받는 것 자체가 불가능한 경우도 있다.

전자식 통합 엔진 제어 시스템인 FADEC Full Authority Digital Engine Control 같은 유형의 비행 안전 시스템이 탑재된 경우에는 기계를 정지하고 제어권을 수동적으로 넘겨받을 방법이 없다. 일부 전문가에 따르면 1994년 치누크 헬기가 '멀 오브 킨타이어 Mull of Kintyre'에서 추락한 사고는 인간의 실수가 아닌 FADEC 소프트웨어의 바이러스 때문에 발생했다. 사고가 일어나기 9개월 전 FADEC에서 '매우 위험한' 결함이 발견되었다.[6] 2015년의 에어버스 A400M 추락사고 등 다른 사고도 보이지 않는 소프트웨어의 결함이 원인이었던 것으로 보인다.

이런 이유로 당신은 앞으로 당분간 비행기를 타지 않기로 결심할 수도 있다. 그렇더라도 기차를 타기는 할 것이다. 당연히 기차가 더 안전하다. 무인 기차도 이미 운행 중이다. 개트윅 공항의 북부터미널이나 히스로 공항의 제5터미널을 이용한 적이 있는 사람이라면 다 아는 사실이다. 그런데 이런 무인 기차는 땅에서, 철로 위로만 달린다. 또한 비교적 느린 속도로 이동한다. 그래서 무인 기차에 대한 거부감이 없는지도 모른다. 대안이 적거나 없다는 사실도 사람들의 거부감을 줄이는 데 한몫한다.

유럽에서 정치가들은 일반적으로 비행기보다는 기차를 선호한다. 그리고 유럽연합은 고속철도망의 규모를 두 배로 늘리려고 계획하고 있다.

그런 개발 계획은 안전해 보인다. 다만 앞으로 고속철 운행 또한 자동화 된다면 여기에도 시스템이나 소프트웨어의 결함으로 인한 문제가 발생할 것이다. 아직까지는 기관사를 없애려고 하는 사람은 아무도 없다. 그러나 새로운 아이디어가 제안되고 있다. 공중에 떠서 시속 500킬로미터의 속도로 달리는 기차를 만들거나, 버려지는 에너지를 모아서 지역 철로 근처 전력망에 전원을 공급하는 브레이크를 단 기차 등.

아마도 가장 혁신적인 기술은 중국에서 먼저 도입될 것이다. 중국에는 그런 기술에 대한 수요가 있기 때문이기도 하고 중국처럼 아직 개발되지 않은 지역이 많은 곳에서는 새로운 철도 기반 시설을 세우기가 쉽기 때문 이기도 하다. 중국처럼 넓은 나라에서 상대적으로 빠른 속도로 이동할 수 있는 설비가 갖춰지면 고객이 있는 곳으로 회사가 모여들 수도 있고 상하 이와 베이징 같은 대도시에 위치한 회사에 교육받은 근로자가 대량 공급 될 수도 있다. 세계은행의 보고서에 따르면 고속철도망에 연결된 중국 도 시의 근로자들이 생산성이 더 높다.

현재 가장 빠른 기차는 자기부상열차, 즉 자력을 이용해 떠서 이동하 는 열차다. 시간을 정확히 지키고, 깨끗하고, 승차감이 좋고, 매우 빠르다. 시속 431킬로미터까지 속도를 낼 수 있다. 표 값도 비행기 표 값의 절반이 안 된다. 게다가 세련된 이동 수단이다. 기차 회사들은 승객의 탑승 경험 을 향상하기 위해 계속 노력할 것이다. 머지않아 아마도 중국에서, 그리고 곧 다른 나라에서도 열차 칸에 스마트 유리창을 설치할 것이다. 이런 유리 창에는 도착지와 도착 시간을 보여주는 터치스크린이 장착되어 있을 것 이다. 더 나아가 외부 풍경을 배경으로 관심 분야 정보를 보여주기도 할 것이다. 웹페이지를 띄우거나 승객이 식음료를 주문하면 자리로 배달해주는 기능도 추가할 수 있다.

　더 먼 미래로 간다면 다시금 일론 머스크를 언급하게 된다. 딥마인드의 투자자인 그는 물론 페이팔, 스페이스엑스SpaceX, 테슬라모터스Tesla Motors의 공동 설립자이기도 하다. 머스크가 최근 제안한 아이디어 중 특히 과감한 것은 기체의 압력을 이용하는 물질 수송관인 기송관을 통해 이동하는 기차다. 꽤 오래전인 1900년대 초기부터 공상과학소설에 자주 등장하는 설비다. '하이퍼루프Hyperloop'기차로도 불리는 이런 기차는 이론상으로는 사람들을 시속 1,200킬로미터의 속도로 수송할 수 있다. 거의 모든 여객기보다 빠른 속도다. 이 기차의 단점은 폐쇄된 진공관을 통해 이동해야 한다는 점이다. 그런 관을 짓는 데는 천문학적인 비용이 들며, 심약한 탑승객은 혼절할 것이다.

　머스크가 제안한 가장 대담한 아이디어는 인간이라는 종을 재배치하는 것이다. 그는 인류가 위기에 처했다고 믿고 있으며 화성으로 인류를 이주시키고 싶어 한다. 이것 또한 비용이 적지 않게 드는 일이다. 그런데 따지고 보면 미래가 저렴할 거라고 말한 이는 아무도 없지 않은가?

비자야 선생님께

긴급 면담을 요청합니다. 제가 미쳐가고 있어요. 기계 때문이에요. 믿어선 안 될 것 같아서요. 기계들한테 함께 있는 게 불편하다고 계속 말하는데도 부드럽고 능청스러운 스코틀랜드 억양으로 걱정하지 않아도 된다고만 답해요.

기계가 쉬지 않고 저를 분석하는 게 느껴져요. 오늘 내 기분은? 오늘 나는 내 선택에 만족했는가? 내 6월 총 만족도는 몇 점인가? 기계들이 기업들, 그리고 심지어 국가 전체를 분석하는 게 느껴져요. '기업의 분위기'를 헤아리거나 즉흥적으로 뽑은 국가 행복 통계를 실시간으로 계산하는 거예요. 내가 왜 지금 이렇게 느끼는지도요. 그런데 사람들이 정말 저를 어떻게 생각할까요? 제가 느끼는 게 사람들의 진심일까요? 아니면 인간 의도 해독 기기가 그들이 느껴야 한다고 권한 마음일까요?

친밀감을 느껴야 하는 순간이야말로 최악이에요. 데이트 상대가 내 넥타이가 마음에 든다고 말할 때 진짜 마음에 들어서 그렇게 말한 걸까요? 아니면 아이콘택트렌즈에 그런 말을 해야 하며, 그런 말을 하면 상대의 호감을 살 확률이 88퍼센트라는 메시지가 뜬 걸까요?

그런데 선생님이야말로 이 글을 정말 읽고 계신 건가요? 아니면 이런 메시지를 대신 걸러주는 자동화 시스템이 작동 중인가요? 제가 답장을 받아도 정말 선생님이 쓴 건지 어떻게 알죠? 면담을 한다고 해도, 선생님이 말하는 게 진짜 선생님의 생각인지 아니면 그냥 그렇게 말하도록 훈련받은 건지 어떻게 알죠?

7

교육과 지식 Education and Knowledge

앱이 선생님이면
학습은 어떻게 하는가?

지금처럼 지적인 척하기가 쉬웠던 때도 없는 것 같다.[1] 누구를 팔로해야 하는지 아니면 어떤 글을 강탈해야 하는지를 알면 복사해서 붙이기만으로도 그 자리에서 학문적 권위를 쌓을 수 있다. 내가 지금 하고 있는 것처럼 말이다. 이 아이디어는 내 것이 아니다. 〈인터내셔널 뉴욕타임스〉에 실린 '문화 문해력의 종말The End of Cultural Literacy'이라는 기사에서 따온 것이다. 이 기사에 따르면 우리는 아주 적은 지식을 토대로 견해를 형성하는 시대에 살고 있다. 나도 전적으로 동의한다.

사람들의 지적 수준이 높아지는 동시에 낮아지고 있다는 것을 보여주는 대표적인 예가 바로 비트코인Bitcoin이다. 비트코인에 대해 들어 본 사람은 많다. 그러나 아무도 시간과 노력을 들여 비트코인에 대해 더 자세히 알아보려고 하지 않는다. 인터넷에서 공유되는 간략한 설명과 맥락을 반영하지 못하는 30초짜리 동영상에 의존하기 때문이다. 그런 설명을 읽고 동영상을 보는 것만으로도 잠깐은 지적인 척할 수 있다.

오늘날 지식 자체는 중요하지 않다. 무엇이 존재한다는 사실, 아니면 어떤 일이 벌어지고 있다는 사실을 아는 것이 중요하다. 트위터를 쓱 훑어보기만 하면 되는데 굳이 시간을 들여 파고들 필요가 있겠는가? 모두가 바쁜 세상 아닌가.

리트윗은 이런 얄팍한 지식 소비 행태를 반영한다. 사람들이 소셜미디어에서 무언가를 공유했다고 해서 자신들이 공유한 내용을 먼저 읽었다는 보장은 없다. 나 또한 자세히 읽어 보지도 않고 링크를 건 적이 있음을 고백한다. 그 결과 시대정신의 지식이 진정한 지식을 대신하고 있다. 현 문화의 교단은 이른바 지식이라는 것이 끊임없이 되새김질되는 좁디좁은 반향실로 탈바꿈했다. '좋아요'를 가장 많이 받은 것 혹은 가장 많이 리트윗된 것은 그것이 무엇이든 어쨌거나 옳다. 삼키기 쉽게 조각조각 나뉜 지식을 창조하고 소비하는 작업을 거치고 나면 맥락은 분해되고 만다. 아이디어와 사건이 맥락 없이 주어지기 때문에 사람들의 오해를 산다.

때와 장소를 가리지 않는 인터넷의 특성이 이런 행동을 부추긴다. 앤디 워홀Andy Warhol의 말을 살짝 바꿔 표현하면 미래에는 누구나 소셜미디어에서 15분 동안 유명세를 탈 것이다. 점점 더 새로운 사고방식을 거부하기가 힘들어지고 있다. 거부하는 순간 끝도 없고 끝 수도 없는 인터넷에 적응하지 못한다고 시인한 거나 마찬가지이기 때문이다. 그리고 이것은 실리콘밸리에서 에둘러 말하듯이 학교 교육과 교육의 목적이라는 문제로 이어진다.

시험 가르치기, 아이가 아니라

교육이 지식, 기술, 가치관, 신념을 전수하고 아이들이 사회에 기여하는 데 필요한 능력을 길러주는 것이라면 우리는 형편없는 교육을 하고 있다. 문제는 교사가 넓은 의미의 교육을 하고 있지 않는 데 있다. 그래서 아이들에게 일련의 해로운 시험을 통과하는 기술만을 가르친다(그리고 본인들도 외부 감사를 통과하는 것을 최우선 과제로 삼고 있다). 시험을 통과한 학생들은 다음 단계로 올라가고 같은 과정을 반복하다가 이른바 전인교육을 마치고 취업시장으로 나간다. 목표는 취업이다. 진리나 아름다움의 추구가 아니다. 더 나아가 일단 취업을 하고 나면 학교에서 배운 것들이 금방 낡은 것이 되거나 현장에서는 전혀 쓸모가 없다는 사실이 아주 명확해진다. 물론 (의사, 공학자, 우주론자 등) 무시할 수 없는 예외도 존재한다.

그 결과 교육과는 별 상관없는 교육제도가 운영되는 현실에 직면했다. 전 이튼칼리지 교장인 토니 리틀Tony Little은 학생들이 지나치게 오랜 기간 동안 학교를 다니면서 교육은 지나치게 적게 받는다고 말한다. 그는 시험이 그 구조상 학생들이 수평적 사고를 하는 것을 막는다고 주장한다. 그래서 "교사의 입장에서는 교과 과정이 어떤 식으로 연결되는지 보여주기가 어렵고 학생의 입장에서는 주제를 다른 방식으로 바라보기 어렵게" 만든다는 것이다. 2008년 영국 하원 특별위원회의 보고서에 따르면 이렇다. "시험을 위한 교육, 교과 과정 범위를 한정하고 지속적인 학습을 위협하는 그런 교육이 널리 퍼져 있다. …(그래서) 시험 결과가 최우선 순위에 오르며 전인교육이 희생당하고 있다."[2]

그런데 상황이 더 심각해지고 있다. 영국 교육계에서 주류 교육철학은 모든 아이는 하나하나가 특별한 눈송이라는 것이다. 그래서 학교가 조금만 신경 쓰고 노력하면 아인슈타인 같은 과학자와 피카소 같은 화가를 키울 수 있으며, 아이들을 독려해서 시험 성적을 올리고 교사가 다섯 살배기의 학업 성취도에 관한 천 단어짜리 보고서를 작성하는 것이 당연하다는 입장이다. 다섯 살배기들이 불쌍하다. 대부분이 유난스러운 부모에게 이미 부진아로 낙인찍혔을 테니.

이런 문제는 디지털 시대 이전에 발생한 것이다. 물론 유치원 로봇, 온라인 학습, 전자책, 아이패드에 중독된 교사도 사태 해결에 도움이 되지 않는다. 그런데 이 모든 것이 하찮은 문제로 여겨질 수도 있다. 곧 디지털 교육을 정상이라고 여기는 세대가 탄생할 예정이기 때문이다. 컴퓨터 사용이 학업 성취도를 높인다는 증거가 전혀 없는데도 말이다. 실제로 2015년에 OECD가 70개국에서 학생들을 대상으로 실시한 연구에 따르면 학업 성적이 좋은 국가일수록 학교에서 컴퓨터를 사용하는 비율이 낮았고, 학생들이 학교에서 컴퓨터를 사용할 기회가 많은 국가일수록 학업 성적이 좋지 않았다.[3]

문제의 핵심은 부모다. 많은 부모가 자녀를 자신이 누리지 못한 삶을 대신 살아가는 존재나 잡지에서 목가적인 분위기의 사진을 보면서 느끼는 불안감이나 열등감을 달래는 도구로 이용하는 것처럼 보인다. 심지어 2014년에 다음과 같은 기사를 읽었다. 부모가 아홉 살짜리 딸이 '동급생에 비해 학업 성적이 뒤처지고 계속 하위 25퍼센트에 머물고 있으며 대부분 중앙값보다 20퍼센트나 낮은 점수를 받는다'는 이유로 과외교사를 구하면서 연봉 14만 4,000파운드를 제시하는 내용이었다. 여기서 아이러니는 부모가 그냥저냥 괜찮은 학교에 아이를 다니게 하고 아이와 더 많은 시간을 보낸다면 아마도 아이가 더 행복하고 균형 잡힌 삶을 살게 될 것이라는 사실이다.

이런 문제는 사립학교에서 정점을 찍는다. 사립학교의 학비를 대려면 적어도 부모 중 한 명은 모든 시간을 일에 쏟아야 하고 결국 그 부모는 아이의 삶에서 없는 거나 마찬가지인 사람이 된다. 결국 부모는 스트레스에 시달리고 아이에게 그 스트레스가 고스란히 전가된다. 이혼으로 이어지는 경우도 흔하다. 사립학교를 다니는 데 드는 비용 때문에 사립학교 학생들이 고만고만하다는 문제도 발생한다. 부모의 배경이 획일화될수록 경험과 아이디어의 다양성도 사라진다. 금융 분야에서 상위층을 점하는 부모의 자녀들이 사립학교 학생의 대부분을 차지한다.

아이들을 여러 과외 활동에 등록해서 부지런히 실어 나르는 행태는 언급조차 하고 싶지 않다. 앞으로 다가올 자동화 시대로부터 소중한 자녀를 보호하고 싶다면 차라리 레고를 가지고 놀게 하거나 정원에서 구덩이를 파게 하는 편이 낫다.

그리고 주제에서는 살짝 벗어나지만 최근에 갓난쟁이 신동에게 들려주려고 아기를 위한 모차르트 편집 음반을 샀다면 심리학자 조앤 프리먼 Joan Freeman이 연구한 210명의 영재 중 오직 여섯 명만이 사회에서 성공한 인사가 되었다는 사실을 명심하기를 바란다.[4] 달리 말하면 아홉 살짜리 아이에게 상위 25퍼센트에 드는 법을 가르치기보다는 실패를 경험하게 하고, 불굴의 의지, 공감 능력, 소통하는 법을 가르치는 것이 훨씬 나을 것이라는 이야기다.

아이가 우수한 성적을 받으면 학교에 다니는 동안은 좋다. 그러나 대개 특수한 몇몇 업종을 제외하고는 학교 성적은 바깥세상에서는 통용되지 않는다. 그러니 학교와 부모는 성적보다는 아이에게 성실함, 도덕성을 키워주고 자신이 진정 좋아하고 즐기는 일이야말로 자신이 잘하는 일일 것이라는 믿음을 심어줘야 한다.

인문학의 모닥불

—

최근 아이들에게 컴퓨터 프로그래밍을 가르쳐야 한다는 제안이 교육계를 뒤흔들고 있다. 이 제안 자체에 문제가 있는 것은 아니지만 나는 그것이 피해망상증의 부산물이라고 생각한다. 자연과학 과목 교육이 위기에 처했고 자연과학 전공 졸업자가 충분히 배출되지 않으면 GDP에 부정적인 영향을 미칠 것이라는 불안감이 그런 제안으로 이어진 것이다. 물론 실제로 그런 위기가 올 수도 있다. 『로봇의 부상Rise of the Robots』의 저자 마틴 포드Martin Ford에 따르면 미국에서 자연과학 전공 졸업자의 3분의 1만이 자신의 전공을 살린 일을 하고 있다.

그러니 차라리 스스로 생각할 줄 알고 다른 사람과 소통할 수 있는 인간을 키우는 데 집중하는 것이 나으리라고 본다. 우리는 현재의 교육이 그런 일을 하고 있다고 생각하지만 전혀 그렇지 않다. 자연과학 전공자를 늘리는 것은 시장을 교란시키고 기술 분야 근로자의 임금 상승을 억제하려는 교활한 음모라는 논리는 일단 무시하더라도(당연히 말도 안 되는 소리다) 미래가 필요로 하는 인재는 이해력이 뛰어나고 통합적인 사고를 하며 정보와 아이디어를 다른 사람에게 제대로 전달할 수 있는 사람이다.

그런데 우리는 성과 중심주의, 경제 우선주의 교육의 취지에 충실한, 관심사가 좁은 인간을 키우고 있다. 이런 교육 환경에서는 학생이 (그것도 정해진 날짜에) 시험을 통과하느냐의 여부와 마찬가지로 교사가 시험을 통과했는지만이 중요하다. 호기심과 경탄을 이끌어내고, 윤리의식을 고취하고, 전인적인 인격을 가꾸는 것은 교과 과정에 포함되어 있지 않다.

세계 최고의 우주항공, 방위, 안보업체인 록히드마틴Lockheed Martin의 전

CEO 노먼 오거스틴Norman Augustine은 가장 훌륭한 사원의 조건은 뛰어난 사고력과 소통 능력이라고 말했다. 8만 명의 직원을 거느렸던 그가 성공의 조건으로 꼽은 것은 바로 명확하게 읽고 쓰는 능력, 그리고 큰 그림을 볼 수 있는 폭넓은 시야였다.

그런데 우리는 자라나는 세대에게 상호작용이 가능한 모바일 기기를 쥐어주면서 깊은 성찰을 기피하도록 부추기는 환경을 조성하고 있다. 손으로 글을 쓰는 것도 타이핑과 음성 인터페이스에 밀려나고 있다. 심지어 자신이 끼적거린 것을 스캔해서 올리면 펜을 쥔 로봇에게 '손으로 쓴' 감사 편지를 대신 쓰게 하는 온라인 서비스(미국의 본드Bond)도 있다.

현재로서는 열린 마음을 키워야 한다는 목표가 전문화와 좁은 의미의 지성에 초점을 맞춘 교육 체계와 어색한 동거를 하고 있다.[5] 실제로 페리미터 이론 물리학 연구소Perimeter Institute for Theoretical Physics와 워털루 대학교가 공동으로 실시한 연구에 따르면 더 현명한 교과과정을 마련하기 위해서는 점수와 시험 중심 문화에서 벗어나 프로젝트 중심의 이력 평가제를 도입해야 한다. 이것은 찰스 핸디의 인생 포트폴리오 설계라는 아이디어와도 일맥상통한다.

학교가 왜 필요하지?

—

곧 디지털 교육과 디지털 훈련에 대해 다룰 것이다. 다만 그전에 교육이 왜 필요한지, 그리고 우리 사회의 다양한 교육 시스템이 열리고, 공정하고, 인간다운 사회를 만드는 데 보탬이 되는지 아니면 방해가 되는지 잠시 살펴보고자 한다.

앞서 논의한 대로 현재 교육의 가장 큰 문제는 사람들에게 컴퓨터와 나란히 경쟁하라고 가르친다는 점이다. 또한 우리는 여전히 공장 노동자를 배출할 목적으로 설계된 교육 시스템을 운영하고 있다. 게다가 이 교육 시스템은 과거 농업 경제의 필요까지도 반영하고 있다. 교육이, 그리고 더 나아가 일이 정보를 받아들이고, 처리하고, 반복하는 것에 토대를 둔다면 앞으로 우리는 큰 위기에 빠지게 될 것이다. 그리고 아마도 대량 실업 사태도 겪게 될 것이다. 콘래드 울프람Conrad Wolfram이 주장하듯이 컴퓨터의 등장으로 암기는 전혀 쓸모없게 되었다.[6]

그런데 또 다른 문제가 있다. 교육이 모든 사람의 잠재력을 극대화하는 것이라면 우리는 더더욱 형편없는 교육을 하고 있다. 솔직히 말하자. 대다수의 부모들은 특별한 눈송이를 키우고 있는 것이 아니다. 괜찮고, 정직하고, 책임지는 사회에서 잘 살아갈 괜찮고, 정직하고, 책임지는 인간을 키우고 있다.

그렇다고 해서 누구라도 자신이 원하는 것은 무엇이든 될 수 있다는 생각이 틀렸다는 것은 아니다. 절대 그런 말이 아니다. 다만 사회에는 로켓 과학자, 뇌 수술의, 컴퓨터 천재, 노벨상 수상자뿐 아니라 간호사, 교사, 트럭 운전사, 벽돌공, 판매 보조원, 패스트푸드 음식점 조리사도 필요하다는 이야기를 하고 싶은 것이다. 게다가 현재 모든 사람이 공동 생산하고 또 공동 소비하는 공유 경제가 엄청난 환영을 받고 있는데, 이런 경제에서 고용 대체 효과로 얻는 부가 골고루 분배되어야만 바람직한 경제가 될 수 있다. 안타깝게도 개인 대 개인 서비스는 대개 저숙련 노동자의 저임금 일자리를 빼앗아가기 마련이고 이렇게 일자리를 뺏긴 이들은 다른 일자리를 찾는 데 어려움을 겪는다.

무엇보다 심각한 문제는 교육 시스템과 사회 모두 이런 사람들을 특별하게 여기기는커녕 소중하게 대하지 않는다는 것이다. 교육에는 여러 단계가 있다. 그런데 우리 교육은 많은 과목과 기술 중에서 특정 과목이나 기술을 편애하면서 가능한 한 많은 학생들이 직업 훈련이 아닌 대학 교육을 선택하도록 부추긴다. 사회도 마찬가지 편견을 지니고 있다. 특히 금전적인 보상에 그런 편견이 반영되어 있다. 일반적으로 특정 과목이나 직업은 다른 과목이나 직업에 비해 더 우월한 것으로 여겨지고 교육 시스템과 부모는 학생들이 시험을 통과해서 특정 직업을 가질 수 있도록 공모한다. 궁극적으로 사회적 지위가 높고 돈을 많이 버는 직업을 획득하는 것이 교육의 목적이 된 셈이다.

성과와 순위에 대한 집착이 우리 사회 전체를 잠식하는 것도 문제지만 교육은 인간다움이라는 더 큰 주제와 관련이 있다. 물론 사회에는 경영자와 돈을 잘 버는 사람이 필요하다. 그렇지만 어린 나이에 이미 실패자라는 낙인이 찍히지 않은 행복한 인간도 필요하다. 성공하려면 재능도 중요하지만 유전과 환경이 사람들이 생각하는 것 이상으로 중요하다. 운도 당연히 필요하다.

그렇다면 우리가 추구해야 하는 시스템, 그리고 더 나아가 사회는 모든 사람이 존중받는 시스템과 사회일 것이다. 열정, 정직, 겸손, 그리고 무엇보다 성실함을 중요한 가치로 삼는 시스템이 필요하다.

그런데 우리는 점점 더 정치화한 시스템, 표준화된 제품을 제공하고 단기 성과만을 중시하는 시스템을 만들고 말았다. 그리고 나는 최근 우리 교육계를 사로잡은 디지털 학습으로 인해 상황이 앞으로 더 나빠지리라고 본다.

온 라 인 학 습
—

교육에 관한 연구 보고서 수천 건을 가지고 메타 연구를 실시한 호주 멜버른 대학교의 존 헤이티John Hattie 교수는 교육 혁신과 교육 실험의 실적 일람표를 마지막에 덧붙이며 논문을 마무리했다.[7] 학업 성취와 관련해서 가장 중요한 항목은 무엇이었을까?

바로 사람이다. 더 구체적으로 답하자면 교실에서 이루어지는 교사와 학생 간 상호작용이다. 이것은『교육에 관한 7가지 미신Seven Myths about Education』의 저자 데이지 크리스토둘루Daisy Christodoulou의 지침과도 유사한 면이 있다. 크리스토둘루는 아이의 교육에 가장 크게 도움이 되는 요소는 아이가 자유방임 상태에서 스스로 발견해서 배운 지식이 아닌 교실에서 교사와 함께 상호작용을 통해 쌓은 지식이라고 주장한다.

고글을 착용한 많은 기술 추종자들은 교육용 동영상과 무료 인터넷 강의 덕분에 물리적인 학교부터 대학교 강의까지 전부 필요 없게 되었다고 주장한다. 온라인 공개수업MOOCs, Massive Open Online Courses은 자금이 부족한 교육 시스템을 구원할 존재로 떠오르고 있다. MOOCs에서는 가상 강사가 학생들을 지도하면서 수천 명에게 즉각적으로 맞춤 피드백을 해줄 수 있다. 무료이거나 낮은 비용에 제공된다면 그런 서비스는 실제로 유용할 것이다. 토머스 프리드먼Thomas Friedman은 〈뉴욕타임스〉에 기고한 논평에서 MOOCs가 "더 많은 사람을 빈곤에서 빠져나올 수 있도록"할 것이며 "백만 개의 뇌에 걸린 봉인을 해제해서 세계가 당면한 문제를 해결"할 것이라고 적었다.

MOOCs는 성별, 나이, 인종, 은행계좌로 차별하지 않는다. 적어도 MOOCs 회사 에드엑스edX의 설립자 아넌트 아가왈Anant Agarwal에 따르면 그렇다. 온라인 학습은 유용한 도구이며 학생들의 수업 계획에 융통성을 부여한다는 것도 장점 중 하나다. 그러나 MOOCs가 표방하는 유토피아가 그저 사실이기만 한 것은 아니다(적어도 현재로서는 그렇다). 펜실베이니아 주립대학교의 연구에 따르면 온라인 학습을 하는 학생들은 대부분 이미 고등교육을 받은 부유층 남성이다.[8] 어쨌거나 MOOCs는 보통 고등교육의 제공이라는 바람직한 방향으로 한 걸음 나아간 것이기는 하다. 특히 현재 그런 고등교육을 제대로 제공받지 못하는 지역에서는 더욱 그렇다.

우리는 늘 그렇듯이 그런 신기술을 인간의 대체재가 아닌 보조재로 여겨야 한다. 그리고 물리적인 존재가 필수임을 잊어선 안 된다. 예를 들어 앱도 좋지만 앱만으로는 통합이나 소통을 가르칠 수 없다. 서로 다른 성품의 인간 교사 여러 명과 직접 상호작용하는 것의 가장 큰 장점은 그런 교사들이 피곤하거나 저기압이거나 짜증을 내거나 어쨌거나 아무짝에 쓸모없을 때도 있다는 사실이다. 취업 세계에 오신 것을 환영합니다! 얼른 익숙해져서 그에 대처하는 법을 배우시죠.

물리적 교육에는 다른 장점도 있다. 스탠퍼드 대학교의 온라인 강의가 성공을 거두었는데도 입학 지원율이 떨어지기는커녕 오른 이유를 묻자 대학측은 "섹스 경험 때문이죠"라고 답했다는 말이 떠돌고 있다.[9]

따라서 사람들이 온라인 강의만으로도 모든 것을 배울 수 있다는 아이디어는 당혹스럽다. 비록 화면 중심으로 돌아가는 어린 시절이 점점 더 당연시되더라도 말이다. 제인 맥구니걸Jane McGoonigal의 TED 강연에 따르면 열성적인 게이머라면 스물한 살이 될 무렵에는 온라인 게임에 1만 시간 정도를 보냈을 것이라고 추정한다.[10] 한 개인이 제도 교육을 마치는 데 걸리는 시간과 거의 비슷하다. 특히 초기 교육에서는 사회화가 주요 목표인데, 학생들이 학교에 물리적으로 출석하거나 상호작용을 하지 않는다면 그런 목표를 달성할 수 없다.

UCLA의 심리학과 교수인 퍼트리샤 그린필드Patricia Greenfield가 주도한 연구에 따르면 현재 10대 초반 청소년은 매일 거의 여덟 시간을 화면 앞에서 보내며 그로 인해 사회 기술 습득 기회가 희생당하고 있다.[11] 같은 연구에서 한 무리의 10~12세 학생들이 5일 동안 '무화면no screens' 자연 캠프에서 보내면서 야영하고 요리하고 산책하고 주위 환경을 자세히 살펴볼 기회를 가졌다. 그리고 그 캠프에 가지 않고 화면으로 연결된 채 지낸 대조군 아이들과 비교했다. 캠프에 다녀온 아이들은 다른 이들의 감정을 훨씬 잘 이해했다. 그렇다고 실외 활동을 했기 때문이라고 단정할 수는 없다. 다만 이 연구는 다른 이들과 물리적으로 함께 지내는 것이 비언어적 신호를 읽는 능력과 밀접한 연관이 있음을 보여준다.

이런 연구에도 불구하고 기존의 한 시간짜리 강의가 위협받고 있다. 특히 대학교에서 심각한 위기에 처해 있다. 강의를 다운로드할 수 있는데 굳이 출석해야 할까? 이것은 단순히 디지털이냐 인간이냐의 문제가 아니다. 강의가 어떻게 전달되는지가 중요하다. 판서와 판서 내용의 일방적인 전달이 전부라면 그런 강의는 삭제해도 상관없을 것이다. 하지만 교사나 강사가 애써 중요한 정보를 추리고 핵심 주장을 인간적이고도 성실하게 전달하는 강의라면 그런 강의는 분명 소중하게 다뤄져야 할 것이다.

또한 호감을 사거나 영감을 불어넣거나 친근하게 다가가는 법을 가르칠 수는 없다 해도 이런 자질을 모두 갖춘 사람을 고용할 수는 있다. 왜 더 많은 학교에서 그런 사람을 교사로 채용하지 않는지 의문이다. 그러니 비싼 시설 마련에 집착하는 것을 그만두고 더 나은 교사를 채용하는 데 더 많은 비용을 투자하면 어떨까? 이렇게 물으면 좋은 시설을 갖추지 않으면 좋은 교사가 모이지 않는다는 답변이 돌아온다. 나는 과연 그런지 반문하고 싶다.

슬로 에듀케이션

앞서 언급했듯이 순수한 사고, 즉 생각하기 위해 생각하는 것의 가치는 표준 교육과정에서는 거의 인정받지 못하고 있다. 그와 함께 교육의 진정한 사명이 호기심을 채우거나 인격이나 가치관을 세우는 것이라는 믿음도 사라졌다. 학교는 오로지 측정하기 쉬운 것들, 그중에서도 특히 시험 통과 비율을 토대로 산출한 자료로만 판단된다. 대학교는 조금 사정이 다르지만 여전히 대다수가 성격, 열정, 더 넓은 의미에서의 재능은 거의 무시한 채 적절한 성적을 낸 학생만이 입학하고 졸업하는 훈련장이 되어버렸다.

슬로 에듀케이션은 슬로푸드나 슬로 저널리즘처럼 이런 세태에 저항한다.[12] 슬로 에듀케이션을 지지하는 사람들은 교육은 특히 초기에는 질문을 유도하고 성찰을 이끌어내야 한다고 주장한다. 그래야 더 차분하고 깊게 사고하는 방법을 배울 수 있고 수준 높은 독해력 및 청해력을 갖추게 된다는 것이다.

또한 물리적 공간의 중요성을 강조하고 집중력을 분산시키는 디지털 기기 사용을 반대하거나 적어도 균형 잡힌 사용을 권한다. 특히 인터넷은 학생들이 차분하게 명상하는 능력을 키울 기회를 빼앗고 있다. 현재 오픈 소스 강의와 원거리 학습이 교육에서 큰 역할을 담당한다. 열린 대학교 Open University가 그 대표적인 예다. 그러나 이것은 물리적 교육을 보강하는 시스템이지 교육 현장에서 이루어지는 면 대 면 교류, 동기 부여, 정서적 격려의 대체재는 아니다.

슬로 에듀케이션에서 핵심은 시간이다. 학생들이 서로 다른 속도로 배우며 충분히 시간을 가질 수 있게 해줘야 한다. 그럼으로써 어떤 과목이나 이론에 더 깊이 빠져들 수 있다면 더욱 충분한 시간이 주어져야 마땅하다. 이를테면 왜 능력이나 관심사가 아닌 나이로 아이들을 나누는가? 또한 왜 선진국에서는 아이들의 50퍼센트가 앞으로 백 살까지 살 텐데도 네 살 무렵부터 열여덟 혹은 스물한 살까지 학교에 붙들어두는가? 왜 그렇게 서두르는가?

얼마나 관심이 있고 얼마나 이해했는지가 중요하다. 얼마나 많은 정보를 암기한 다음 시험에서 얼마나 잘 토해낼 수 있는가가 중요한 것이 아니다. 슬로푸드와의 비유를 더 확장하면 강의를 어떻게 준비하고 어떤 재료를 사용하고 어떻게 씹느냐가 중요하다는 말이다. 그리고 마지막으로(그렇다고 덜 중요한 것은 결코 아니다) 슬로 에듀케이션은 사람 중심이며 상호작용의 질을 중시한다. 젊은 신입사원들이 자신과 눈을 마주치는 것을 어려워한다고 지적하는 고용주들도 공감할 만한 교육철학이다.

우리는 교사나 공공 교과과정이 형편없는 강의를 제공한다고 비난만 해서는 안 된다. 다시 말하지만 부모들이 여유를 갖고 존재하지도 않는 목표지점이 아닌 인생 전반에 초점을 맞추고 교육 문제를 바라봐야 한다.

이제 슬로 플레이라는 것에 대해 이야기하고자 한다. 이것은 오늘날 아이들이 실내에서 화면을 보며 보내는 시간이 너무 많다는 사실에서 출발한다.[13] 요즘 아이들은 지나치게 빡빡하고 통제된 일정에 따라 움직이며 바깥에 나가는 일이 거의 없다. 영국에서 걸어서 등교하는 학생의 비율은 불과 25퍼센트다. 독일에서는 그 비율이 75퍼센트다. 1971년에는 영국에서도 그 비율이 86퍼센트나 되었다.

이것이 중요한 문제인가? 물론이다. 아이들에게 자유와 자기주도학습 기회를 주면 얻는 것이 아주 많기 때문이다. 창의성을 발휘하고 실수를 경험하면 아마도 변덕스러운 세상에서 가장 먼저 갖추어야 할 '결과물'일 인성과 저항력 형성에 도움이 된다.

교육 문제에서 우리 모두 좀 더 여유를 가져야 한다는 생각은 다른 곳도 아닌 실리콘밸리의 한 학교 이야기에서도 찾을 수 있다. 디지털 경제의 심장부인 로스알토스에 페닌슐라 발도르프 학교라는 초등학교가 있다. 애플과 구글 같은 회사에서 일하는 똑똑한 사람들이 자녀를 이 학교에 보낸다. 그렇다면 이 학교가 컴퓨터로 가득 차 있다고 생각하는가? 아니다. 단한 대도 없다.[14] 이 학교와 이와 유사한 학교를 운영하는 이들은 컴퓨터와 학습은 서로 어울리지 않는다고 주장한다. 컴퓨터는 집중력을 분산시키고 창의성의 발현을 방해하며 인간관계를 약화시키기 때문이다. 대신 아이들은 펜과 종이를 마음껏 휘두른다. 이들 학교에서는 칠판, 분필, 백과사전을 기꺼이 사용한다. 이런 모습은 분명 구글 CEO 에릭 슈미트의 마음에 들 것이다. 그는 이렇게 말했으니까. "나는 앉아서 책을 읽는 것이야말로 무언가를 확실하게 배우는 가장 좋은 방법이라고 여전히 믿는다."

그런 방식이 효과가 있을까? 세계 최고 대학교에 다니는 학생 수를 근거로 삼는다면 답은 '그렇다'다. 그런 대학교에 들어간 아이들은 이미 유전적으로 성공할 운명을 타고났다고 주장할 수도 있다. 그러나 그 성공에는 유전적인 요인보다는 호기심이 많다는 것이 멋지다고 평가하는 가정과 학교라는 환경적인 요인이 더 크게 작용했을 것이다. 요컨대 몰입이 중요하며, 이렇게 이야기는 뛰어난 강의 계획을 세우는 훌륭한 교사의 중요성으로 자연스럽게 되돌아간다.

전직 교사이자 미국 풀먼 대학교의 폴 토머스Paul Thomas 교수는 공공(정부) 교육제도 전문가로 그는 이 문제를 다음과 같이 정리했다. "교육은 바로 인간의 경험이다. 문해력, 산술력, 비판적 사고력이 필요할 때에 첨단기술은 방해가 될 뿐이다." 그는 또한 "교실에서는 첨단기술을 가능한 한 덜 쓰는 편이 언제나 학습에 더 도움이 된다"라고 말했다.

그렇다고 첨단기술을 가능한 한 덜 쓰기가 러다이트 운동 같은 것을 의미하지는 않는다. 교실에서도 화면을 사용해야 할 때가 있다. 지능교과서는 첨단기술을 적용하는 흥미로운 교육 도구다. 종이가 가장 적합한 학습 유형도 있지만 특정 질문에 대한 답을 제공하거나 학생이 읽은 내용에 관한 질문을 할 수 있는 전자책도 쓸모가 있다. 예를 들어 학생들이 교사나 동급생에게 묻기 창피하다면 책에게 질문을 할 수도 있다. 또 지능교과서는 학생의 독해 수준에 맞춰 글의 수준을 조정할 수도 있다.

일이라는 주제로 넘어가기 전에 나는 두 가지를 더 짚고 넘어가고자 한다. 첫째는 다소 예외에 해당한다.

마이클 샌델Michael Sandel은 하버드 대학교의 교수이자 정치철학자다.[15] 아리스토텔레스, 칸트, 존 스튜어트 밀 등의 철학 사상을 가르친다. 하버드 대학교 밖 사람들에게 그의 강의가 별 쓸모가 없을 거라고 생각하기 쉽다. 그런데 철학과 윤리에 관한 그의 강의는 TV에 방영되었고 그가 쓴 책 『정의란 무엇인가Justice : What's the right thing to do?』는 아시아에서만 100만 부 넘게 팔렸다. 무슨 일이 벌어지고 있는 걸까? 〈스타트렉〉 시리즈의 닥터 스파크라면 당연히 이것이 '매우 비논리적'이라고 말할 것이다.

샌델의 인기는 세 가지 추세와 맞물려 있다. 첫 번째는 기술적인 것이다. 바로 앞에서 언급한 온라인 교육 서비스의 증가다. 전 세계 어디에서나 학생들은 샌델과 연결될 수 있고 이때 드는 비용은 0이다. 두 번째는 문화적인 것이다. 아시아에서는 개방적이고 창의적인 토론과 혁신적인 사고에 대한 갈망이 있다. 특히 최근까지 권위주의적인 분위기가 강했던 나라에서는 더 그렇다. 세 번째는 도덕적 논쟁에 대한 동경으로, 세 가지 추세 중 가장 흥미롭다. 경영과 경제 같은 무미건조하고 윤리적으로 텅 빈 주제에 지나치게 집중하는 사회에서 특히 강하게 나타난다.

그런데 이것은 샌델이 몇몇 나라에서 인기를 끄는 이유를 설명할지는 몰라도 세계적인 인기를 누리는 이유를 설명할 수는 없다. 지역을 막론하고 사람들이 개인주의, 과도한 물질주의, 블로그, 바이트에 지쳤다는 것이 한 답변이 될 수 있겠다. 그런 사람들은 주류 언론과 정치인들이 시도조차 하지 않는 거대 윤리 담론을 둘러싼 진지한 토론이 벌어지기를 갈망한다. 종교의 부재로 진공 상태가 존재하며 대중 철학이 그런 빈자리를 채운다고 주장할 수도 있다.

교육이라는 주제에 관한 나의 마지막 의견은 수면(잠)에 관한 것이다.

자면서 성공 가도 달리기

━

10대 자녀를 둔 부모라면 잘 자고 있는 아이를 깨워서 학교 보내기가 얼마나 힘든지 알 것이다. 수면이라는 주제는 이미 다뤘지만 디지털 시대는 수면 친화적이지 않다는 사실을 다시 한 번 강조할 필요가 있다. 침실에서 하루 스물네 시간 내내 TV와 컴퓨터가 가동 중인 데다 부모가 잘 시간에 대해 꽤 느슨한 태도를 취하다 보니 충분히 자지 않는 10대가 많은 것이 현실이다. 그런데 충분한 수면을 취하지 못하면 기억 안정화가 순조롭게 이루어지지 않으며 복잡한 문제에 대한 답을 꿈에서 얻는 능력이 사라진다.

수면 부족으로 인한 스트레스 호르몬인 코르티솔의 증가도 충동적인 행동을 유발하고 공감 능력을 저하시킨다. 카페인 성분의 에너지 음료를 통한 자가 치료는 상태를 악화시킨다. 노르웨이에서 실시한 연구에 따르면 잠들기 전 모바일 기기를 사용하는 10대는 깊은 수면에 들지 못할 확률이 거의 두 배나 높다.[16] 글래스고 대학교의 연구도 유사한 결과를 내놓았다. 한밤중에 소셜미디어를 확인하는 10대가 많았는데, 그런 아이들은 대체로 수면 시간이 고작 다섯 시간밖에 되지 않았다. 연구진에 따르면 이것은 '교실 좀비'를 낳고 불안증의 확산을 유발한다.[17]

런던의 UCL 아카데미에서는 상급생들이 늦잠을 잘 수 있도록 등교 시간을 늦추는 실험을 했다. 영국 북부의 몽크시턴 고등학교에서도 등교 시간을 오전 10시로 늦추었고 그 덕분에 학업 성취도가 높아졌다고 한다.[18] 이것이 보편화될지는 두고 봐야 하겠지만 다른 혁신적인 시도에 교육계가 어떻게 반응했는지를 고려할 때 그럴 가능성은 없다고 본다. 따라서 그저 누군가 자러 가기 전 수면을 유도하는 경두개 자기자극 기술을 발명해서 교육제도를 재부팅해주기를 초조하게 기다리는 수밖에 없어 보인다.

20450104T13:34:51+00:00

당신의 의료 이식 장치인 힐링 헬스 사 심장 제세동기(모델번호 1377549)에 대한 해킹 시도가 자동 침입 감지 시스템에 걸렸습니다.

법에 따라 다음과 같이 알립니다. 허가받지 않은 개인이나 기관이 앞서 언급한 기기에 원격 접속하는 건 성공 가능성이 매우 희박하나, 그런 상황이 발생할 시 그 기기의 전원을 끄거나 치명적인 전기 충격을 가하도록 프로그램을 수정할 수 있는 매우 낮은 가능성이 있습니다.

이런 점을 고려해서 가능한 한 빠른 시일 내에 성능이 향상된 기기로 바꾸는 의학적인 절차를 밟으시길 권합니다.

사이버 장애 처리부 부장
A.K. 샌디 박사 드림

8

일과 고용   Work and Employment

미래는 왜 중세와
비슷해질까?

어떤 것이든 창의적인 일을 하는 운 좋은 소수가
인류의 진정한 엘리트 계층이 될 것이다. 그들만이 기계를
보조하는 것 이상을 할 수 있기 때문이다.

아이작 아시모프 Isaac Asimov

내 친구 중에 통신업체의 자문역을 하는 이가 있다. 영국의 100만 디지털 노마드의 일원으로(영국 근로자 일곱 명 중 한 명이 디지털 노마드다),[1] 글로벌 통신 혁명 덕분에 재택근무를 한다(영국 통계청에 따르면 영국의 재택근무자 수가 지난 16년간 45퍼센트 증가했다고 한다). 그 친구에게 출근이란 슬리퍼를 꿰차고 자기 집 이층으로 올라가는 것이다. 나도 때로는 그런다. 다만 나는 일과 집이 물리적으로 구분되어 있지 않으면 일을 잘할 수가 없다. 특히 아이들이 명절에 집에 있으면 온실에 앉아 있는 사람이 근무 중일 수도 있다는 것을 절대 인정하려 들지 않기 때문에 일하기가 더 힘들어진다.

그 친구는 상사 및 동료 대다수의 얼굴을 한 번도 보지 못했다. 그런데 자유계약직인 이 친구도 가끔 실제 사무실로 출근한다. 이 사무실은 내가 아는 한 상식이 온데간데없이 사라진 곳이다. 물론 인위적인 무지의 문화 덕분에 이를 두고 아무도 뭐라고 말하지 않는다.

하루는 친구가 회의 장소를 예약했다. 당연히 인터넷으로 했다. 회의실 자체는 꽤 평범해서 어디에나 있을 법한 장소였다. 그런데 회의실 실내

온도가 낮았다. 온도조절기를 찾을 수 없어서 친구는 시설관리자에게 전화를 걸어 난방을 해줄 수 있느냐고 물었다. 답은 할 수 있다는 것이었다. 다만 당장은 안 된다고 했다. 이메일로 요청을 해야 처리할 수 있는데 그런 과정이 스물네 시간 정도 걸린다는 것이었다.

회의는 취소되었고 다들 카페로 이동했다. 카페는 화면을 켜는 동료 재택근무자로 넘쳐났다. 아마도 실제 일의 대부분이 그런 곳에서 행해지리라. 그리고 물론 스물네 시간이 지난 뒤 내 친구는 요청받은 대로 난방을 했으니 시설관리자의 대응에 평점을 매겨달라는 이메일을 받았다. 그는 시설관리자의 대응이 '기대에 부응했다'고 답했다.

미래에 아마도 그는 텔레프레즌스 시스템을 탑재한 트런들봇을 이용한 원격 화상회의에 참여할 것이다. 그러면 여러 장소에 동시에 가상으로 출석할 수 있게 된다. 물론 '직접 참여'의 의미는 재고되어야 할 것이다. 적어도 그는 자기 방 실내 온도는 직접 조절할 수 있을 것이다.

현재 500개도 안 되는 글로벌 조직이 세계 무역량의 70퍼센트를 장악하고 있다. 거의 모든 경우에 이들 기업은 오직 주주에게만 실질적인 책임을 진다. 그리고 대개 기업의 경영진도 주식을 양도받아 주주의 지위를 누린다. 고객과 나머지 직원에게는 발언권이 거의 없다. 고객과 직원은 무조건 줄여야 하는 비용이 되었다. 500이라는 숫자가 50이 되고, 기업들이 비용을 줄이기 위해 점점 더 온라인 사업 비중을 늘려서 결국 회사와 말하는 것이 거의 불가능해지는 시나리오가 충분히 가능하다. 고객과 직원모두 인터넷의 자주 묻는 질문 게시판, 음성 메시지, 소비자 주도 토론방, 관리자 아바타를 상대하게 될 것이다. 실제 존재하는 인간과 말하는 것이 매우 어려워지고 심지어 돈이 들 수도 있다.

영국 운전면허청이나 호주의 국영 통신회사인 텔스트라와 통화를 시도한 적이 있는 사람이라면 이미 미래를 맛봤다고 할 수 있다.

카페인을 지나치게 많이 섭취하고 숨이 가쁜 비평가들은 일의 신세계는 근로자가 기업의 사슬에서 벗어나 자유로워진 곳이라고 말한다. 고용되는 대신 우리는 모두 스스로의 고용주가 될 자유를 얻는 것이다. 우리는 어디서나 일할 수 있고 관심이 가는 일이라면 무엇이든 지원할 수 있다. 프리랜서 배우가 영화에 출연하려고 경쟁하는 것처럼 말이다. 마이크로소프트의 말처럼 "일은 당신이 하는 것이지, 당신이 가는 곳이 아니다."

나는 여기에 동의하지 않는다. 저널리스트 사라 재피Sarah Jaffe처럼 그런 해방감은 망상이라고 본다. 세계의 노동을 바꾸고 있는 혁신은 실제로는 "수십 년간 지속된 일자리 쪼개기의 다음 단계에 불과하며, 노동자를 고립시키고 임금을 낮출 뿐이다." 일은 사회적인 것이다. 거리라는 장애물의 제거는 관계를 맺는 데 관심이 없는 신흥 엘리트 계층의 마음에 들지는 몰라도 모든 이에게 좋은 것은 아니다.

원거리에서 일하면서 인도에 업무를 하청해서 수익을 올릴 수 있다는 것을 깨달은 미국의 한 컴퓨터 프로그래머에게는 좋을 수 있다. 그는 두 번째 일거리를 맡아 이전과 마찬가지로 하청을 주고 나서야 꼬리가 잡혔다.

그러나 대다수의 사람들에게는 일이 더 불안정해지고 더 많은 스트레스를 유발할 것이다. 학생들만이 아니라 저숙련 노동자나 반복 작업을 하는 사람들은 모두 교육과 취업을 끊임없이 오갈 것이다. 기존에 습득한 기술의 연한이 만료되기 전에 서둘러 새로운 기술을 익혀야 하기 때문이다. 학교나 직장에서 주의를 기울이지 않으면 기계에게 일자리를 빼앗기고 심지어는 영혼을 빼앗길 수도 있다.

미래의 일자리는 여러모로 현재와 거의 비슷할 것이다. 저임금 서비스 업종이 제조업을 압도하면서 시시한 일자리, 파트타임 일자리, 0시간 계약직(정해진 노동 시간 없이 임시직 계약을 한 뒤 일한 만큼 시급을 받는 노동 계약직―옮긴이)이 대부분을 차지할 것이다. 남은 일자리는 대부분 '맥잡McJobs'과 유사한, 런던 정경대학교의 미국 출신 인류학자 데이비드 그레이버David Graeber가 "싹수없는 일자리bullshit jobs"라고 부른 것들일 것이다. 2014년에 노동자를 대상으로 한 갤럽 설문조사에서 전 세계의 90퍼센트에 이르는 노동자가 자신이 하는 일을 좋아하지 않는다고 답한 것을 고려하면(자신의 일에 '몰입하지 못한다'거나 '적극적으로 피한다'라고 답했다)[2] 앞으로 일자리의 질이 더 떨어지면 무슨 일이 벌어질지 상상조차 안 된다.

경제학자 타일러 코웬도 그레이버와 견해가 같다. 코웬은 고등교육을 받고 열정적이며 의지가 강한 10~15퍼센트의 근로자는 새로운 경제에서 아주 유리한 위치를 점할 것이라고 주장한다. 반면 나머지 85~90퍼센트의 근로자는 의미 있는 일이나 고임금 일자리를 찾기 힘들 것이라고 말한다. 하루의 대부분을 화면 앞에 앉아서 정보를 입력하는 작업이나 하면서 지낸다면 곧 해고되거나 임금이 삭감될 것이다.

전체적으로는 고령화, 자동화, 그리고 효율성을 추구하면서 노동자를 내칠 핑계만 찾는 기업들 때문에 노동 인구가 줄어들 것이다.

일 자 리 의   멋 진   신 세 계

―

자동화가 가져올 파장이 이 책의 주제다. 신기술이 인간이 서로 관계를 맺는 방식을 어떻게 바꿀지, 그리고 궁극적으로는 기술이 인간의 정체성과 목적의식을 어떻게 바꿀지가 핵심 질문이다. 그러나 기술로 일이 어떻게 바뀔 것인가라는 문제도 이 모든 것에 영향을 미치며, 그동안 간과된, 기계 자체가 어떻게 변하고 있는지에도 관심을 기울여야 한다.

현재 구글에서 일하는 레이 커즈와일Ray Kurzweil 같은 기술공학자는 우리가 기하급수적인 기술 혁신의 경계선상에 서 있다고 주장하며, 특히 컴퓨팅 비용, 저장 용량, 정보 처리 능력을 그런 분야로 꼽았다. 이런 혁신은 논리적으로 기계가 거의 모든 면에서 인간을 앞서는 시점인 인공지능 특이점AI Singularity이라는 결말로 마무리된다. 인공지능 특이점 이야기로 곧다시 돌아가겠지만 일단 여기서는 현재 개발되고 있는 기계들, 그리고 특히 자동화 시스템은 시작에 불과하다는 점을 강조하고 싶다.

무엇보다 거의 무한정 공급되는 빅 데이터와 스마트 기기의 결합을 이해할 필요가 있다. 미래는 네트워크 효과를 이해하고 자회사의 제품과 서비스를 둘러싼 관심 공동체를 키울 줄 아는 기업의 것이기 때문이다. 예를 들어 일단 신발을 구매한 사람이 신발을 인터넷에 연결시키면 그 신발은 기업과, 더 중요하게는 그 기업의 사용자가 신발 그 자체보다 훨씬 더값진 새로운 데이터 중심 서비스를 고안할 수 있는 플랫폼이 된다는 것을 신발회사는 이해해야 한다.

적절한 기술, 사회적 분위기, 정책 틀만 마련되면 인간은 이런 기계와 서로 상대의 능력을 보강하면서 나란히 일할 수 있다. 기계는 우리의 시종이자 우호적인 동반자가 될 것이다. 그런데 가장 과감한 미래 시나리오가 현실이 된다면 우리는 엄청난 격변기를 맞이하게 될 것이다. 저숙련 노동직, 무기술 일자리는 기계의 차지가 될 것이다. 그런데 첨단기술의 발전,

낙후된 기술, 효율성에 집착하는 기업, 약하거나 없다시피 한 노동조합, 공정한 노동 계약의 부재가 한꺼번에 몰려와 고용시장이 엄청난 혼란을 겪으면서 고도의 고숙련 전문직도 마찬가지 운명에 처할 수 있다.

이런 기술 쓰나미는 현대사에서 유례를 찾아볼 수 없는 것이어서 인간이 어떻게 대처해야 할지 헤아리기가 어렵다. 가장 암울한 시나리오가 현실이 된다면 불신, 고립, 불안이 뒤따를 것이다. 괜찮은 일자리가 사라지기 때문만은 아니다. (특히 젊은이의 경우에) 안정적인 정규직이 사라지기 때문만도 아니다. 바로 알고리즘 및 기계를 소유하는 자들이 어마어마한 부를 축적하게 될 것이기 때문이다. 기계의 지능이 기하급수적으로 향상될수록 그에 따라 그 소유자가 가져가는 이윤도 기하급수적으로 상승한다. 대다수는 신봉건제를 경험하게 될 것이다.

현존하는 직업 700개의 미래 전망을 검토한 옥스퍼드 대학교의 칼 프레이Carl Frey와 마이클 오스본Michael Osborne의 논문에 따르면 현재 미국의 일자리 중 47퍼센트가 앞으로 20, 30년 내에 컴퓨터 자동화로 사라질 위기에 직면하고 있다.[3] 영국에서 그 수치는 36퍼센트로 약 천만 개의 일자리에 해당한다. 대체로 단순 반복 업무를 하는 일들이다. 기술 연구 기업인 가트너Gartner는 2025년까지 모든 일자리의 3분의 1이 소프트웨어로 대체되어 사라질 것이라고 전망한다.[4]

개인적으로 나는 이런 통계 자료의 일부는 다소 의심스러운 부분이 있다고 본다. 예를 들어 프레이와 오스본은 '시계 수리공'을 사라질 가능성이 높은 직업 중 하나로 꼽고 있다. 그건 사람들이 (다른 웨어러블 기기가 시계 기능을 하니까) 더 이상 시계를 차지 않을 것이라고 보기 때문일까? 아니면 모든 시계가 (고장이 나도 수리하기가 쉬운) 디지털시계가 될 것이라고 보기 때문일까? 나는 두 가지 모두 가능성이 희박하다고 본다. 마찬가지로 프레이와 오스본은 (의사와 함께) 수술외과의를 자동화로 대체될 가능성이 가장 낮은 직업으로 꼽고 있다. 그런데 내가 만난 수술외과의 다수는 이에 동의하지 않을 것이다. 완벽하게 자동화된 수술은 실제로 가능하다. 물론 결국에는 비침습적인 치료법 및 신기술의 출현으로 침습 수술 자체가 대체로 사라질 것이다.

중산층의 일자리가 괜찮은 새로운 일자리로 대체된다면 아무 문제 없다. '괜찮다'는 것은 임금이 충분히 지급되면서도 조금이나마 사회에 기여하거나 가치 있는 사명을 지닌 일자리를 의미한다. 더 나아가 0시간 계약을 하지 않고 다른 사람과 면 대 면 접촉이 가능한 일자리여야 한다. 사람들이 어디서나 일할 수 있게 된다고 해서 꼭 그래야만 하는 것은 아니다.

일은 돈을 버는 수단일 뿐 아니라 우리에게 의미, 정체성, 공동체를 부여한다. 또한 어려울수록 더 흥미로워지는 것이기도 하다. 자동화의 또 다른 문제점은 복잡성, 난이도, 미묘함을 작업에서 제거하기 때문에 직원의 만족도와 근속률이 급격히 하락할 것이라는 점이다.

일부 사회 집단의 일자리가 사라지거나 초거대 도시 몇몇에 일자리가 집중되면 전문 엘리트 집단과 비전문 하위 계층으로 나뉜 엄청나게 양극화된 사회가 도래할 것이다. 이것이 재런 러니어가 "최종 산업혁명final industrial revolution"이라고 지칭한 소프트웨어 혁명이다. 이런 전망은 타일러 코웬의 『4차 산업혁명, 강력한 인간의 시대Average Is Over』, 에릭 브린욜프슨Erik Brynjolfsson과 앤드루 맥아피Andrew McAfee 의 『제2의 기계 시대The Second Machine Age』에서 깊이 다룬 문제이기도 하다.

그런데 다음 이야기로 넘어가기 전에 먼저 시간을 거슬러 올라가 맥락을 파악하고 불안감을 줄일 필요가 있다. 85년 전, 위대한 경제학자 존 메이너드 케인스는 마찬가지로 기계화의 파급력에 관심이 있었고「우리 조손 세대의 경제적 가능성Economic Possibilities for our Grandchildren」이라는 대체로 낙관적인 논문을 1930년에 발표했다. 그는 '새로운 질병', 즉 '기술로 인한 실업'이 문제가 될 것이라고 주장했다. 다만 결국 사회 구성원이 더 오래 여가를 즐기게 될 것이라고 보았다.

현대에는 아직 그런 징후가 포착되지는 않고 있다. 그렇게 된다면 좋긴 할 것이다. 여가는 일이라는 맥락 내에서만 의미가 있다. 강제 휴무나 넘쳐나는 여가는 여가가 전혀 없는 것만큼이나 위험하다. 내가 보기에 비결은 자신이 열정적으로 좋아하면서도 잘하는 일을 찾는 것이다. 돈을 잘 벌 수 있으면 금상첨화다. 어렵고 익숙해지기 쉽지 않은 일이라면 이보다 더 좋을 순 없을 것이다.

케인스는 여러 면에서 선견지명을 보였지만 또 다른 지적도 했다. 자동화가 중산층 일자리의 대부분을 빼앗고 경제 성장을 이끌 임금 상승을 잠식한다면 기계가 만든 상품은 누가 구매할 것인가? 적어도 헨리 포드Henry Ford는 자동화로 인간의 노동력을 증강하고 노동자가 자신이 만든 자동차를 살 수 있을 정도의 임금을 지급하는 현명함을 보였다.

이제 와서 돌아보면 미국을 비롯한 많은 국가들이 정반대 문제에 직면하고 있다. 제2차 세계대전 후 재건 과정과 1950년대와 1960년대에 출현한 신기술은 노동력에 대한 엄청난 수요를 낳았다. 실제로 노동력이 부족했다. 과학과 기술이 인간 노동력에 대한 수요를 줄였지만 오로지 줄이기만 하거나 지속적으로 줄이지는 않았다. 노동력에 대한 수요는 지역을 옮기거나 직종을 옮겼을 뿐이다. 기존 일자리가 사라지기 무섭게 새로운 일자리가 생겨났다.

더 과거로 거슬러 올라가도 마찬가지다. 1500년에는 영국에서 대략 75퍼센트의 사람들이 농업에 종사했다. 오늘날 그 수는 2퍼센트다. 그런데도 현재 생산되는 식량의 양은 1500년에 생산되었던 것보다 더 많다. 또한 최근의 한 연구는 미국 노동 인구의 90퍼센트가 100년 전에도 존재했던 직종에 종사하고 있다고 보고했다.

자동화와 실업을 둘러싼 '그렇게 될까, 안 될까'라는 질문은 시간이 지나고 나서야 답이 나올 것이다. 다만 우리가 사람들의 일자리를 빼앗을 새로운 기계를 만들어낼 뇌가 있다면 같은 뇌로 새로운 유형의 일자리를 만들어내지 못하리라는 법도 없다.

인 간 부 재 를 조 심 하 라
—

내가 이 글을 쓰는 동안에도 기술적 실업의 예가 런던 거리 밑에서 펼쳐지고 있다. 런던 지하철 근로자를 대변하는 RMT 노동조합이 인간의 일자리를 없애려는 경영진에 맞서 투쟁을 벌이고 있다. 역사적으로 지하철역은 지하철 표를 팔고 도와줄 직원이 매표소를 지키고 있었다. 경영진은 이것을 바꾸고 싶어 한다. 앞으로 탑승객은 자동매표기에서 표를 사고, 다양한 비대면 디지털 지불 수단으로 결제를 하고, 아이패드를 들고 다니면서 이리저리 돌아다니는 직원을 붙잡아 도움을 구해야 한다. 이것은 이미 멜버른 같은 도시에서 실제로 벌어지고 있는 일이다.

나는 런던 지하철 시스템 같은 교통수단이 결국 인간 없이 운영되는 것을 피할 길이 없다고 생각한다. 항공사의 탑승 수속 창구나 종착역이 하나뿐인 기차도 그런 추세로 넘어가고 있다. 상점 또한 같은 방향으로 흘러갈지 모른다.

그러나 그러면 대가를 치러야 한다. 나는 영국 교외의 한 마을에서 살고 있고, 정기적으로 기차를 타고 런던으로 나간다. 대개는 특별한 이유가 있어서 가는 것은 아니다. 나는 주류에 속해 있는 걸 좋아한다. 글 쓰는 작업은 꽤 외로워서 다른 사람과 교류하는 게 좋다.

내가 사는 동네 역에는 자동매표기가 있다. 빠르고 대체로 믿을 만하지만 가장 싼 표를 사고 싶을 때가 문제다. 그런 표를 요구하면 기계는 침묵한다. 그런데 다행히 믹이 있다. 역장이다. 우리는 대화를 나눈다. 농담 따먹기도 한다(최근 들은 최고의 농담은 "일찍 기차를 타면 훨씬 싸요. 예를 들면 1950년대에 타면 되죠"다). 믹은 내가 바쁘면 편지도 대신 부쳐주고 낯선 곳에 가야 할 때는 표를 어떻게 끊어야 할지도 알려준다.

믹의 역할을 자동화할 수도 있을 것이다. 철도회사는 물론 그렇고 싶을 것이다. 그런데 공동체는 어떤 희생을 치르게 될까? 그리고 어떻게 기계를 프로그램해야 진짜 인간적으로 느껴질까? 런던 지하철도 마찬가지다. 사람은 중요한 역할을 한다. 단지 표만 파는 게 아니다. 지하철을 이용하는 데 어려움을 겪는 노인이나 외국인에게 도움을 준다. 그런데 따뜻한 미소나 실없는 농담은 대차대조표에 어떤 식으로 반영되는가?

나는 인간이 전혀 없는 세상에서 살아나갈 수도 있을 것이다. 내 욕구와 필요는 엄청난 수의 스마트 기계로 효율적으로 채워질 수 있으리라. 그러나 내가 살아 있는 것처럼 느껴지지 않을 것이고, 그런 삶은 살 가치가 없을 것이다.

이미 돈을 주제로 한 장에서 소득, 부, 기회의 양극화를 살펴보았다. 그러나 여기서 다시 한 번 더 다뤄야겠다. 가장 암울한 시나리오가 기어코 현실이 되는 일은 없더라도 일반적인 추세와 그 밑에 깔린 역학은 여전히 유효할 것이기 때문이다.

기술 낙관주의자들의 입장도 공정하게 반영해서 일의 자동화가 계속 진행되면 아주 좋은 점도 있다는 것을 강조해야겠다. 더 나은 의료 서비스와 교육 체계를 더 많은 사람들이 누릴 수 있게 된다. 또한 한때 부족했던 많은 것들이 풍부해질 것이다. 디지털 경제에서 상품과 서비스의 한계비용은 0이기 때문이다. 더 나아가 조지 자카다키스의 말대로 기업은 "대규모 복제품을 제조하는 것에서 벗어나… 개인 맞춤형 제품과 서비스를 만들어 고객에게 직접 가져다준다." 이것 또한 긍정적인 효과다.

자동화가 보편화되어 일자리가 위협받게 되면 최저임금이든 부가급여든 이에 대처하는 방안이 나올 것이다. 대개 자동화로 어려움에 처한 근로자와 정치인 모두가 이런 제안을 할 것이다. 비평가들은 대부분 없는 것으로 취급하는 노동조합도 개입할 수 있다.

어떤 일자리가 자동화되거나 아웃소싱될 수 있다고 해서 반드시 그렇게 되리라는 보장은 없다. MIT의 경제학과 교수 데이비드 아우터David Autor도 이런 점을 지적하고 있다. 정부는 화이트칼라나 서비스 업종의 일자리가 자동화되지 않도록 보호 조치를 취할 수도 있다. 똑똑하고 온라인 활동에 열심이며 시간이 많은 사람들의 집단이 커지면 심각한 문제를 일으킬 수 있기 때문이다. 25~64세 남성이 특히 문제다. 앞에서 살펴보았듯이 젊은 세대는 대부분 거리 위에서의 혁명보다는 화면 속에서의 무기력에 더 끌리는 것처럼 보이지만 말이다.

미국 재무장관을 역임한 로런스 서머스Lawrence Summers는 2030년이 되면 25~64세 미국 남성 7명 중 1명이 실업자가 될 거라 전망했고 그런 현상이 낳을 결과에 우려를 표명했다. 앞서 사회가 급격하게 변했던 시기인 1960년대에 그 수치가 20명 중 1명이었다. 중국을 비롯한 다른 나라도 마찬가지로 위험하다.

토마 피케티Thomas Piketty의 주장에 근거해 〈이코노미스트〉는 "중산층의 부상은 20세기의 혁신이었고 전 세계에 걸쳐 정치적·사회적 발전에 크게 기여했다. 이 중산층을 쥐어짜면 더 적대적이고, 더 불안정하고, 결국 더 위험한 정치가 도래할 것이다"라고 한다. 따지고 보면 대체로 혁명을 시작하는 것은 중산층이다.

재화와 서비스의 한계비용이 0으로 수렴한다는 이야기는 그런 재화와 서비스를 생산하는 알고리즘의 한계비용 또한 0이라는 것을 의미한다. 일단 알고리즘에 일정 비용을 투자하고 나면 그다음에는 돈이 전혀 들지 않는다. 마찬가지로 로봇은 아무 불평 없이 밤샘 근무, 휴일 근무, 공휴일 근무를 할 것이다. 척추 건강을 고려한 의자, 연금, 의료보험 따위도 지급할 필요가 없다. 알고리즘과 로봇은 어떤 의미에서는 모범사원이다. 그래서 이윤 극대화를 추구하는 강력한 초국가 조직에게 사랑받을 것이다.

이러한 변화가 초래한 문제를 해결할 방안 중 하나는 캘리포니아 대학교 샌디에이고 캠퍼스 교수인 매트 즈월린스키Matt Zwolinski가 제안한 기본소득보장제도다. 자산 조사 결과에 따라 지급하는 복지 수당과 유사하지만 더 간단하다. 소득세(소득 수준에 관계없이 누구에게나 똑같이 부과되는 고정세율)처럼 기본소득제도 기본적인 생계를 유지할 정도의 금액을 정해서 모든 사람에게 지급하는 것이 주요 골자다. 다른 수당이나 복지 혜택은 없다. 그러나 기본소득보다 더 많이 번다고 해서 기본소득을 덜 받거나 반납해야 하는 것은 아니다.

비평가들은 이것이 (사람들이 일을 하지 않도록 부추긴다는 의미에서) 실업수당이나 마찬가지가 될 것이라고 지적한다. 그것도 문제가 될 수는 있다. 그러나 기본소득을 봉사활동, 직업훈련, 취업활동과 연계하면 될 것이다.

그런 아이디어를 실천하는 데 드는 비용은 어떻게 충당해야 할까? 한 가지 방법은 사람에게 세금을 부과하듯이 기계와 로봇에게 세금을 부과하는 것이다. 로봇, 알고리즘, 자동화 시스템을 생산하는 기업에 세금을 부과하거나 그런 것들을 '고용'하는 조직에게 세금을 부과하는 식이다. 신장 투석 장치처럼 사회에 기여하는 기계는 세금을 면제해주고 슈퍼마켓의 자동계산대에는 세금을 부과할 수도 있다. 케임브리지 대학교 뉴넘칼리지 학장인 캐럴 블랙Carol Black은 직장 환경이 공중보건의 향상에 기여해야 한다고 주장한 바 있다. 폭넓은 사회적, 의학적, 환경적 목표를 근거로 기술에 세금을 매기는 것도 같은 아이디어다.

아니면 정부가 연소득이 아닌 자산을 근거로 세금을 매기거나 사치품의 소비세를 올릴 수도 있다. 호화 주택은 두 항목 모두에 해당한다. 영국의 노동당도 이런 방안을 검토하고 있다. 문제는 이런 방안을 실천했을 때 자본 도피가 우려된다는 점이다. 부유층은 대체로 이동이 자유롭기 때문에 은행업으로 먹고사는 스위스 같은 나라로 옮기면 그만이다. 〈이코노미스트〉는 영국과 미국에서 소득 상위 1퍼센트 계층이 이미 전체 세수의 각각 28퍼센트와 47퍼센트를 부담하고 있다고 지적했다. 이들 나라에서 세금을 더 올리면 틀림없이 부유층은 연관성은 없지만 그럴듯한 이런 수치를 이유로 들며 세금원이 되는 사업을 다른 나라로 옮길 것이다. 그렇다면 아마도 진짜로 필요한 것은 전 세계적으로 합의된 동일한 세금 체계를 마련하는 일이다.

아인 랜드Ayn Rand를 추종하는 자유주의자 사도들은 이런 아이디어에 진저리를 친다. 아인 랜드가 누군지 모르는 사람을 위해 간략하게 소개하자면, 그녀는 최근에 특히 미국에서 인기를 끌고 있는 작가이자 철학자다. 유독 자유방임주의 자본가 집단과 실리콘밸리 기술공학자들의 열정적인 지지를 얻고 있다. 랜드는 이기적인 이성과 개인의 권리를 옹호했고 본능, 직관, 공동체, 종교를 배척했다. 또한 이타주의도 인간의 행복 추구에 방해가 된다는 이유로 비판했다.

랜드는 우버(Uber, 현재 구글이 우버의 지분 일부를 소유하고 있다)의 CEO 트래비스 칼라닉Travis Kalanick이 매우 좋아하는 작가다. 그는 우버의 운전사 모두를 자율주행 자동차로 대체할 계획이며 한동안 트위터 프로필 사진으로 랜드의 소설 『파운틴헤드The Fountainhead』의 표지를 썼다. 칼라닉은 아마도 앤드루 킨이 말한 "인공 알고리즘에 의한 인간의 노동 비용 소멸"의 화신인지도 모르겠다.

랜드와 미래주의를 아우르는 것이 바로 20세기 초 있었던 예술운동으로 이 운동의 지지자들은 속도와 기술을 떠받들고 옛것은 무조건 혐오했다. 랜드와 미래주의를 더 잘 버무린 것은 1960년대와 1970년대에 캘리포니아를 중심으로 확산된 반문화운동인데 이 운동이 그 후 디지털 혁명을 낳았다. 프레드 터너Fred Turner는 『반문화에서 사이버 문화로From Counterculture to Cyberculture』에서 이를 다루고 있다. BBC 다큐멘터리 〈한없이 자비로운 기계들의 보살핌을 받는 모든 것들All Watched Over by Machines of Loving

Grace〉도 또한 랜드의 영향력을 비중 있게 다루었다.

『미래 완료Future Perfect』의 저자이자 실리콘밸리 주민인 스티븐 존슨 Steven Johnson은 랜드와 실리콘밸리를 엮는 주장들에 반론을 제기한다. 실리콘밸리 주민은 민주당에 압도적인 지지를 보내는데 랜드는 공화당에 더 가깝다는 것이다. 그는 기술 혁신으로 모두가 풍족한 시대가 도래할 것이며 정부는 그저 방해만 하지 않으면 된다는 견해가 실리콘밸리를 더 잘 대변하는 입장이라고 주장한다.

급격한 민영화, 자유시장, 디지털 만능주의, 랜드 철학에도 불구하고 기계의 시대가 인간 중심으로 돌아가도록 만들기 위해 우리가 할 수 있는 일에는 무엇이 있을까? 앞에서 수면을 다루었지만 수면 친화적인 직장 환경을 조성하면 어떨까? 근로자가 모든 에너지를 소진하고 자기 삶의 통제권을 상실했다고 느낀다면 심각한 문제다. 의무 휴가제, 구내식당, 점심시간을 다시 도입하고 원하면 낮잠도 잘 수 있게 하면 어떨까? 오늘날 매주 금요일 자유로운 복장으로 출근하는 캐주얼 프라이데이는 별 의미가 없게 되었다. 거의 모든 직장인이 매일 편한 복장을 하고 다니기 때문이다. 차라리 매주 하루는 이메일을 주고받지 않는 요일로 지정하면 어떨까?

프랑스의 IT 컨설팅 회사 아토스Atos는 현재 사내 이메일을 전면 금지하는 프로젝트를 진행 중이다. 메신저 대신 직원들이 회사를 돌아다니면서 서로 대화를 나누길 권장한다. 아주 좋은 아이디어다. 계획하지 않은 회의와 우연한 대화는 성과로 나타날 것이고 사람들이 구부정하게 앉아 화면만 들여다보고 있는 것보다는 돌아다니는 게 건강에도 더 좋다. 고용주들은 보통 입사 지원자들이 대인 기술이 부족하다고 불평하곤 한다. 따라서 직원들의 소통 능력을 향상시킨다는 것만으로도 환영할 만한 일 아닌가.

이야기가 나온 김에 매주 화요일에는 첨단 기기를 쓰지 않는 기술 없는 화요일을 실시하고 있다면, 한 달 동안 회사에서 직원의 디지털 활동 추적을 중단하는 추적 없는 11월을 더할 수도 있을 것이다. 오늘날 온라인에서의 디지털 추적은 당연한 것이 되었고 많은 이들이 쿠키나 자신의 취향에 맞춘 광고를 별 생각 없이 받아들이고 있다. 그러나 직장에서 회사가 자신의 활동을 추적하는 것을 과연 받아들일 수 있을까? 영국의 석유회사 BP, 이베이eBay, 코카콜라Coca-Cola, 오토데스크Autodesk, 뱅크오브아메리카Bank of America 등 몇몇 기업의 직원에게는 이미 일어나고 있는 현실이다. 그런 추적에 나쁜 의도는 없지만 직원에 관한 데이터를 계속 수집하는 것이 어떻게 그 직원에게 도움이 될 수 있을지는 전혀 상상이 되지 않는다.

앞서 살펴봤듯이 핏비트 같은 신체 활동 추적기는 사람들이 더 건강한 습관을 갖도록 돕는다. 뱅크오브아메리카는 콜센터 직원들에게 6주 동안 센서를 착용하도록 했다. 센서는 직원이 어디에 가는지, 누구와 이야기하는지, 그리고 시간이 지남에 따라 신체 움직임이 어떻게 변했는지를 기록했다. 그 결과 사교적인 사람의 생산성이 더 높은 것으로 나타났다.

신체 활동 추적기가 생산성을 높이는 경향은 있지만 한 학자는 '투명성 패러독스' 때문에 사람들이 자신들의 목표치에 집착한 나머지 시스템을 조작해서 속임수를 쓰거나 도박을 한다고 주장한다. 또한 웨어러블 기기는 사생활 침해 문제를 낳고 애초에 사람들의 활동을 추적할 건전한 이유가 있는지 의문을 품게 한다.

예를 들어 아마존은 창고 직원을 감시한다고 비판받고 있다. 회사에서는 창고 직원들에게 하루에 최대 10시간 30분 동안 모바일 기기를 착용하도록 했고, 덕분에 직원들은 정해진 근무 시간에 주어진 업무량을 채우고 있다. 이들 중 많은 이가 야간 근무를 하기 때문에 창고에는 으스스한 분위기가 감돈다. 한 창고 직원은 "회사는 우리가 인간처럼 생각할 수 있다는 사실을 믿지 않는 것 같아요"라고 말했다.[5] 실제로 믿지 못하는 것일 수도 있다. 그래서 아마존도 다른 기업들처럼 로봇이 일하는 자동화된 창고를 세우려고 계획하고 있다. 궁극적으로는 인간이 전혀 필요 없는 무인 창고가 될 것이다. 따지고 보면 이윤 극대화의 관점에서 이보다 더 효율적인 시스템도 없지 않은가?

유니버시티 칼리지 런던UCL의 마이클 마모트Michael Marmot는 아마존 창고 직원 같은 근로자는 정신병에 걸릴 위험이 더 크다고 말한다. 이런 상황을 보고 있으면 (범고래에게는 전혀 재미없는) 놀이동산에 갇혀 심심하고 짜증이 난 나머지 서로를 공격하는 범고래가 떠오른다.

인력 자원 예측 및 분석[6]

—

미국이 인재를 모으느라 애써야 했던 마지막 시기인 제2차 세계대전 직후에 미국 기업들의 인력자원부(당시에는 인사과였다)는 여러 행동, 적응력, 지능, 의학 검사를 실시해서 자국에 초대하려는 인재의 적합성 여부를 확인했다. 1950년대와 1960년대에 미국 경제계에서 널리 행해지던 이런 관행은 1990년대에 와서는 거의 사라지다시피 했다. 경기가 활황인 데다 이직률이 높아서 곧 떠날 사람을 이리저리 시험하는 것이 별로 중요하지 않게 여겨졌기 때문이다. 기업 전문 자문회사인 CEBCorporate Executive Board의 연구에 따르면 신입 직원의 거의 25퍼센트가 입사 결정을 한 지 12개월 안에 그만두는 것으로 나타났다. 단기 수익에만 집중하는 분위기도 성과가 장기적으로 나타나는 훈련과 평가 프로그램 운영에 방해가 되었다. 따라서 1990년대와 대략 2010년대 사이에 고용은 대개 비공채로 이루어졌다. 그런데 이제 데이터 과학이 돌아왔다.

기업이 사람을 어떻게 고용하고 해고하는지를 과학적으로 생각하는 것(인력자원 분석학, 인력자원 과학, 분석적 평가, 인력 분석학 등 명칭은 다양하다)은 디지털 데이터 기술이 발달하면서 다시 각광받고 있다. 이런 연구를 지지하는 이들은 인력자원 부서가 누구를 고용하고 해고해야 할지 결정하는 데 도움이 될 뿐 아니라 어떤 사람의 미래의 잠재 가치 및 금전적 가치가 얼마나 될지도 알려줄 수 있다고 믿는다. 심지어 온라인상의 사소한 개인 정보로 개인의 기질을 분석해 고용주가 고용하거나 해고하기에 적당한 노동자를 찾도록 도와줄 것이다.

아이러니하게도 그런 데이터의 신뢰성에 관한 데이터는 거의 구할 수가 없다. 그리고 일부 도구와 기법은 약간 꺼림칙한 데가 있다. 이를테면 상사가 '던전 크롤'이나 '와사비 웨이터' 같은 게임을 하라고 권하면서 그 이유는 말하지 않는다면 당연히 경계해야 한다. 이들 게임은 심리학자와 신경과학자 집단이 개발한 것으로 데이터 과학자는 당신이 무의식중에 하는 일들에 관한 풍부한 데이터를 모아 인간으로서의 잠재력을 추산할 수 있다.

이것 중 일부는 받아들일 만하다. 특히 비슷한 배경과 조건을 지닌 두 사람 중 누구를 고용할지 결정해야 할 때라면 말이다. 그러나 미묘한 차이와 인간의 직관이 이런 방정식에서 철저히 배제된다고 생각해 보라. 아니면 사람들이 더 이상 면 대 면 면접은 보지 않고 기계의 질문만 받는다면?

현존하는 시험에서조차 단지 데이터에 따르면 특정 집단이 위험도가 높은 것으로 나타났다는 이유로 한 집단 전체가 채용에서 배제되는 결과를 낳을 수 있다. 이미 자동화 채용 소프트웨어를 사용하는 기업도 있다. 극단적인 경우에는 인간이 전혀 관여하는 일 없이 채용되기도 한다. 임시 채용이나 저숙련 일자리에 활용하기에는 그런대로 괜찮을지도 모른다. 그러나 채용 방정식에서 인간을 완전히 배제해도 된다고 생각해서는 안 된다. 내가 최근 만난 채용 자문가는 자신이 채용 과정에 참여할 때는 대부분의 경우 이미 누구를 채용할 것인지는 정해진 상태라고 한다. 문제는 그 사람이 채용 제안을 받아들이도록 설득하는 일이라고 한다.

가장 염려스러운 문제는 불투명한 시험 제도와 데이터를 통해서 사람들이 채용되고 해고된다는 점이 아니다. 감춰진 데이터로 어떤 사람의 경력 전체를 감시하는 것이 문제다. 블룸버그Bloomberg는 직원 개개인이 회사에서 일하는 내내 언제, 얼마나 사무실을 드나드는지 기록할 뿐 아니라 키보드의 어떤 키를 치는지 일일이 감시하고 있다고 의심받고 있다. 그런데 기업들이 채용 후보의 디지털 기록 전체를 구매할 수 있게 된다면?

라스베이거스의 하라스 호텔 및 카지노는 모든 카드 딜러와 서비스 직원의 웃는 표정과 찡그리는 표정을 전부 기록한다고 알려져 있다. 이 호텔에서 사용하는 또 다른 사악한 추적 기술로는 사람들이 어디로 가는지 감시하고 그들의 대화를 기록하는 배지도 있다. 인간이 그런 데이터를 해석하는 행위 자체도 충분히 나쁘다. 하지만 어떤 경우에 고용주가 결국 손에 쥐게 되는 것이 자동 기록된 데이터 쪼가리들에 불과하다는 것은 더 문제가 있다. 데이터를 생성한 인간이 몇 개의 숫자 집합으로 환원되었기 때문이다.

이런 세태는 맥락은 살짝 다르지만 찰스 핸디가 한 지적을 떠올리게 한다. "효율성에서 이득을 조금이라도 보면 노동 인력의 열정, 활기, 동기에서 언제나 그보다 더 많은 손해를 본다."

생 산 성 이 라 는 사 이 비 종 교

—

스티븐 풀Steven Poole은 〈뉴 스테이츠맨New Statesman〉에 기고한 글에서 생산성이 "이 시대에 아무 의심 없이 받아들여지는 최고의 덕목"이라고 말한다. 사람들은 자신이 바쁘다고 자랑할 뿐 아니라 늘 피곤하다고 엄살을 떤다. 고용되어 일하는 사람이 할 일이 없다고 자랑하는 일은 절대 없다. 여유로운 것이 아니라 바쁜 것이, 즉 연중무휴 쉬지 않고 일하는 것이 기계 중심주의 자본 경제에서는 명예 훈장 역할을 한다.

그 이유는 아마도 물리적으로 움직이는 사람은 일하고 있는 것이 분명하다고 여겨지기 때문일 것이다. 농업경제와 산업경제의 그림자에서 아직 벗어나지 못한 셈이다. 따라서 인적자원 과학은 모든 이를 확실하게 감시하고 평가해서 모두가 바쁜 것처럼 행동하도록 부추긴다. 창밖을 바라보며 생각에 잠기는 것은 일반적으로 굉장히 비생산적인 행위로 취급되지만 그건 말도 안 된다.

첫째, 우리는 휴식이 필요하다. 투쟁-도피 반응을 유발하는 경계 태세가 지속되는 것을 버텨낼 수 있는 사람은 없다. 멈추고, 쉬고, 자고, 잠시 전원을 끄는 시간이 꼭 필요하다. 신체 및 정신 건강을 위해서만이 아니라 생산적인 지적 작업을 위해서도 그렇다.

둘째, 시간 낭비는 진짜 낭비가 아니다. 여전히 공장에서 일하는 소수에 해당한다면 아무것도 하지 않고 멍하니 있는 것은 문제가 있다. 그러나 뇌를 사용해 일을 한다면(사람을 대하는 일도 여기에 포함된다) 한두 시간 홀로 산책하거나 잡지 기사에 빠지거나 동료와 수다 떠는 일은 하루를 통틀어 가장 생산적인 일일 수 있다. 그런 시간에 새로운 통찰이나 아이디어를 얻기도 하기 때문이다.

내 경험에 비추어 보면 바빠 보이려고 가장 애쓰는 사람은 흔히 하층과 중간층 직원이다. 오래전에 이런 사실을 깊이 깨닫게 된 계기가 있었다. 싱가포르 항공사 마일리지를 많이 쌓은 덕분에 창이 공항 특등석 라운지를 이용하게 되었다. '특등석'은 대형 항공사에서 제공하는 가장 호화로운 좌석으로 일등석보다 더 윗등급이다. 기본적으로 여객기 안에 개인실이 생기는 것이라고 생각하면 된다. 나는 비즈니스석 라운지에는 익숙했다. 스타벅스의 여객기 버전으로 미친 듯이 전화를 해대고 정신없이 키보드를 두드리는 사람들로 가득하다. 특등석 라운지로 가려면 일등석 라운지를 통과해야 했다. 그리고 내가 보기에 일등석 라운지는 비즈니스석 라운지와 별 차이가 없었다. 제공되는 간식이 더 고급스러워 보였을 뿐이다.

그런데 특등석 라운지에 들어서자 마치 계시를 받은 것 같았다. 평안의 오아시스 그 자체였다. 전화를 하거나 노트북을 펼쳐 든 사람은 단 한 명도 없었다. 대신 책, 신문, 잡지를 읽고 있었다. 커다란 창밖을 바라보고 서 있는 사람도 있었다. 이 장면을 냉소적으로 해석하면 이 사람들은 대신 전화를 할 시종을 거느리고 있는 것이다. 아마도 그 시종은 바로 옆 일등석 라운지나 비즈니스석 라운지에 있을 것이다. 그런데 그게 다는 아니라고 생각한다.

나는 많은 성공한 CEO가 독서하고 명상할 시간과 공간을 일부러 마련하려고 애쓴다는 글을 읽은 적이 있다. 빌 게이츠는 고립된 산장에서 '생각 주간'을 보내는 것으로 유명하다. 전 GE CEO 잭 웰치는 정기적으로 하루를 빼서 생각만 하는 것으로 알려져 있다.

현재에 집중하자는 사고방식인 마음챙김은 현재 한창 인기를 얻고 있다. 그런데 내가 보기에 마음챙김이 진짜 요구하는 것은 사고의 부재다. 우리의 마음이 비어 있어야만 자기 자각이 시작된다. 말하자면 머릿속 대역폭을 늘리고 비우는 것이다. 언제나 바쁘고 정신이 팔려 있으면 할 수 없는 일이다.

2,500년 전 노자는 이렇게 말했다. "자신의 일에 매달리는 사람은 영원한 것을 만들어내지 못한다. 도에 합치되는 삶을 살고자 한다면 그저 주어진 일을 하고서 잊어라."

재생의 필요

—

또한 낮잠, 낮에 하는 운동, 더 긴 수면 시간, 더 많은 휴일, 일에서 벗어난 시간의 증가는 직장에서의 생산성을 높이고 직원들의 건강에도 좋다는 내용의 연구가 축적되고 있다. 하버드 대학교의 한 연구에서는 수면 부족(사람들이 잠을 충분히 자지 못해 축적된 효과)으로 인한 생산성 감소로 미국 경제가 매년 6,320만 달러의 손실을 보고 있다고 결론을 내렸다.[7] 플로리다 대학교의 연구는 사람들이 90분간 집중해서 일한 뒤 휴식을 취할 때 가장 생산성이 높다는 사실을 발견했다.

그 외에도 하버드 대학교의 셸리 카슨Shelley Carson이 주도한 또 다른 연구는 우리가 마음껏 딴 생각을 할 수 있어야 새로운 아이디어를 더 잘 받아들인다고 결론을 내렸다. 이런 결론을 극단적으로 해석해서는 안 되겠지만 해변에 누워 있는 것마저 우리가 생각하는 것보다 더 생산적이라는 생각은 흥미롭다. 체온 상승은 봉선핵에서 세로토닌을 분비하는 뉴런을 자극한다고 알려져 있다. 요컨대 온기는 인간을 행복하게 만든다.

그러나 행복하고 싶다고 해서 일을 아예 기피할 필요는 없다. 실제로 일의 진짜 가치는 우리가 일을 통해 다른 사람에게 제공하는 무언가에서 나오는 것이 아니라 스스로에게 제공하는 무언가에서 나온다. 우리는 다른 이에게 도움이 되는 일을 할 때에만 지속적인 만족감을 얻는다.

어려운 일일수록 만족감은 더 커진다. 우리가 달에 간 이유는 그것이 쉬운 일이라서가 아니다. 어려운 일이라서다.

미래의 직업

—

학교에서 강연을 할 때 미래 직업의 전망과 예측에 대한 질문을 자주 받는다. 좀 더 구체적으로 말하면 미래에 유망한 분야가 어느 것이고 쇠퇴할 분야나 직업이 어떤 것이느냐 하는 것이다.

직업의 미래를 주도하는 흐름, 즉 세계화, 자동화, 아웃소싱, 지속가능성, 인구 구조 변화, 디지털화, 네트워크 등은 대부분 이미 우리 눈앞에 빤히 놓여 있다. 따라서 우리는 어떤 미래 로봇이나 소프트웨어가 출현해도 안전할 기술 유형이 무엇인지에 초점을 맞춰야 할 것이다. 이 문제에 접근하는 방식에는 몇 가지가 있다. 첫째, 현재 희소성이 있는 기술이 무엇인가, 그리고 미래에도 여전히 희소성을 지닐 기술이 무엇인가다. 둘째, 어떤 기술이 지역 내에서 소화되고 있으며 아웃소싱이나 자동화로 대체될 수 없는가다.

둘째 질문에 대한 답에는 정원사가 포함될 것이다. '인간'이라는 단어는 결국 '땅의'를 의미하는 라틴어 humus에서 유래했다. 물을 다루는 배관공의 일자리도 안전할 것이다. 그 외에도 지역 내에서 구인활동이 이루어지고 자동화에 한계가 있는 기술이 필요한 직업은 모두 안전할 것이다. 일감마다 조금씩 다르게 대처해야 하는 업무는 자동화하기가 어렵다. 이미 자동 잔디 깎기 기계와 상추 및 딸기 따기 로봇이 존재한다. 그러나 그런 기계는 영혼을 뒤흔드는 정원을 설계하거나 유지하는 일은 썩 잘 해내지 못한다. 앞으로 1인 가구가 키울 반려동물의 수를 생각하면 수의사도 꽤 안전할 것이다. 반려동물 로봇이 등장한다고 해도 말이다.

반면 신체적이고 정신적인 면 모두에서 단순하고 반복되는 직업은 위험하다. 그런 직업으로는 매표소 직원, 타자수, 감사원, 회계사, 주차 단속원, 법률사무소 사무원, 택시 기사, 트럭 기사, 기관사 등을 들 수 있다. 여기서 명심할 것은 10년 전에는 컴퓨터가 인간 운전사를 대체할 수 있다는 아이디어가 실현 가능성이 매우 낮다고 여겨졌다는 사실이다. 오늘날에는 불가피한 추세로 받아들여지고 있다. 우리가 현재 무조건 인간만이 할 수 있다고 생각하지만 앞으로 기계가 대체할 만한 것이 또 무엇이 있을까? 나도 답은 모른다. 그저 계속 의문을 품고 있을 따름이다.

기계가 아무리 똑똑해도 인간이 더 잘할 수 있는 일은 무엇일까? 칼 프레이와 마이클 오스본에 따르면 답은 사회지능과 창의지능에 있다. 나도 이 주장에 동의하지만 나라면 공감 능력, 직관, 민감한 식별력, 인격을 더할 것이다. 바라건대 똑똑한 기계의 비용이 점점 더 싸지면 우리가 억지로라도 인간관계를 더 소중하게 여기게 되었으면 한다. 그리고 사람들이 다른 사람을 좋아하는 이유가 그 사람의 됨됨이이길 바란다. 또한 다른 인간을 이해하고, 다른 인간에게 동기를 부여하고, 다른 인간과의 관계를 지원하는 모든 일자리는 보호받아야 한다. 교사, 간호사, 의사, 치과 의사, 헤어 디자이너, 시인, 화가, 배우, 영화 제작자, 수공예품 제작자, 소설가, 심리학자, 동기부여 강사 등이 그들이다. 나는 또한 중세에 선호되었던 명예라는 관념이 되살아날 것이라고 믿고 싶다. 그리고 명예부 장관이라는 직업이 생기는 날이 오길 바란다.

현재 사회가 기술적인 격변기에 있기 때문에 미래학자는 당분간은 괜찮은 직업이다. 그러나 장기적으로는 역사학자의 전망이 더 밝다고 본다.

새로 등장할 일자리로는 꿈 회수 전문가, 데이터 삭제 자문가, 반려동물 유전학자, 로봇 수리공, 보행자-교통 분석가, 유전 기반 연애 코치, 뇌 증강 전문가, 3D '잉크' 디자이너, 스마트폰 중독 치료사, 드론 교통 통제원, 불안증 억제 전문가, 공유 자산 감사관, 신체 변형 자문가, 인공장기 디자이너, 정신-이미지 회수 자문가, 컴퓨터 기질 디자이너, 데이터 인질 협상가, 디지털 데이터 탐정, 윤리 감찰 책임자, 소프트웨어 윤리학자, 사망 설계 자문가, 주술 치료사 등이다.

마지막에 언급한 직업이 마음에 안 든다면 종교 종사자는 어떤가? 미래에도 끄떡없을 직업이다.

기술 만능주의가 미래의 새로운 종교라고 주장할지도 모른다. 그러나 기계가 점점 더 똑똑해지면, 그리고 로봇과 아바타가 돌봄과 친구 역할을 하게 되면 부족할 단 하나가 바로 인간으로 존재한다는 것의 의미를 함께 고민하고 나눌 사람이다. 역설적이게도 똑똑한 기계가 출현하고 나서야 우리는 이것을 깨닫게 될 것이다. 그것이 우리가 애초에 허구 속 장치로서의 로봇을 만들어낸 이유일지도 모른다.

윤리학 과제 3
쥴리 S.

10월 24일자 〈뉴 사이언티스트New Scientist〉에 실린 기사에 따르면 현재 캘리포니아에 소재한 한 회사에서 온갖 신체 특화 시술을 받을 수 있다고 한다. 이 회사에서 제공하는 시술은 움직이는 진피 문신이나 야광 검은 머리 염색부터 깃털 달린 팔이나 새로운 피부색(이번 시즌에는 파란색과 초록색이 인기라고 한다)까지 다양하다. 원래는 메시지를 띄우고, 동영상을 돌리고, 색이 변하는 전자옷을 팔았는데 곧 고객들이 자신들의 몸이라는 '하드웨어'를 바꿀 방법은 없는지 문의하기 시작했다고 한다.

이 기사에서는 공공 양심 및 도덕성과 관련이 있는 두 가지 논점을 제기한다. 첫째, 신체 장애인처럼 역사적으로 사회에서 소외되었던 집단도 '정상인' 템플릿으로 인정받아야 하는가(요컨대 평균적인 인간의 능력을 규정하는 데 적용해서 정상적인 인간 능력 기준을 더 낮게 조정해야 하는가) 아니면 생물학적으로 주어진 신체를 훨씬 뛰어넘을 수 있도록 증강하는 방향으로 나아가야 하는가다.

둘째, 사람들이 신체를 변형하고, 더 나아가 인간의 피부를 디스플레이 및 커뮤니케이션 장치로 사용하는 현상이 사회에서 자아를 표현할 기회가 줄어든 현실에 대한 반작용인가다. 예측 알고리즘과 증강현실의 사용으로 우리가 접하는 외부 환경이 주어지는 경우가 더 많아지고 선택권이 사라진다면 과연 개인은 자신의 정체성을 유지하고 미래를 결정할 수 있을까?

9

집과 가족　　Home and Family

우리가 아날로그
방식으로 살아가고
사랑하던 시절이
기억나는가?

기술은 아직 작동하지 않는 모든 것이다.

W. 대니얼 힐리스W. Daniel Hillis

미래만큼 유통기한이 짧은 것도 없다. 공상과학소설에 비추어 보면 미래의 주택 환경은 세 가지 맛으로 나뉜다.[1] 첫째는 바닐라 맛, 즉 클래식 모더니즘이다. 유리창과 미닫이문이 충분히 달려 있고, 지극히 실용적인 백색 건물들이 구름다리와 모노레일로 연결되어 있다. 일론 머스크가 개발 중인 차세대 고속철 하이퍼루프가 1930년대 모더니즘이 지배하는 맨해튼의 마천루 사이를 돌아다니는 장면을 떠올리면 된다.

둘째는 초콜릿 로키로드 맛, 즉 암울한 디스토피아로 도덕적 타락을 반영했다고 보면 된다. 이 미래에서는 지하 거주가 필수다(그렇다면 현재 지하에 거대한 동굴을 파고 있는 이들은 적어도 그런 세상에 준비가 된 셈이다).

셋째는 바닐라에 산딸기 시럽이 뿌려진 라즈베리 리플 맛이다. 매우 고전적인 두 가지 맛을 섞은 셈이다. 여러 면에서 가장 그럴듯한 미래상을 그린 〈로봇 앤 프랭크〉 〈블레이드 러너Blade Runner〉 같은 영화에서 묘사한 주거 환경과 가장 잘 맞아떨어진다. 평범하고 친숙한 요소들에 환상적이고 기이한 요소들을 매끄럽게 엮어 넣었다. 무선으로 완벽하게 연결된 '미래 주택'과 신전이자 안전 가옥이 되는 주택이 충돌한다. 과거, 대개 빅토리아 시대가 현재와 병치되는 공상과학소설 장르인 스팀펑크가 이런 미적 감각을 잘 활용한다. 이 세 번째 주거 환경에서는 흔히 삶이 공동체를 중심으로 돌아간다. 소유권과 사생활 모두가 잠식된 세상을 미리 보여준다.

내 아이들에게 이런 미래 주거 환경 후보를 제시했을 때 돌아온 답변은 단 하나였다. "아빠가 어렸을 때는 인터넷이 흑백이었나요?" 그런 질문을 받으면 어디서부터 설명해야 할까? 인터넷, 모바일폰 그리고 컴퓨터가 발명되기 전(BC, 즉 컴퓨터 전Before Computer), 세상이 어떻게 돌아갔는지 나 스스로에게조차 설명할 수 없는데 말이다. 그리고 이런 사실이 내 주장을 뒷받침한다. 현재가 너무나 빨리 변하기 때문에 과거는 지워지고 미래는 불확실해진다.

이 모든 것에도 불구하고 다음 세대는 뇌가 달린 집에서 사는 세상을 맞이할 준비가 된 것 같다. 이런 집은 영화 〈몬스터 하우스Monster House〉에 나오는 집처럼 진짜로 살아 움직이지는 않겠지만 매우 적극적으로 반응하며 작동할 것이다. 지열, 풍력, 강우, 그리고 무엇보다 태양광(햇빛뿐 아니라 심지어 달빛으로도 발전 가능한 광전지 창문과 페인트 덕분이다) 같은 자원을 최대한 활용할 것이다. 곳곳에 스마트 센서가 달려 있고 폭풍, 폭우, 보름달이 밝은 날과 공기질이 나쁜 날까지 어떤 환경에도 적응할 것이다. 심지어 공기에서 오염물질을 걸러낼 것이다. 일부 주택은 지붕에서 농작물을 키울 것이다. 식물을 활용해 실내 온도를 조절하거나 오염물질을 좀 더 자연적인 방식으로 제거하는 주택도 가능하다.

재료공학 기술의 발전으로 거대한 마천루도 여럿 세워지고 대부분의 인구가 도시에서 살 것이다. 1800년에는 도시 인구가 전체 인구의 5퍼센트에 불과했다. 현재 도시 인구 비중은 50퍼센트에 달하며, 2050년에는 75퍼센트까지 높아질 전망이다.

모든 벽면에 스마트 기술이 적용되거나 모든 벽면이 화면 역할을 하게 될 것이다. 집에서 누군가 넘어져 일어나지 못하면 카펫이 이를 감지할 것이다. 벽지조차 색이나 무늬를 바꾸도록 프로그램되거나 적어도 전구 불빛에 따라 달라 보일 것이다. 그 전구도 분위기에 따라 색과 밝기가 달라지도록 프로그램될 것이다. 다만 이런 네트워크 환경이 위험한 이유는 우리가 원래 집에서 추구하는 것, 즉 바깥세상으로부터의 도피처를 오히려 파괴하는 결과를 낳을 것이기 때문이다.

우리는 한없이 순진해서 자기 집의 통제권을 제3자에게 기꺼이 넘길 것이다. 그런 일에 신경 쓸 시간이 없을 정도로 바쁠 것이고 효율성을 추구할 것이기 때문이다. 그리고 이 지점에서 곤란한 문제가 발생한다.

데 이 터 마 이 닝

—

혹시 네스트 랩Nest Labs에 대해 들어보았는가? 센서를 통해 자가학습을 하는 실내 온도 조절기를 만드는 기업으로, 구글이 2014년에 32억 달러에 사들였다. 네스트 랩 같은 기업 덕분에 집 밖에서도 앱으로 집안 온도를 조절할 수 있다. 이것은 훌륭한 아이디어다. 물론 내 생각에는 차라리 옷을 더 입어서 몸을 따뜻하게 하고 주위의 빈 공간을 난방하는 낭비를 막는 것이 더 바람직해 보이지만 말이다. 일본인은 그렇게 한다(일본에서는 중앙난방이라는 개념 자체가 없다). 적어도 아직까지는 옷을 입을 때 사용자 동의서에 동의하도록 요구받지 않지만 원격으로 관리되는 온라인 서비스는 일반적으로 사용자 동의를 요구한다. 이런 서비스 이용 동의서에 동의한다고 답하기 전에 일일이 다 읽는 사람이 많을 거라고 생각하는가? 나는 그렇지 않을 거라고 생각한다.

네스트 랩에 대해서는 자세히 모르지만 온라인 법적 동의서를 읽지 않은 채 동의하는 습관이 결국에는 문제를 일으킬 것이라고 확실히 말할 수 있다. 예를 들어 페이스북은 인스타그램을 인수한 뒤 사용자가 올린 사진을 자신들의 광고에 사용할 수 있도록 사용자 동의서 내용을 바꾸었다.[2] 당신의 사적인 추억이 대중의 소비를 위해 널리 유포될 가능성이 생긴 것이다.

네스트 랩이나 다른 어떤 기업이 자신의 실내 온도 데이터를 팔아넘길까 봐 걱정하는 사람이 있을까? 실내 온도 데이터도 어떻게 보면 사적이고 개인적인 데이터이지만 그런 걱정을 하는 사람은 아마도 없을 것이다. 그런데 이 문제를 조금 더 찬찬히 살펴보자. 만약 당신 집의 실내 난방이 원격 서버에 연결되어 있다면 해킹당할 가능성이 생긴다. 테러리스트가 당신 집 실내 온도를 섭씨 24도로 올린다고 해도 별 문제는 없겠지만 중앙 정부가 에너지 절약을 이유로 실내 온도를 섭씨 15도로 낮춘다면? 자기 집 중앙난방 시스템에 실내 온도를 높여달라고 부탁하지만 '안 됩니다'라는 답을 듣게 될 날이 머지않았다.

이것이 여전히 심각하지 않은 문제라고 여길 수도 있겠지만 밑바탕에 깔린 상황은 분명 심각하다. 디지털 시대에는 당신이 사적이라고 여겼던 것 혹은 개인 소유물이라고 여겼던 많은 것들이 더 이상 사적이거나 개인 소유물이 아니게 된다. 당신의 소유물과 사적인 추억과 꿈조차 당신의 동의나 인지 없이도 제3자에 의해 수집되어 가공되고 통제된다.

필립스 조명Philips Lighting도 당신 집에 연결되고 싶은 기업 중 하나다. 현재 필립스 조명은 아주 오래된 문제인 전구를 바꾸는 데 몇 명이나 필요한가라는 문제의 해결책을 찾고 있다.[3] 환경에 대한 염려로 시작된 백열전구에서 LED 전구로의 이동은 아주 중요한 전환점이 되었다. LED는 반도체로 빛을 비추는 장비다. 따라서 센서나 다른 디지털 기술과 결합해서 네트워크 기기로 활용할 수 있다. 모바일폰으로 전등을 조종할 수 있게 되는 것이다.

필립스 조명은 이 아이디어가 너무 마음에 든 나머지 "디지털화로 전구가 새롭게 탄생하면서 우리는 어떻게 전구를 통제하고 다른 시스템과 통합해서 풍부한 데이터를 수집할 것인가라는 문제의 표면만 간신히 건드렸을 뿐이다"라고 선언했다. 여기서 말하는 풍부한 데이터는 당신의 풍부한 데이터다. 물론 건물 관리 시스템의 효율은 높아질 것이다. 그러나 다시 한 번 강조하지만 제3자가 당신 집의 조명 시스템에 대한 접근권을 갖게 되며 결국에는 도시 전체의 조명 시스템에 대한 접근권까지 갖게 될 것이다.

그런데 이것도 여전히 충분히 심각한 문제는 아니라고 여길 수 있다. 우리가 집에 설치한 그런 센서들은 우리의 생활 패턴을 둘러싼 방대하고 유용한 데이터를 생성할 것이며 우리는 그런 데이터를 이득, 편의, 개인 맞춤 서비스와 기꺼이 맞바꿀지도 모른다. 예측 기술, 시멘틱 웹(컴퓨터가 정보 자원의 뜻을 이해하고, 논리적 추론까지 할 수 있는 차세대 지능형 웹—옮긴이), 가상현실 비서, 증강현실이 전부 얽히고설켜 우리 삶을 더 풍성하고 더 생산적이며 더 만족스럽게 만들 수도 있다. 우리가 자신의 일상생활에서 생성되는 데이터를 제공한 대가를 지급받고 데이터가 개방돼서 전반적인 투명성과 신뢰가 확보될 가능성도 존재한다.

반면 암울한 디스토피아로 이어지는 또 다른 시나리오도 있다. 이 모든 연결성이 현실이 되지만 그 연결성이 전혀 개방적이지 않을 수도 있다. 우리가 생성하는 개인 정보가 남기는 흔적을 기업이 조용히 캐서 우리에게 더 많은 것들을 판매하는 데 써먹는다. 그런 다음 이 정보를 지불 장벽(앱스토어 등에서 유료 회원에게만 뉴스를 접근할 수 있도록 하는 전략 — 옮긴이) 뒤에 감춰두었다가 편의와 효율에 대한 우리의 끝없는 갈망을 충족해주는 기기라는 형태로 우리에게 다시 팔아먹는 것이다.

우버가 도시 설계 데이터의 중심부로 편입되는 현상도 우려스럽다. 누가, 어디로, 언제 이동하는지에 관한 데이터가 공짜일 가능성은 거의 없기 때문이다. 게다가 우버의 솔루션은 본사의 사업에 유리하도록 좁게 정의될 것이다. 걷기나 자전거 타기는 우버의 사업 모델에 도움이 되지 않는다고 판단될 것이다. 대중교통도 마찬가지다.

커피메이커의 전원을 켜거나 RFID 칩이 장착된 냉장고 안에 무엇이 들어 있는지 알려주는 앱도 걱정거리다. 당신이 언제 집에 있는지 혹은 당신이 언제 커피를 마시는지에 관한 데이터는 사소해 보이겠지만 그런 데이터 수십억 조각이 모이면 가치가 생긴다. 게다가 그런 발전을 과연 진보라고 부를 수 있을까? 1970년대 영국에는 차를 끓이는 기계가 있었다. 그러나 그런 기계는 사적인 데이터를 수집하지 않았다. 그리고 당신 냉장고 안에 무엇이 있는지 알고 싶다면 그냥 본인이 직접 냉장고 문을 열고 확인하면 되는 일 아닌가?

자신이 기업의 수익을 위해 팔리고 있다는 것을 완벽하게 이해해도 신경 쓰지 않는 사람도 있을 것이다. 하버드 대학교와 카네기 멜론 대학교의 공동 연구 따르면 우버 같은 기업이 자신들의 정보를 수집하는 것을 막기 위해 1달러짜리 한 장도 쓰고 싶지 않다고 답한 사람이 89퍼센트나 되었다.[4] 그러니 슈퍼마켓의 포인트 카드가 여전히 인기를 누리는 것도 말이 된다. 그러나 사람들이 우버가 우리에게 고객으로서의 평점을 매기는 행위에 넌더리를 내거나 다른 사람이 피플Peeple 같은 앱으로 자신에게 인간으로서의 평점을 매기는 행위에 반기를 들 가능성도 배제할 수는 없다.

나 홀로 집에

앞으로 어떤 일이 벌어지든지 그것은 다른 사건, 사회 동력, 피드백 통로라는 맥락 내에서 벌어질 것이고 그 지점에서 미래는 정말 흥미진진해진다. 경제 상황과 교외에서 도시로의 이사를 제외하면 인구 구조가 세대 구성에 가장 큰 영향을 미치는 요인이다.

수십 년 전만 해도 이런 주제에서 가장 중요하게 다루었을 내용은 핵가족의 종말이었을 것이다. 부모, 두 자녀, 남성 가장으로 구성된 전형적인 세대가 멸종 위기에 처해 있었다. 결혼율이 줄었고 이혼율이 늘었다. 한부모 가정도 늘었다. 특정 국가가 아닌 전 세계에서 이런 추세가 일반적이라고 말하기는 힘들다. 그런데 이런 여러 현상들이 역전되거나 둔화되고 있다는 사실이 흥미롭다. 또 다른 역전 현상이나 과도기의 예로 볼 수도 있지만 최종 판단을 내리기에는 아직 너무 이르다.

현재 우리가 확실히 말할 수 있는 것은 앞으로 홀로 사는 사람들이 더 늘어날 것이라는 점이다. 영국에서 홀로 사는 사람의 수는 전체 인구에 비해 열 배 더 빠른 속도로 늘고 있다. 지난 40년간 1인 가구 수는 두 배 이상 증가했다.[5] 현재 영국에는 부부보다 독신 남녀의 수가 더 많다. 그 결과 현재 세대는 지난 세대에 비해 혼자 사는 기간이 50퍼센트 더 길 것이다.

하루 종일 다른 사람과 한마디도 나누지 못하는 노인이 늘어나면서 이미 사회 문제로 대두되고 있다. 영국에서는 1주일 이상 다른 사람과 한마디도 나누지 못하는 노인이 10퍼센트나 된다.[6] 그리고 이미 이런 문제의 해결에 나선 기술이 등장하고 있다. 내 마음에 쏙 든 기술은 독거노인과 조깅하는 사람을 연결하는 앱이다. 이 앱을 쓰면 사람들이 조깅 코스를 짤 때 독거노인의 집을 집어넣어서 그 집을 지나갈 때 그 노인이 잘 지내는지 확인할 수 있다.

미래에는 노인이나 나이와는 무관하게 홀로 사는 사람이 다른 사람에게 안길 기회를 주는 앱이 등장할지도 모른다. 성관계를 이야기하는 것이 아니다. 다른 인간과의 접촉에 굶주린 사람이 갈구하는 것은 다른 사람에게 안기거나 다른 사람의 피부와 자신의 피부가 닿았을 때 느끼는 감각이다. 커들 파티는 이런 미래의 초기 증상이었는지도 모른다. 커들 파티를 모르는 사람들을 위해 쉽게 설명하자면, 이 파티는 미국에 등장한 성행위가 배제된 친밀감 느끼기 온디맨드 서비스의 한 형태다. 모르는 사람이 함께 만나 서로를 만지는 식이다. 커들러Cuddlr라는 앱은 1년도 채 버티지 못했지만 이와 비슷한 만남을 지원했다. 이런 만남이 이상하게 느껴지겠지만 기타 장소에서는 다른 사람을 만지지 말라는 소리를 듣는다는 사실보다 이상하지는 않다. 직장에서 애정 어린 포옹은 오해를 산다. 아이 돌봄 서비스나 교육 현장에서는 경찰의 범죄자 목록에 이름이 올라갈 수도 있다.

세대 구성원의 나이가 많아지면서 사람들이 점점 더 외로워지고 있다. 그런데 노인만이 1인 가구를 구성하는 것은 아니다. 결혼을 거부하는 독신도 이런 추세에 기여하고 있다. 결혼한 부부에게 금전적인 지원을 제공하고 대규모 공동 결혼식을 주관하는 아랍에미리트 결혼재단은 몇 년 전 아랍에미리트 30대 여성 인구의 60퍼센트가 미혼이라는 사실에 우려를 표명했다(1995년에는 그 비율이 20퍼센트였다).[7] 또한 미국의 건전한 결혼 프로젝트는 매년 미혼 남녀의 결혼을 독려하기 위해 1억 5,000만 달러를 쓰고 있다.

왜 이렇게 독신 남녀가 많아진 걸까? 첫째, 교육과 경력 때문에 여성의 결혼 연령이 높아지고 있다. 둘째, 배우자를 먼저 보낸 사람이 더 오래 살고 있다. 셋째, 사회 분위기가 변하면서 결혼을 하지 않고도 경제적 안정, 섹스, 행복한 연애를 하는 것이 가능해졌다.

혼자 산다는 이유만으로 독신자들이 불행할 거라고 넘겨짚으면 안 된다. 홀로 사는 것, 고립되는 것, 외롭다고 느끼는 것은 각기 다른 의미다. 다만 1인 가구가 더 많은 자원을 소비하고 (고령화된 인구를 먹여 살리는 데 필요한) 아이를 덜 낳고 심리적으로 더 취약하다(결혼은 확실히 여성보다는 남성에게 심리적인 안정 측면에서 더 도움이 되는 것처럼 보인다)는 것이 문제다.

이것이 결혼제도 자체의 도태를 의미하는지 아니면 단지 개인주의와 자기애라는 추세의 한 현상인지 궁금하다. 독신은 자신이 좋을 대로 생각하고 말하고 행동할 수 있다. 충분한 소득이 뒷받침된다면 더 말할 것도 없다. 정부는 어떻게 건전한 결혼생활을 하는 부부를 늘게 할지를 고민하기보다는 어떻게 건전한 독신생활을 지원할지를 고민해야 하는 것은 아닐까?

1인 가구는 가장 빠르게 증가하는 세대 형태이고 개인이 우리 문화의 흐름을 주도하고 있지만 이에 역행하는 추세도 발견된다. 바로 다세대 가구의 증가다. 호주에서는 다섯 가구 중 하나는 다세대 가구다. 1981년에서 2011년까지 시드니의 다세대 가구의 수는 51퍼센트 증가했고 전체 가구의 4분의 1을 차지한다. 같은 기간에 시드니 인구는 38퍼센트 증가하는 데 그쳤다.

영국의 인구통계 자료에 따르면 18~29세 인구 중 3분의 1에 조금 못 미치는 수가 부모와 함께 살면서 부모에게 경제적으로 의존하는 학생 신분이다(이들을 키퍼스KIPPERS라고 부른다.[8] 부모의 주머니 속에 머물면서 부모의 은퇴 자금을 까먹은 아이들Kids in Parents' Pockets Eroding Retirement Savings의 약자다). 나머지 3분의 2는 부모로부터 자립한 상태이지만 여전히 부모와 함께 살기도 한다. 홀로 사는 외로움을 덜거나 함께 살면서 육아나 살림을 돕고자 부모가 자녀와 함께 살고 싶어 하기도 한다. 혼자 살면 생활비가 더 많이 든다는 점도 다세대 가구가 증가하는 한 가지 이유일 것이다. 또한 이민자가 이런 추세를 주도하기도 한다. 이민자들은 공동체 정신이 더 투철하기 때문이다.

e는 나를 사랑해, e는 나를 사랑하지 않아

공상과학소설가 아이작 아시모프는 1951년에 「만족을 보장합니다 Satisfaction Guaranteed」라는 단편을 발표했다. 외로운 가정주부가 살림 로봇 토니와 사랑에 빠지는 이야기다. 기계와 사랑에 빠질 수 있다는 생각은

1951년에는 터무니없게 여겨졌을지도 모른다. 그러나 시리 같은 기계 인터페이스와 대화를 나누는 것이 가능해지면서 더 이상 터무니없는 소리가 아니게 되었다. 덴마크 윤리위원회가 인간-기계 관계의 도덕적 지위를 검토한 보고서에서 "교제 상대로 사교 로봇이 인간을 대체할 우려가 있다"라고 정리했다.[9]

살림 로봇 토니는 살림의 자동화와 여러 사람이 함께 사는데도 다른 사람과의 접촉이 결코 보장되지 않는 가정에서 느끼는 외로움에 대한 해결책 모두를 표상한다. 미래에는 결혼제도도 위기에 빠지겠지만 더 긴박한 문제는 부모와 대면하고 접촉하는 시간이 현저히 줄어든 아이들이다. 부모가 점점 더 바빠지면서 아이들은 부모가 아닌 양육자와, 혹은 홀로 보내는 시간이 많아진다. 게다가 요즘 아이들은 안전 문제 때문에 더 이상 집 밖을 쏘다니지 않는다. 캣 스티븐스Cat Stevens의 노래 〈아이들은 어디서 노나요?Where Do the Childrenn Play〉가 지금처럼 와닿는 때도 없다. 때로는 아이들이 놀이 자체를 그만둔 건 아닌가 싶기도 하다. 적어도 집 밖에서는 말이다.

〈가디언〉에서 조지 몬비오트George Monbiot는 어떻게 어린 시절에 자연과 접촉한 경험이 없는 아이가 과연 어른이 되어서 자연을 보호하겠는가라는 질문을 던진다.[10] 요즘 아이들은 예전과는 달리 바깥에서 뛰어놀 기회가 없다. 나쁜 이야기를 믿기는 쉽다. 보호자 없는 아이들에게 어떤 위험이 닥칠지도 모른다는 부모의 두려움 때문에 아이들이 자유롭게 돌아다닐 수 있는 장소가 1970년대와 비교해 90퍼센트 줄었다. 예전에는 절반이 넘는 아이들이 산과 들판을 돌아다니며 놀았다면 현재는 그 수가 10퍼센트도 되지 않는다. 같은 기간 영국의 11~15세 아이들은 깨어 있는 시간의 절반을 화면 앞에서 그리고 가상 세계에서 보내고 있다.

아이들은 자연에서는 집 안에서와 다르게 논다. 창의성을 발휘하면서 상상력을 마음껏 펼치고, 신체 위험을 기꺼이 감수하고, 주변 상황에 더 민감하다. 아이들을 자연에서 떼어놓으면(그리고 앉혀두면), 어른들과 마찬가지로 창의성이 줄어든다.

연구에 따르면 나무와 풀 사이를 뛰어다니며 놀면 ADHD 발생률이 낮아지는 반면 실내에서 화면만 쳐다보거나 실외라도 아스팔트 위에서 놀면 ADHD 발생률이 높아지는 것으로 나타났다. 아동 비만과 당뇨병이 전염병처럼 확산되는 이유도 이해할 수 있다. 아이들이 깨어 있는 시간의 절반을 화면 앞에서 보낸다면 적어도 그 시간 동안은 움직이지 않는다는 소리다. 거기에 기름지고 단 음식을 더하면 아이들이 어른처럼 생활습관과 관련된 질병에 걸리는 것도 당연하다.

몇 년 전 시드니에 갔다가 런던으로 돌아온 내 눈에 들어온 것은 아이들을 작은 킥보드에 태워 학교로 끌고 오는 한 무리의 부모들이었다. 아이들이 스스로 걷지 못해서 그렇게 등교하는 것이었을까? 픽사의 영화 〈월-E WALL-E〉에는 인간이 너무 뚱뚱해져서 호버체어(자석 반발력을 이용해 허공에 둥둥 떠 있는 안락의자—옮긴이)를 타고 돌아다니는 장면이 나온다. 아무도 모르는 일이다. 50년 후에는 영화 속 장면이 현실이 될지도….

인 간 은 거 절 한 다

—

히스로 공항은 여객기 탑승객들에게 자신들이 보안검색대를 통과하는 순간 음식이 마련되도록 회전초밥 집에 트윗을 보내라고 권유한다. 이미 언급했듯이 식사를 하는 대신 튜브에 든 페이스트를 입에 짜 넣어 일할 시간을 더 확보하는 미래가 오기를 꿈꾸는 이들도 있다. 바로 저 끔찍한 단어 '효율성' 때문이다. 기계가 즉석에서 조리한 식사를 먹게 될 날을 진심으로 꿈꾸는 이들도 있다. 프랑스, 이탈리아, 스페인에 사는 사람은 아닐 것으로 짐작된다. 생산성과 효율성이라는 모호한 개념 대신 다른 사람과 함께 먹는 여유로운 점심이 주는 감각적 즐거움과 사교를 여전히 소중히 여기는 대표적인 국가들이다. 자유시장 경제 가치를 널리 퍼뜨려 경쟁의 칼날을 날카롭게 만드는 데 혈안인 유럽연합 중앙은행은 이런 태도를 못마땅한 시선으로 바라보기는 한다. 그들에게 친목을 위한 점심은 이미 단물이 다 빠져 뱉어버린 이념에 불과하며 우리는 생산성 제고를 위해 사무실 책상에서 점심을 서둘러 먹어치워야 하는 것이다.

한번은 암스테르담에서 곧 3D 프린터로 음식을 찍어내서 먹는 날이 올 거라고 주장하는 미래학자를 만났다. 식당에서도 그런 식으로 요리를 만들 것이라고 했다. 음식 출력이 멋진 기술이라는 점에서 분명 기꺼이 받아들여지고 중요한 역할을 할 수도 있다. 미국 항공우주국은 우주 탐사선에서 3D 프린터로 음식을 출력하는 실험을 하고 있다. 그러나 다시 한 번 강조하지만 우리는 가능한 것과 필요한 것을 혼동하는 것은 아닐까? 부엌에서는 인내 한 꼬집 정도는 더해야 하지 않을까? 음식은 감각이다. 요리라는 행위는 감성적이고도 창의적인 활동이며 긴장을 풀어주기도 한다. 무엇보다 먹기는 식당 비평가 A.A. 길A.A. Gill이 지적하듯이 "인간적이고, 공동체적이고, 사교적인 즐거움"을 준다.

그렇다고 디지털 음식이 즐거움을 주지 못할 거라는 의미는 아니다. 셰프 왓슨Chef Watson은 IBM이 개발한 '인지 요리' 앱이다. 패턴 인식을 활용해 레시피를 권한다. 인터넷에 연결된 토스터로 구운 빵에 자신이 고른 디자인이 '인쇄'되는 것을 보는 것도 한동안은 꽤 재미가 있을 것이다. 개인 맞춤형 음식을 마련하기 위해 헤스턴 블루멘털Heston Blumenthal이 자신의 식당 '팻 덕Fat Duck'에서 한 것처럼 디지털 기술을 활용해 자신의 배경과 취향을 파헤치는 것도 당분간은 신기할 것이다. 물론 살짝 징글징글하게 느껴질 가능성도 있다. 그렇지만 저녁을 대신하는 알약은 날아다니는 자동차만큼이나 김빠진 아이디어고 게다가 날아다니는 자동차보다 더 말도 안 되는 아이디어다.

내가 모든 것에 우선하는 효율성을 아무리 혐오한다고 해도 집에서건 집 밖에서건 결코 부정할 수 없는 음식 트렌드가 하나 있다면 그것은 바로 편의성이다. 그런 까닭에 우리는 디지털이 제공하는 저녁 식사라는 아이디어를 너무 무시해서는 안 된다. 패스트푸드, 전자레인지, 간편식은 어쨌거나 아주 큰 산업이다. 그리고 미래에는 음식을 선택할 때 그 음식을 준비하고 소비하는 데 걸리는 시간이 맛, 건강, 비용을 압도하는 주된 요소로 작용할 것으로 보인다. 실제로 이미 그렇게 되었다고 느끼는 사람도 있다.

최근 나는 싱가포르의 샹그릴라 호텔에 머물렀다. 내가 이 호텔을 좋아하는 이유 중 하나는 세계 각국의 요리를 제공하는 뷔페식당이 있다는 점이다. 10년 전 내 기억 속에 남아 있는 이 식당은 사교와 토론이 한데 뒤섞인 즐거운 식사의 장이었다. 지금은 요리 사진이나 동영상을 찍는 데 사활을 건 듯한 무리로 가득하다. 일단 자리에 앉고 나면 상황은 더 심각해진다. 테이블마다 일행으로 보이는 사람들이 함께 앉아 있지만 서로 이야기를 나누는 대신 문자를 보내거나 화면만 쳐다본다. 나는 직원과 수다를 떠는 과정에서 많은 사람들이, 그리고 특히 아이들이 음료를 주문하거나 질문을 할 때조차 화면에서 눈을 떼지 않는다는 이야기를 들었다.

〈뉴욕타임스〉 기사에 따르면 뉴욕 식당에서 사진을 찍는 사람 수가 역대 최고라고 한다. 미슐랭 별점을 받은 식당에서도 예외가 아니다. 나는 그저 당혹스러울 뿐이다. 다른 사람과 경험을 공유하고 싶은 마음은 이해하지만 이건 뭔가 다르다. 이것이야말로 사람들이 자신의 삶을 보존하고 저장하는 데에만 정신이 팔려 그 삶을 제대로 맛보지 않고 있는 현실을 보여주는 좋은 예가 아닐까? 이런 행동은 분명 데이터 노출증에 해당할 뿐 아니라 정서적 방탕이며, 이런 생각만으로도 입맛이 뚝 떨어진다.

절망의 잡화점

___

먹기와 음식에서 쇼핑으로 주제를 바꾸자. 꽤 오래전에 한 슈퍼마켓 점원이 휴대전화로 통화하느라 자신과 눈을 마주치지 않는 고객에게 물건 팔기를 거부했다는 기사가 실렸다. 그 고객은 점원이 자신의 효율적인 쇼핑에 걸림돌이 될 뿐이라고 생각했을 것이다.

소매업이 영업장소를 언제까지, 얼마나 온라인으로 옮기게 될지를 둘러싸고 활발한 논쟁이 벌어지고 있다. 나는 디지털로의 이동이 계속될 것이라고 본다. 비용 때문이기도 하지만 편의성 때문이기도 하다. 그런데 우리는 왜 시간을 절약하겠다며 인생의 절반을 미친 듯이 서두르면서 보내는 걸까? 결국 그렇게 절약한 시간이 도대체 어디로 사라졌는지 한탄하면서 나머지 인생 절반을 보내지 않을까?

물리적인 상점이 완전히 사라지지는 않을 것이다. 소매업은 앞으로도 빠른 쇼핑과 여유로운 쇼핑, 고가 제품과 저가 제품, 종합상가와 전문점, 지역 시장 애용과 '쇼핑 여행'으로 양분화될 것이다. 쇼핑은 이제 여가의 일종이 되었고 쇼핑 자체가 우리가 사는 물건보다 더 만족감을 주기 때문이다. 최고의 쇼핑은 뜻밖의 물건을 발견하는 재미에서 나온다.

이 모든 것의 예외가 슈퍼마켓이다. 슈퍼마켓은 대부분 가격과 효율성, 그리고 고객을 자신들의 표준 시스템에 맞추는 데에 집중하느라 사람들에게 말을 걸고 영감을 주는 법을 잊어버렸다. 인간미를 잃고 차가워졌으며 그런 경향은 앞으로 다가올 미래의 예고편인지도 모른다. 어쨌든 사람들이 자신이 필요로 하는지도 몰랐던 물품을 제공해야 슈퍼마켓의 가치를 인정받을 텐데도 고객이 자신이 필요로 한다는 것을 이미 아는 물품만을 제공하는 실수를 저지르고 있다. 특히 온라인 상점에서 흔히 저지르는 실수다.

한국에서는 통근자들이 지하철 광고 포스터의 가상 매대를 모바일 기기로 스캔해서 장을 본 후 자신이 집에 도착하기 전에 장 본 물건을 받을 수 있다. 그러면 냉장고는 채울 수 있겠지만 굶주린 마음까지 채우지는 못할 것이다. 가상 매대에서는 다른 인간과의 접촉이나 우연한 발견의 즐거움을 얻을 수 없기 때문이다.

모바일 기기를 이용한 장보기는 점점 더 흔한 일이 될 것이고 장소 중심의 예측 가능한 장보기 패턴을 낳을 것이다. 소매업자들은 사람들이 특정 상황에서 무엇을 원하는지 예측해서 우리의 데이터에서 발견된 패턴을 근거로 맞춤형 장보기 경험을 제공하기 위해 입찰 경쟁을 벌일 것이다. 웹사이트도 카메라, 마이크, 알고리즘을 활용해 웹사이트에 접속한 사람이 어떤 사람인지, 더 나아가 어떤 기분인지 파악해서 그에 맞게 화면을 바꿀 것이다.

이런 추세에는 역행하지만 인터넷 쇼핑몰이 물리적 상점을 열고 운영하는 것도 흥미롭다. 이 상점은 본질적으로는 쇼핑의 물리적인 측면을 찬미하는 쇼룸으로 3D 전신 스캐너, 가상 피팅룸부터 고객이 입고 있는 옷의 사진을 찍은 다음 그에 어울리는 제품을 권하는 가상 검색엔진까지 상상 가능한 모든 첨단기술 장난감을 갖추고 있다. 미래의 쇼룸에는 상점에 들어선 사람이 누구인가에 따라 다른 영상을 보여주는 거대한 화면만 세워져 있을 것이다. 그리고 개인마다 다른 내용을 전송하는 내로캐스트의 맞춤형 음성 환영 인사를 듣게 될 것이다. 영화 〈마이너리티 리포트Minority Report〉를 떠올리면 된다.

그렇게 산 옷을 잃어버릴 염려도 절대 없을 것이다. 자가기록 의복은 앞에서 이미 다뤘다. 이런 자가기록 의복은 우리가 생각하는 것만큼 희귀하지 않다. 현재 일본에서는 늘 걱정을 달고 사는 부모들이 아이들에게 센서가 장착된 옷을 입힌다. 아이가 송신기와 수신기가 달린 지하철 개찰구나 학교 정문을 통과하면 부모는 아이가 잘 도착했다는 메시지를 받는다. 적어도 그 아이에게 입힌 옷은 도착한 것이다. 신발 속 센서 덕분에 치매에 걸린 할머니가 길을 잃어도 구글로 할머니를 찾을 수 있다. 앰버 경보 GPS 같은 추적 신호기도 판매되고 있으며 신호기에 마이크가 달려 있어 어른이 아이나 노인의 대화를 엿들을 수도 있다.

사 물 의 심 리 학

—

인간이 기계와 다른 점은 물건을 소유하고 싶은 욕구가 있다는 것이다. 물건을 수집하는 새나 동물도 있긴 하다. 까마귀는 반짝이는 물건을 좋아하는 것으로 유명하다. 그런데 인간이 아닌 다른 영장류는 도구를 사용해 목적을 달성하고 나면 그 도구를 버리는 반면 인간은 그런 도구를 버리지 않는다. 일단 손에 넣은 물건은 잘 버리지 않는다. 대신 그런 물건은 소유물이 되고 그 소유자의 정체성과 사회적 지위를 규정한다.

물건이 우리를 행복하게 한다는 이념은 현재 여러 측면에서 도전받고 있다. 첫째, 우리는 소유물의 한계효용이 비교적 빨리 0에 수렴하며 소유물이 늘어난다고 반드시 더 행복해지지는 않는다는 사실을 깨닫기 시작했다. 둘째, 디지털화 덕분에 그동안 우리가 소유했던 많은 것들이, 그리고 그 자리에서 당장 사야만 한다고 생각했던 것들을 소유하는 대신 대여하거나 사용권을 공유하거나 필요할 때만 스트리밍할 수 있게 되었다. 자동차와 이동 수단 공유 서비스가 그런 예다. 다른 예로는 음악 스트리밍 서비스, 전자책 대여 서비스를 들 수 있다. 다만 우리는 동일한 물건이라도 디지털과 아날로그라는 두 가지 형태로 존재하는 경우 그 둘은 서로 다르며, 따라서 상호배타적이지 않다는 사실도 서서히 깨닫고 있다.

아이튠스에서 다운로드는 활발히 이루어지고 있다. 2013년 미국에서 온디맨드 음악 스트리밍 횟수는 두 배 증가했다. 그런데 레코드판 판매량도 증가했다. 실제로 영국에서는 레코드판 판매량이 2007년에 비해 500퍼센트 증가했으며 지난 15년 동안 지금처럼 레코드판이 많이 팔린 적도 없었다.[11] 물론 15년 전 레코드판 판매량은 형편없었으므로 매우 낮은 기준점에서 시작하긴 했다. 그러나 이런 추세는 디지털 혁명에 균형을 부여하려는 인간의 시도를 반영한 것일 수도 있다. 디지털 음악은 편리하고 모바일 생활방식에 매우 적합하지만 소리가 풍성하지 않고 음반 표지의 아름다움이 줄어들거나 아예 없다. 레코드판으로 음악을 감상하는 것은 일종의 의식이라는 점에서도 디지털 음악과 차별화된다. 레코드판은 시간이 흐르면서 세월의 흔적을 얻는다. 그리고 그런 것들이 그 레코드판만의 이야기를 들려준다. 책장과 마찬가지로 레코드판 수집고를 보면 그 사람의 영혼을 들여다볼 수 있다. 레코드판 가게에서 어슬렁거리면서 레코드판을 훑어보는 즐거움도 선사하며 가게에서 틀어주는 음악을 감상하는 행위는 사회적 행위다.

또한 음악가들의 입장에서도 레코드판을 내야 더 나은 계약 조건을 얻는 것으로 보인다. 밴드 포티셰드Portishead의 리더 제프 배로Geoff Barrow는 스포티파이Spotify, 유튜브, 애플, 유니버설뮤직에서 밴드의 음악을 3,400만 건 스트리밍했는데 자신의 손에 들어온 돈은 세금을 제하고 1,700파운드에 불과했다고 말했다. 마찬가지로 미국의 음악가 엘런 시플리Ellen Shipley는 자기 노래가 스포티파이를 타고 3,100만 번 스트리밍되었지만 자신은 39달러밖에 벌지 못했다고 전했다.

종이책 또한 디지털 학살에도 살아남아 꽤 선전하고 있다. 다시 말하지만 전자책은 편리하다. 특히 가능한 한 짐을 줄여서 여행해야 하는 사람이나 책을 많이 들고 다녀야 하는 사람에게 편리하다. 그런데 기존 출판사의 종이책 판매량에는 변동이 없다. 내 생각에 이런 현상은 디지털이 아날로그를 보충할 수는 있어도 대체하지는 못한다는 사실을 사람들이 알아챘기 때문이라고 본다.

디지털 삶은 분명 소비를 새로운 차원으로 끌어올릴 기회를 준다. 덕분에 우리는 특정 물품을 꼭 사야 하는지, 그리고 우리가 그런 물품을 꼭 대기업으로부터 사야만 하는지 의문을 제기할 수 있다. 지적재산권 문제를 따지지 않는다면 3D 프린터는 가상현실과 증강현실처럼 물품을 사용하는 새로운 방식을 제공한다. 마찬가지로 공동 창작 운동은 논란의 여지는 있지만 더 공정하고 지속가능한 방향으로 생산자와 소비자의 관계를 재정의하려는 시도다.

그러나 무언가가 디지털이거나 공유된다고 해서 공짜인 것은 아니다. 환경에 조금이라도 영향을 끼치기 때문이다. 디지털 제품과 서비스는 여전히 자원을 소비하며 기기 하드웨어의 처리 또한 고민거리다. 또한 우리는 물리적 쓰레기에 불만을 표시하기 마련이지만 디지털 쓰레기야말로 가정에서조차 심각한 문제를 일으키고 있다.

디지털 기억이 딸린 물건들

—

자신의 위치를 아는 옷이 나왔듯이 앞으로는 많은 사물이 곧 자신의 위치를 인식하게 될 것이다. 나는 앞서 미러 월드(현실 세계를 인터넷에 3차원 CG로 재현하여 시뮬레이션 등을 통해 의사결정을 지원하는 시스템 — 옮긴이)와 정보로 환원되는 물건에 대해 이야기했다. 나는 우리가 소유하는 모든 중요한 물리적 사물 안에 그 사물이 어디에서 왔고, 누가 어떻게 만들었는지, 그리고 그동안 누가 그 사물을 소유했는지에 관한 정보가 담겨 있을 날이 올 것이라고 생각한다.

자선단체 옥스팜Oxfarm은 자신들이 판매하는 중고물품에 구체적인 소유자 정보를 담은 인생 이야기 라벨을 더하는 실험을 진행하고 있다. 셸프라이프Shelflife라고 불리는 이 프로젝트 덕분에 중고물품 판매량이 늘었다. 아마도 사람들이 이야기에 굶주려 있고 이미 밑바탕에 깔린 불신은 어떤 것, 혹은 어떤 사람이 어디에서 왔는가라는 정보만 제공해도 깨지기 때문일 것이다.

가상현실, 자동화, 증강현실이 장악한 세계에서는 현실 세계와 디지털 세계에 각각 당신 취향에 맞춰 멋지게 배치한 물건들은 당신의 삶과 가치관을 보여주는 창문 역할을 한다. 책장이나 레코드판 수집고만으로는 부족하다. 물건의 유래는 곧 아주 중요해질 전망이다.

완벽함이라는 환상

———

미래는 그 언젠가가 아닌 지금 바로 여기 우리 눈앞에 있다. 다만 여기저기 뒤죽박죽 뒤섞이고 흩어져 있어서 알아보지 못하는 것뿐이다. 일본, 한국, 미국에서는 혼자 살거나 외로운 사람들을 위한 아바타 여자친구와 로봇과의 섹스가 이미 존재한다. 나름 바쁘게 살고 있어서 아직 못 들었다고?

미국에서 매슈 호먼Matthew Homann과 카일 타보르Kyle Tabor는 연애를 해야만 한다는 사회적 압력을 덜어주는 앱을 내놓았다. 한 달에 24.99달러를 낸 사용자가 일단 온라인 템플릿을 통해 완벽한 파트너를 창조하면 보이지 않는 디지털 파트너가 음성 메시지, 문자 메시지, 심지어 손으로 쓴 연애편지를 보내준다.[12] 이런 앱은 온라인의 상태 업데이트 때문에 우리가 느끼는 불안감에 대한 반작용의 일종인가? 아니면 현대인이 정체성이 너무나도 연약해서 그런 위안거리를 발명할 수밖에 없었던 것일까? 아마도 성찰 부족은 곧 강인한 자아 정체성의 발달 부재를 의미한다는 것을 보여주는 예이리라.

비슷한 가격으로 구매할 수 있는 또 다른 선택지는 여자친구 베개다. 일본에서 놀라우리만치 잘 팔리고 있는 제품이다. 정확히 말하자면 만화나 컴퓨터 게임의 인기 캐릭터를 본떠 만든 베갯잇이다. 그런 베갯잇 캐릭터 중 하나가 네무 아사쿠라로, '다 카포'라는 성인용 컴퓨터 게임에 나온다. 이 베갯잇을 가지고 할 수 있는 일은 많지 않지만 어른이 이 베개와 함께 집에서 나와 식당에 가거나 즉석 사진 촬영 부스에 들어가 사진을 찍는 장면을 볼 수 있다. 이것도 정상은 아니지만 더 괴상망측한 상황도 가능하다.

2031년이 되면 50퍼센트의 사람들이 온라인에서 파트너를 만날 것이라고 추정된다.[13] 현재 그 수치는 38퍼센트다. 20, 30년 전에는 신문의 외로운 영혼란이 과거의 실패에도 불구하고 그런 경험을 뛰어넘는 희망, 천생연분을 만나리라는 희망을 대변했다. 지금은 온라인을 통해 연애 상대를 만나는 것이 정상이며 만남을 주선하는 온라인 서비스는 수십억 달러가 오가는 글로벌 산업이다. 예나 지금이나 짝을 찾는 광고는 그다지 로맨틱하지는 않지만 적어도 과거의 광고는 인류에 대한 냉소만큼은 낄 자리가 없었다.

진정한 사랑을 찾는 데 알고리즘을 사용하는 것이 정상일까? 인생의 동반자를 찾는 중이라면 아주 사소한 것조차 도움이 되는 건 사실이고 분명 기술은 우리 눈에는 보이지 않는 매력을 발굴하기도 한다. 비평가들은 디지털 네트워크 시대의 중매는 단순한 돈벌이 수단이자 비인간화를 부추기는 장이 될 수 있다고 지적한다. 외로움을 제거하기는커녕 강화할 수 있다는 뜻이다. 여기서도 바쁜 독신들에게 '효율성'이라는 단어가 철썩 달라붙어 있다.

어색함은 덜 수 있을지 몰라도 온라인 데이트는 취업 인터뷰와 비슷해지고 있다. 질문을 받으면 '좋아요'나 '싫어요'를 즉시 전송한다. 그렇다고 사람들이 더 솔직해졌다는 건 아니다. 다만 사람들이 왜 서로 만나는지 그 의도를 전혀 숨기지 않는다는 것뿐이다. 아마도 이것이 진짜 효율성인지도 모르겠다.

나는 사람들이 너무 서둘러 판단을 내리는 것은 아닌지 걱정된다. 완벽한 인연을 찾아 헤매면서도 몇 초 안에 결정을 내릴 수 있을 거라고 기대한다. 알고리즘이 완벽한 인연을 찾도록 도와주긴 할 것이다. 다만 내 경험상 논리와 정확성은 사랑이라는 복잡하고 비이성적이며 감정적인 분야에는 별로 어울리지 않는다. 셰리 터클이 지적하듯이 틴더Tinder 같은 데이트 사이트가 너무 많은 후보를 제공하다 보니 오히려 더 나은 누군가, 더 완벽한 누군가를 찾는 탐색을 멈출 수가 없게 된다.

다시 한 번 말하지만 근본적인 문제는 우리의 기술이 우리의 뇌가 도저히 따라갈 수 없을 정도로 빠르게 발전한다는 데 있다. 더 나아가 알고리즘도 인간과 마찬가지로 멍청한 실수를 저지른다. 알고리즘이 내놓은 점수를 있는 그대로 받아들이려면 보이는 것이 전부라는 전제가 필요하다. 그런데 사람은 변한다. 성숙해진다. 그 자리에서 완벽한 동반자를 찾는 게 가능할 수도 있지만 모나고 부족한 두 사람이 함께 시간을 보내면서 서로 부딪치면서 다듬어질 수도 있지 않을까?

물론 사랑이 아닌 섹스만 원하는 사람도 있다. 이 경우 미래는 성관계를 가질 기회를 넘치도록 제공할 것이다. 기술의 역사를 보면 새로운 기술에는 개발 당시에는 예상하지 못했던 사용법이 추가되기도 한다. 인터넷도 예외는 아니다. 아이러니하게도 학문적인 도구이자 군사 전략 도구로 탄생한 인터넷이 성적 욕구를 채우는 데 사용되고 있는 것이다.

그러나 우리는 역사가 주는 교훈에 귀 기울여야 한다. 인쇄술은 셰익스피어를 낳았지만 또한 싸구려 음란물도 낳았다. 영사기는 독일 영화의 거장 프리츠 랑Fritz Lang과 걸작 〈메트로폴리스Metropolis〉를 낳았지만 또한 손잡이를 돌리면 음란한 영상을 보여주는 '집사가 본 것What the Butler Saw'이라는 기계도 낳았다. 비디오테이프와 DVD는 자연 다큐멘터리 감상에만 쓰이는 것이 아니다. 세컨드 라이프(기억나는가?)조차 대화만 나누는 데서 벗어나 더 은밀한 즐거움(탈선이라고 부르는 이들도 있을 것이다)을 찾는 아바타를 낳았다.

그러니 미래에 섹스는 어떻게 될까? 첫째 시나리오는 성을 대하는 사회의 태도가 보수적인 방향으로 돌아서는 것이다. 우리는 더 뻣뻣해지고 성은 지극히 사적인 문제가 될 것이다. 과거의 향수를 반영한 연애가 활성화된다. 그리고 우리는 빅토리아 시대에 그랬듯이 성관계에 관한 환상보다는 죽음에 대한 동경을 품게 될 것이다.

둘째 시나리오는 현실 세계와 가상 세계 간 경계가 계속 무너지면서 사람들이 물리적으로 실재하지 않은 사람들 혹은 실제로 존재하지 않는 캐릭터와 친밀감을 쌓게 되는 것이다. 카메라와 연결된 게임기는 이미 존재한다. 그래서 현실에서의 실제 신체 움직임을 스크린 위에서 벌어지는 행위로 변환할 수 있다. 여기에 햅틱스(각종 디지털 기기에 진동이나 힘, 충격을 발생시킴으로써 사용자가 촉감을 느낄 수 있도록 한 기술 — 옮긴이) 같은 컴퓨터 감각 기술을 더하면 촉감을 재현해낼 수 있을 것이고 우리의 환상을 꽤 그럴듯하게 펼칠 수 있는 환경이 마련될 것이다.

또한 현재 아시아에서는 실제 사람 크기의 고급 섹스 인형 시장이 성황을 이루고 있다. 여기에 로봇 공학을 더하면 매우 기이한 방향으로 발전하게 될 것이다. 그런 제품을 파는 시장에 관심이 없는 사람이라면 대신 감각을 증강하는 가상현실 고글과 전자 의복을 착용할 수도 있을 것이다. 우리는 어느 날 클릭 한 번으로 오르가슴을 구현하는 장치를 신체에 삽입하게 될지도 모르겠다. 이미 마셜 매클루언Marshall McLuhan은 미디어가 인간 감각의 확장자라고 말하지 않았던가.

또한 미래에는 인간이 참여하지 않는 인간 생식도 가능할 것이라는 예측도 아주 터무니없는 주장은 아니다.

검은 머리 파뿌리 되도록?
—

미래에도 여전히 진짜 성관계를 갖는 사람들이 존재할 거라고 전제한다면 그 외에 어떤 일이 벌어질까? 역사적으로 남녀는 생존과 생식을 위해 짝을 맺었다. 서로 동반자가 되어준다는 이점도 있었지만 인간의 행복이 자연 진화의 최종 목표는 아니었을 것이다.

수천 년 전에는 생존 자체가 품이 많이 드는 일이었다. 인류사의 대부분 동안은 35세까지만 살아남아도 대단한 성과를 올린 것이었다. 현재는 100세까지 사는 사람이 곧잘 나오며 인간관계는 흔히 50~60년 동안 지속된다. 미래에는 80~90년 동안 부부 생활을 유지해야 할 수도 있다. 그런 부부들이 서로 대화할 거리가 충분하길 빌 뿐이다.

남성은 유전적으로 일부일처제와는 맞지 않는다는 연구 결과가 있다. 그러나 사회적으로 일부일처제는 매우 중요하다. 안정적인 관계를 유지하는 부부는 더 행복하게, 더 오래 사는 경향이 있다. 혼자 사는 사람에 비해 부부는 사회에 부과하는 비용이 더 적으며 환경에 끼치는 영향도 덜하다.

그런데 기술이 이런 방향으로 도움이 될 수 있을까? 한 가지 아이디어는 부부가 더 오래 관계를 유지하게 도와주는 약을 개발하는 것이다. 우리는 이미 화학적 거세를 통해 특정 개인들의 성적 욕구를 억제하고 있으니 짝짓기를 유도하는 화학 물질을 만들지 못할 이유가 없다. 이런 약이 도덕적으로나 윤리적으로 잘못된 것인가는 당신에게 판단을 맡기겠다.

길 잃은 소년과 소녀들

___

아이들이라는 주제로 다시 돌아가 이 장을 마무리하고자 한다. 잘나가는 지역 신문(〈Mid Sussex Times〉)은 '선한 재미Good Natured Fun'라는 제목의 논설을 실었다. "경제적 여유가 없을 때 아이들을 조용히 시키는 데 주로 동원되는 것은 스마트폰, TV, 그리고 컴퓨터"라는 내용이었다. 가끔 그런다면 문제가 되지 않겠지만 자주 그런다면 걱정하지 않을 수 없다. 어른이 아이들과의 신체적인 접촉이나 대화 대신 자신의 휴식과 편의를 앞세운다면 아이들의 발달에 어떤 영향을 미칠까?

얼마 전 잠자리에서 책 읽어주기가 멸종 위기에 직면했다는 다른 기사를 읽었다. 부모의 3분의 1이 더 이상 아이들에게 잠자리에서 책을 읽어주지 않는다고 답했다는 것이다.[14] 아마도 너무 바쁘거나 피곤하거나 아이들이 산만해서이리라. 이 문제에 대한 해결책으로 제시한 것은 1분 잠자리 독서였다. 요컨대 고전 동화를 CEO를 위한 요약·정리 버전으로 정리한 것이다. 또 다른 해결책은 책 내용을 읽어주는 책이다.

우리는 자신의 삶과 다른 이들이 자신을 어떻게 생각하는지에만 신경 쓰느라 자녀를 부수적 피해의 희생양이 되도록 내팽개치게 된 것일까? 우리 주머니에 쏙 들어가는, 밤에도 주말에도 명절에도 불이 꺼지는 일이 없는 사무실도 문제를 키우고 있다. 마찬가지로 아이들은 절대 벗어날 수 없는 학교 운동장 때문에 고통을 받고 있다. 한 세대 전만 해도 동급생이 가하는 압력과 괴롭힘은 대개 학교 정문에서 끝났다. 지금은 학교를 나선 이후에도 계속된다. 휴대전화는 계속 켜져 있고 소셜미디어도 하루 스물네 시간, 연중무휴로 운영되기 때문이다. 학교 안에서 왕따를 당하는 아이는 학교 밖에서도 왕따를 당한다.

아이들은 현실 세계와 가상 세계라는 두 세계를 헤쳐 나가는 동시에 가공도 해야 한다. 온라인 피드백을 끊임없이 주고받으며 사진과 동영상을 정기적으로 찍고 게시한다는 것은 쉬는 시간이나 모바일 기기를 끄고 숨을 돌릴 시간이 거의 없거나 아예 없음을 의미한다. 한번은 아이들을 외딴섬에 데리고 갔다. 아이패드를 가지고 가도 되는지를 두고 격렬한 논쟁이 벌어졌고 결국 집에 두고 갔다(아이패드를 말이다. 물론 다른 선택지도 당시에는 꽤 매력적으로 보였다).

첫날, 아이들 둘 다 충격에서 벗어나지 못했다. 둘째 날이 되자 현실을 부정하기에 바빴다. 셋째 날이 되어서야 현실을 받아들였고 서서히 긴장을 풀었다. 아이들의 네트워크상의 자아는 사라져버렸다. 그리고 아이들은 해방된 것처럼 보였다. 사실은 아이들도 내내 해방되길 원했던 것이다. 다시 아이가 될 허락이 필요했던 것뿐이다.

앞에서 언급했듯이 아이들과 관련해 목격되는 또 다른 추세는 위험 기피 현상이다. 부모인 우리는 어디에나 위험이 도사리고 있다고 생각한다. 얼마 전만 해도 1969년부터 1974년까지 방영된 미국의 어린이 TV 프로그램 〈세서미 스트리트Sesame Street〉의 에피소드 중에서 최고만 모은 DVD가 판매되고 있었다. 그런데 거기에는 '성인용'이라는 경고문이 붙어 있었다. 왜 그랬을까? 과거에는 문제되지 않았지만 지금은 아이들이 보기에 바람직하지 않다고 여겨지는 장면들이 포함되어 있기 때문이었다. 농담이 아니다.

우리는 분명 역사상 아이들에게 가장 안전한 시대에 살고 있다. 그런데도 온갖 기술을 동원해 아이들의 일거수일투족을 감시하고 흙, 세균, 무릎의 상처, 골절로부터 아이들을 보호한다. 교사가 빨간 펜으로 채점하는 행위조차 아이들의 자존감을 떨어뜨릴까 걱정한다. 낯선 이가 위험하다고 말하지만, 영국의 연구원 워릭 케언스Warwick Cairns는 통계적으로 아이가 납치될 가능성이 실현되려면 20만 년 동안 거리에 홀로 방치되어야 한다는 계산 결과를 내놓았다.

그런데도 그토록 두려움에 떠는 이유는 무엇일까? 예를 들어 왜 호주에서는 걸어서 하교하는 아이의 비율이 1985년에는 37퍼센트였는데 2001년에는 26퍼센트로 줄었을까? 답은 교통환경 변화일 수도 있다. 그러나 그게 정답이 아니라는 다른 예들이 존재한다. 서드가드ThudGuard라는 기업은 걸음마를 시작한 영유아를 위한 안전모를 생산한다. 또 다른 기업은 콤피 크롤러Comfy Crawlers를 판매한다. 기어다니는 아기들의 무릎을 보호해주는 제품이다. 이 모든 불안은 자극적인 기삿거리를 찾는 미디어에 어른이 되길 거부하는 유아증 문화와 툭하면 소송을 거는 문화가 더해진 결과다. 사람들이 소송을 꺼리지 않다 보니 부모, 그리고 특히 교사와 양육자는 사고나 부상을 이유로 법적 분쟁에 휘말릴까 늘 불안해한다.

그러나 위협을 줄이려는 노력 때문에 삶이 더 위험해진다면? 공원 같은 공공장소에서 위험한 놀이기구를 치워버리는 것이 아이들에게 더 해롭지는 않을까? 아이를 둘러싼 잠재적 위험 요소에 무관용 원칙을 적용함으로써 장기적으로는 그런 위험에 노출되는 것이 청년기로 미뤄져 오히려 아이의 삶을 더 위태롭게 만들고 있는 것은 아닐까?

여러 가지 시도를 하고 무엇보다 실수를 저지르는 과정에서 아이들은 무엇은 해도 되고 무엇은 하면 안 되는지를 배운다. 한계와 위험을 체득하는 것이다. 집에서 난로 앞에 철망을 치지 않고 불을 피우게 되면 아이들은 금방 불에는 손을 대면 안 된다는 것을 배운다. 누군가 알레르기 반응을 일으킬까 봐 학교에서 견과류 반입을 금지하면 아이의 이후 삶에도 거짓 안도감을 심어주는 셈이 된다. 일찍이 위험이 제거되었다고 인식되면 개인들은 위험한 행동이 실제로 얼마나 위험한지 깨닫지 못한 채 자란다. 한껏 보호받고 자란 아이들은 어른이 되고 나서야 중요한 교훈을 깨닫는다. 그러나 세상은 어른이 된 그들을 결코 쉽게 용서해주지 않는다. 결국 아이들은 혼자서는 아무것도 할 수 없을 정도로 자신감이 없는 나약한 어른으로 자라고 만다.

여기에 이해 충돌 문제도 더해진다. 부모가 위험을 무시하려고 노력하면 나쁜 부모라는 비난을 받는다. 심지어 아동보호기관에 신고될 수도 있다. 그러나 변화의 기미도 보인다. 이를테면 야영 캠프, 더 나아가 숲속 학교가 늘어나는 것을 보면 우리가 극단으로 치우치지 않도록 스스로를 교정할 정도로 현명하다고 다시금 믿게 된다.

생존이 위협받는 상황이라는 조건은 빼더라도 적응이야말로 생존하기 위한 필수 요소라는 다윈의 이론은 누구나 배울 필요가 있다. 더 나아가 변이가 진보로 이어지고 피드백이 발전으로 이어진다는 것도 알 필요가 있다. 진화와 발전을 위해서는 어느 정도는 위험을 감수하고 경각심을 세워야 한다. 인간은 스스로에게 닥칠 위험을 염두에 두고 이런 추상적인 개념을 소화할 수 있는 유일한 종이다. 우리는 우리의 희망과 두려움에 대한 이야기를 만들고 들려준다. 그리고 그것이 바로 인간과 기계가 다른 점이다. 나는 우리가 계속 이야기를 전하고 서로와 이야기를 나누는 한 앞으로 다가올 미래가 어떤 모습이든지 괜찮을 거라는 생각이 든다.

@알렉스 박사

이것이 내가 손으로 당신에게 보내는 마지막 커뮤니케이션이지 싶어요! 생각 전송 실험이 성공적이었거든요!

실험 참가자 200명이 생각만으로 트윗을 보냈어요. 500미터 떨어진 곳에서 기다리고 있던 또 다른 참가자 집단이 그 메시지를 받은 비율이 무려 92퍼센트에 달한답니다. 거의 즉시 받았어요.

런던에서 뉴욕까지 30분 조금 넘게 걸려 생각 메시지를 7개나 보내는 데도 성공했어요. 페퍼로니를 추가한 피자를 주문했지요.

뉴욕에서 메시지를 받기까지 그렇게 시간이 오래 걸린 건 조금 마음에 걸려요. 코리나는 분명히 텔레파시를 방해하는 이온 분열장 때문일 거래요.

10

예술과 전쟁　　Art and War

우리 자신보다 훨씬 더
대단한 무언가를 찾아서
(그리고 순종하기)

헤럴드 가문은 전통을 따르거나 안전한 길을 택한
사람들을 찬양하지 않았다. 대신 불확실한 미래를 살고
머리가 어질어질할 정도로 대단한 모험을 택한 사람들을 찬양했다.

에번 미킨스 Evan Meekins

나는 종잇조각에 메모를 하는 습관이 있다. 엿들은 말, 서평이나 영화 평론, 기발한 통계학 수치 등을 적는다. 습관적으로 잡지와 신문 기사를 찢어내기도 한다. 때로는 스마트폰에 메모를 하기도 하지만 이런 디지털 메모는 고정되어 있기 때문에 아무 데나 돌아다니지 않는다. 내가 쓴 물리적인 메모는 언제나 가장 가까운 비상구로 탈출하곤 한다. 잃어버렸는가 싶었는데 어느 날 전혀 상관없는 정보 쪼가리 옆에서 불쑥 튀어나온다. 아무 연관성이 없어 보이던 두 정보가 서로 교차하면서 새로운 정보가 탄생한다. 아직 눈치채지 못했을 수도 있는데, 메모는 사회성을 타고났다.

그런 표류물의 예가 1년 전에 〈애틀랜틱The Atlantic〉에서 찾아낸 글이다. 찢어낸 첫 페이지에서 나는 철학자 버트런드 러셀Bertrand Russell의 인용구에 표시를 해두었다.[1] 인용구가 꽤 긴데 마지막 문장이 다음과 같이 끝난다. "영혼의 안식처는 포기를 모르는 절망감 위에 단단히 세워야만 안전하게 지을 수 있다." 도대체 어떻게 이런 문구와 경쟁할 수 있겠는가? 그런데 나도 하마터면 이 문구를 놓칠 뻔했다. 그랬다면 이 책도 아주 다른 책이 되었을 것이다. 피카소가 뭐라고 했더라? "무엇을 할지 어느 정도 아이디어는 있어야 한다. 다만 모호한 아이디어야 한다." 나도 동의한다. 전적으로.

피카소의 말은 또 다른 예술가가 한 말을 상기시킨다. 조각가 헨리 무어Henry Moore가 한 말이다. "인생의 비결은 할 일이 있는 것이다. 그것도 죽을 때까지 당신의 모든 것을, 하루의 일분일초까지도 몽땅 쏟아붓는 무언가여야 한다. 그리고 무엇보다 중요한 것은 당신이 그것을 완성할 가능성이 절대 없어야 한다는 점이다!" 이 말의 요지는, 적어도 내가 이해하기에는, 당신이 하는 일이 결국에는 실패로 끝날 것이라는 사실을 알면서 살아야 한다는 것이다. 결국 죽을 거라면 이 모든 것이 무슨 소용인가? 당신이 위에 언급한 인용문에 견줄 만한 글을 절대 쓸 수 없으리라는 사실을 알면서도, 혹은 지속적인 의미를 지닐 무언가를 절대 창조할 수 없다는 사실을 알면서도 어떻게 살아갈 것인가?

이런 질문들은 사랑, 희망, 실패, 실망, 후회를 결코 진짜로 경험할 수 없는 생명 없는 기술이라는 맥락에서는 지극히 현실적인 문제다. 어느 날 스마트 기계가 인간과 정서적인 관계를 맺는 것을 포함해 인간이 할 수 있는 거의 모든 것을 하게 된다면 인간의 쓸모는 무엇인가? 각 세대마다 새로운 발명품을 내놓는다. 그런 발명품 중 많은 수가 어떤 의미로든 우리를 현실에서 더 멀리 떨어뜨린다. 그러나 그런 발명품이 낳는 질문은 언제나 본질적으로는 똑같다.

우리는 누구인가? 우리는 왜 여기 있는가? 우리는 그냥 별에서 흘러나온 먼지인가? 의미 없는 사고의 부산물인가? 이 모든 것에 과연 어떤 목적이 있는가?

이런 질문을 하다 보면 우주에서 길을 잃을 수 있다. 알면 알수록 이해 못하는 것이 늘어만 간다고 느껴진다. 새로운 발명품은 무지와 불확실성을 늘릴 뿐이다. 그래도 괜찮다. 비결은 겸손하게 자신의 정신을 단단히 붙들어매고 집착을 버리는 것이다. 자신만의 우주 속 고립에서 침착함을 유지하는 것이다. 요점은, 요점이 없다는 것이다.

이런 답을 받아들이지 않는다면 대안은 자포자기한 채 조용히 견뎌내는 삶이다. 삶은 의미가 없을지도 모른다. 분명 어이없고 당혹스럽다. 그리고 시간이 지나 되돌아보면 그제야 진정으로 이해할 수 있을지도 모른다. 또한 매우 경이롭기도 하다. 이 모든 것을 아는 것은 축복이자 깊은 위안이다. 이런 맥락에서 모래알 하나, 혹은 실리콘 칩 하나를 바라보는 것은 황홀하면서도 확실한 평안을 준다. 오래된 인공물이나 고대의 풍광과 교류하는 것도 마찬가지로 우리 마음의 짐을 덜어준다. 이 모든 것이 우리를 고향으로, 어린 시절로, 가능성이 탄생한 곳으로 데려다준다. 이런 방식으로 인간의 연속성을 살짝 엿볼 때 진정한 우리 자신을 발견하게 된다. 유구한 시간의 흐름은 꽤 아름다운 연결고리를 만들어낸다. 무한에 안식처가 있는 것이다.

우리가 모든 것이자 아무것도 아닌 것의 일부라는 깨달음은 상당한 해방감을 안겨준다. 나의 경우 오래된 농담을 떠올리게 된다. 공상과학영화 〈바이센테니얼 맨〉에도 나온다. "불교 신자 한 명이 핫도그를 파는 노점상에 가서 말했어. '전부 들어간 걸로 하나 주세요'라고."

물리학자이자 TV 진행자인 브라이언 콕스Brian Cox도 눈을 반짝거리며 비슷한 말을 했다. 거대하고 컴컴한 우주에 파란 점 같은 지구가 존재한다고 생각하면 처음에는 우리가 정말 하찮은 존재로 느껴진다. 그런데 그런 아무것도 없는 상태에서 깨달음을 얻는다. 그것은 우리가 정말 특별하고 독특한 존재라는 사실이다. 우주의 영원함은 우리 하나하나가 어떤 식으로든 중요하다는 것을 확인시켜준다. 저 너머, 아무것도 없음의 망망대해가 총천연색의 선명함을 현재에 부여한다.

칼 세이건Carl Sagan은 이렇게 말했다. "종교적 감성, 경탄이라는 감각에 몰두하는 가장 좋은 방법은 구름 한 점 없는 날 밤하늘을 올려다보는 것이다." 트위터와 페이스북이 이런 맥락에서 어떤 역할을 하는지는 내 지구적 시각에서는 이해 불가능하다. 그렇지만 다시 한 번 말하지만 아마도 그 트위터와 페이스북의 성공은 우리가 지금 이 순간 존재하고 살아 있음을 확인하는 것과 관련이 있을 것이다. 내가 지금 여기, 이렇게 존재한다는.

인 간 의   영 혼 은   소 프 트 웨 어 인 가 ?

———

나는 절대적으로 믿는 종교적 신념이 거의 없다. 그래도 작가인 조지 자카다키스의 '언어 없이는 우주도 없고 현실도 없다'는 말에 동의한다. 이것이 구약성서의 〈창세기〉와 연장선상에 있다고 여기는 사람도 있을 것이다. 세상은 우리가 이 세상을 묘사할 언어를 얻은 후에야 존재하게 되었다. 나는 눈에 보이지 않는 세계의 존재를 믿으며, 실체는 없지만 인간의 영혼 또는 정신이 어떤 식으로든 시간을 뛰어넘어 존재한다고 본다. 몸과 영혼이 분리된다고 생각하는 것이다. 이는 컴퓨터 하드웨어와 소프트웨어가 분리되는 것을 연상시킨다.

나는 물질이 사람이 지닌 에너지나 사람이 겪은 사건에 관한 기억을 간직할 수 있다고 생각한다. 그 기억은 흔히 유령과 유사할 것이다. 이것은 종종 물건에게 마음이 있다고 보는 아이의 믿음이나 호주의 원주민이 세상을 보는 관점과도 유사하다.

나는 또한 평행우주가 존재한다고 믿는데, 어떤 이들은 그런 평행우주를 천국과 지옥으로 받아들일 수도 있다. 어느 날 인간 뇌와 사고(신경 텔레파시)를 연결해 소통하는 방법이 개발된다면 그런 것이 바로 기도일지도 모른다. 인공 의식을 만들어서 각자의 사고를 상자 안에 집어넣을 수 있게 된다면 진정한 몸과 영혼의 분리를 달성했다고까지 말할 수 있을 것이다.

물론 그렇게 되면 앞서 언급했듯이 우리의 존재와 전 우주의 존재는 영화 〈매트릭스〉에서 본 것 같은 시뮬레이션에 불과해질지도 모른다. 미국의 물리학자 실라스 빈Silas Beane은 통계학적으로는 그럴 가능성이 존재한다고까지 말한다. 앞으로 미래가 어떤 모습이든지 간에 지능이 있는 우주의 외계 생명체나 지구에서 탄생한 인공지능의 존재는 인간으로 살아간다는 것의 의미와 개인의 자아에 관한 질문을 낳을 수밖에 없다. 특히 인공지능은 인간의 진짜 본질이 무엇이냐고 우리 자신에 관한 질문을 던지는 거울이 될 것이다.

역사적으로 그런 질문은 종교의 몫이었다. 종교는 공동체 의식, 공유된 도덕규범, 그리고 궁극적으로는 소명을 제공했다. 또한 인간의 경험을 설명하는 줄거리가 담긴 이야기를 제공했다. 어떤 이에게는 종교가 여전히 그런 역할을 하고 있다. 그러나 나머지 사람들에게 종교적 믿음은 별자리를 믿는 것이나 다를 게 없다.

막스 베버Max Weber와 에밀 뒤르켐Emile Durkheim은 이렇듯 사람들이 종교와 멀어질 것이라고 예견했다. 종교는 인간의 무지에서 비롯된 것이므로 과학적 논리가 확대 적용되면서 신이 필요 없어질 것이라고 생각했던 것이다. 그 예견이 딱 맞아떨어졌다고 보는 사람도 있을 것이다. 인터넷은 인쇄술과 여러 대중 언론매체가 그랬듯이 지식을 보급하고 새로운 공동체 의식의 출현을 돕는 최신 기술일 뿐이다.

오늘날 서구에는 신을 믿지 않는다고 말하는 성인이 많다. 실제로는 신의 존재를 적극적으로 고민한 끝에 부정한다기보다는 그냥 귀찮은 것(혹은 시간이 없는 것)일 뿐인 경우가 많아 보인다.[2] 무신론은 개인주의의 일종이기도 하다. 사람들은 더 이상 어떻게 생각하고 행동해야 하는지를 지시받고 싶어 하지 않는 것이다. 세속화의 예외로 자주 인용되는 미국에서도 종교적 믿음은 쇠퇴하고 있다. 미국인의 20퍼센트가 자신이 무신론자라고 답했는데, 1970년대만 해도 그 수치는 5퍼센트에 머물렀다. 세대별로 살펴본다면 더 급격하게 쇠퇴하는 것을 볼 수 있다.

젊은 세대는 구약성서의 〈욥기〉나 석판에 새겨진 십계명 대신 스티브 잡스와 아이패드를 신처럼 떠받는다. 다만 미래는 단 하나의 추세의 종착역인 경우가 거의 없으며 기존 데이터로는 미래에 무엇이 탄생할지 혹은 부활할지를 예측하기 힘들다.

더 나아가 전 세계적으로 종교는 꽤 잘나가고 있다. 러시아, 중국, 아프리카에서는 종교가 다시 유행하고 있다. 지구 전체 인구 중 59퍼센트가 스스로를 종교 신자라고 소개한다. 중국에는 신앙 활동을 활발히 하는 인구수가 8억 명에 이른다. 공산당보다 더 큰 집단인 셈이다. 이런 현상은 그동안 억눌린 욕구의 발현일 수도 있고 디지털화가 이제까지의 예상과는 정반대의 흐름을 낳았을 수도 있다. 실시간으로 스트리밍되는 예배와 인스타프레이(Instapray, 사람들이 서로에게 기도해달라고 부탁하는 것을 도

외주는 앱)부터 문자로 하는 고해성사 등 믿음을 전파하기가 쉬워지면서 신앙이 다시 활기를 띠고 있다. 분명 미래에는 죽은 자와 교류할 방법이 더 많아질 것이다.

이 밖에도 사람들이 자신의 고통을 덜고 싶어 할 때 종교가 번창한다고 볼 수 있다. 종교적 믿음은 가난하거나 불안한 지역에서 강하고 사회안전망이 탄탄한 북유럽처럼 상대적으로 부유한 지역에서는 약하다.

다른 요인들도 작용한다. 사회의 고령화로 사후세계가 존재하는지, 사람이 죽으면 어떤 일이 벌어지는지에 관심이 있는 노인 인구가 늘어난다. 지정학적 혼돈, 경제 불안정, 기술의 발달도 마찬가지로 복잡성, 급격한 변화, 불확실성으로 규정되는 세상을 낳는다. 이런 맥락에서 신에게 끌리는 것은 직관적으로 볼 때 당연하다.

종교는 왜 세상이 이렇고 앞으로 어떻게 될 것인지에 대한 답을 제공한다. 더 나아가 유럽에서는 신이 한물갔는지 몰라도 여전히 대다수 사람들은 무언가를 믿기는 한다. 영국의 싱크탱크인 테오스Theos에 따르면 많은 사람들이 신을 믿지 않는다고 말하지만 영국의 경우 성인 인구의 60퍼센트가 영적 세계, 초자연적인 현상, 절대적인 존재 등을 믿는다고 답한 반면 13퍼센트만이 인간에게 영적인 요소는 전혀 없다고 답했다. 사람들이 신을 믿지 않는다고 해서 믿음 자체가 사라지는 것은 아니다.

한편으로 많은 사람들이 자신이 삶의 통제권을 잃었다는 생각에 불안함을 느낀다. 그러나 앞서 살펴봤듯이 우리에게 통제권이 없으며 결과가 우연과 운에 크게 좌우된다는 것을 받아들임으로써 그런 불안감을 해소할 수 있다. 그런 생각을 받아들이고 나면 마음이 한결 가벼워진다.

내가 〈애틀랜틱〉에서 찢어서 보관한 글이 이를 잘 표현하고 있다. "마스터 스위치를 던져버리면 온몸과 마음이 편안해짐을 느낄 것입니다. …
무언가를 조종해야 한다는 강박에서 벗어나 자유를 느껴 보세요." 극단적
으로 해석하면 운명론적이고 심지어 허무주의적으로 들리지만 나름 쓸모
있는 조언이기도 하다.

석 기 시 대 의 그 림 자
—

인간이 여전히 석기 시대의 뇌를 지니고 있다는 이야기로 돌아가자.
인간은 늘 위험에 노출된 채 살았기 때문에 '저기 어딘가'에 우리를 쫓거
나 보살피는 무언가가 존재한다는 생각을 하게 되었을 수도 있다. 오늘날
에도 우리를 보살피는 누군가가 존재한다는 생각은 그럴듯하게 들린다.
그런 생각은 우리의 존재론적 두려움을 해소해주기 때문이다. 의미와 기
계의 의미에 대한 더 구체적인 논의는 마지막 장으로 미루겠다. 그렇지만
그전에 잠시 전쟁, 폭력, 예술을 간략하게 살펴보면서 이 중 어떤 것이 인
간의 조건에 대한 답을 지니고 있을지 찾아보겠다.

종교가 사라지면 전쟁도 사라질 것이라고 주장할지도 모르겠다. 나
는 미래에도 여전히 전쟁은 벌어지리라고 보지만 대규모 전쟁이 발생하
는 경우는 줄어들 것이다. 사회가 대체로 고령화하고 있고 노인은 남과
의 다툼을 피하는 경향이 있기 때문이다. 다음과 같은 숫자는 이를 뒷받
침한다. 인구의 중위 연령을 살펴보면 아프가니스탄은 15.6세, 가자는 18
세, 시리아는 21.9세, 이집트는 24.4세인 반면 미국은 37.1세, 영국은 39.8
세, 일본은 44.9세다.

일본은 어떻게 정권을 전복할지보다는 어떻게 잠에서 깨어 넘어지는 일 없이 일어설지를 더 걱정하는 연령층의 비중이 확실히 크며 이런 국가가 점점 늘어나고 있다. 물론 전쟁의 디지털화로 꼭 그렇지만은 않을 수도 있다. 면 대 면 전투에서는 젊을수록 유리하다. 그러나 디지털에서 벌어지는 전쟁에서는 다르다. 따라서 더 적절한 질문은 컴퓨터 게임과 진짜 전쟁이 점점 더 똑같아지는 현상이 우리의 현실 감각에 어떤 영향을 미치는지, 그리고 실제 전쟁을 점점 더 닮아가는 전쟁 게임을 하면서 자란 세대가 더 쉽게 전쟁을 일으키거나 전쟁을 받아들일 것인지와 같은 질문일 것이다.

게임을 이용한 전쟁 시뮬레이션은 예전에도 존재했다.[3] 다만 지금은 그 규모에 있어 차원이 다르다. '콜 오브 듀티 : 현대 전쟁 2'라는 게임은 출시 하루 만에 3억 1,000달러의 판매고를 올렸다. 이 액수를 블록버스터 영화 〈스타워즈 : 깨어난 포스Star Wars : The Force Awakens〉의 개봉일 흥행 성적인 1억 1,900만 달러와 비교해 보자. 미국에서 2009년에 군에 입대한 젊은이의 수가 7만 명이었는데, 재향군인의 날에 집 컴퓨터 앞에서 전쟁놀이를 한 사람의 수는 470만 명이었다는 사실은 어떻게 보는가? 전 세계적으로 게임 시장에서 가장 큰 점유율을 차지하는 분야는 아마도 전쟁게임물일 것이다. 전 세계에서 그런 비디오 게임을 꾸준히 하는 사람은 3억 5,000만 명이 넘는 것으로 추정된다.

물론 부작용도 있다. 첫째, 디지털 게임이 더 사실적이 되면서 현실과 환상 간 왜곡이 심해지고 있다. 군대 예산이 빠듯하거나 현장 훈련에서 발생하는 사고를 막고 싶다면 확실히 가상훈련을 돌리는 것이 현명하다. 그런데 디지털 훈련이 현실 감각을 밀어낼 위험은 없을까?[4] 더 나아가 '어쌔신 크리드' 같은 게임을 하면서 자란 청년들이 가상 인터페이스로 현실 세계의 사람을 죽인다면 죄책감을 덜 느끼게 되진 않을까? 달리 말해 전투원이 가상현실에서 전쟁 훈련을 하다 보면 전투라는 실제 무대에서도 무감각해지는 것은 아닐까? 요지는 가상 폭력은 전쟁의 현실감을 반영하지 못하고 그래서 현실 세계에서 폭력을 가하는 자가 피해자에게 더 이상 연민을 느끼지 않게 될 수도 있다는 것이다.

그리고 이것이 사실이라면, 디즈니와 국방부가 협력해 3D 안경, 햅틱 장갑, 향수 목걸이를 활용해 순간 돌풍을 일으키는 코르다이트 폭탄을 터뜨리면서 ISIS와 전투를 벌인다면 어떻게 될까? 현실과 위험으로부터 단절됨으로써 상황 인식 능력이 약해졌다는 내용이 그 질문에 대한 답에 들어 있을 것이다.

아마도 게임을 하는 사람들은 여전히 무엇이 옳고 그른지 알 것이다. 다만 현실에 대한 두려움이 커질 것이다. 따라서 화면 속에서의 폭력 때문에 사회가 더 폭력적이 되는 일은 없겠지만 폭력에 대한 두려움은 커질 것이다. 조금 긍정적인 측면을 언급하자면 호주국립대학교의 올리비아 멧캐프Olivia Metcalf는 이런 게임이 '소명 상실로부터의 도피처'를 제공한다고 본다. 그러나 전쟁을 사라지게 하려고 수백만 명이 환상과 비현실적인 세계에 빠지도록 내버려둬도 괜찮을까?

국가 vs 네트워크

—

조지아 공대에서 로봇을 연구하는 로널드 아킨Ronald Arkin에 따르면 현재 전 세계적으로 로봇 살인기계 개발을 적극적으로 지원하는 정부는 56

개국 정도다. 또한 군사 전략가 토머스 애덤스Thomas Adams는 "철저하게 자동화된 시스템으로의 이동이 불가피하다"라고 말한다.

반면에 신원 파악 오류에 대한 우려도 제기된다. 기계가 군인과 시민을 식별하도록 훈련시키기는 쉽지 않다. 특히 누군가를 죽일지 여부의 결정이 자동화되고 순간적으로 이뤄진다면 더 그렇다. 로봇 무기 개발 및 사용을 지지하는 이들은 지능 탑재 전투 기계는 전투의 규칙을 더 잘 지키고 분노나 혐오에 휘둘릴 위험이 더 적다고 주장한다.

앞으로는 대규모 전쟁이 줄어드는 반면 작은 분쟁이 더 잦아질 가능성이 높다. 그래서 숨바꼭질 전략에 맞설 타격 조직으로 군대를 재편성하는 아이디어가 나왔다. 여기서 주된 변화는 물리적인 국가가 아닌 디지털에서 영감을 얻고 조직된 네트워크와 전투를 벌이게 될 것이라는 점이다. 따라서 군대는 소규모 무장단체의 공격을 비롯해 동시다발적으로 발생하는 다양한 위협에 대응할 수 있어야 한다. 정해진 기간이 끝나면 더 이상 작동하지 않는 무기나 원거리에서 전원을 끌 수 있는 디지털 추적 장치가 달린 무기 같은 신무기를 개발하면 세상이 조금 더 안전하게 느껴질지도 모른다. 그러나 아무리 뛰어난 무기도 어떤 미치광이가 '철기 시대'에나 어울릴 법한 무기로 비행기를 납치해서 무기로 쓰는 것까지 막을 수는 없다.

미 래 범 죄 예 방 청

—

테러리즘이 증가하면서 무엇이 전쟁으로 규정되는가가 모호해졌다. 더 나아가 경찰과 군인을 구분하는 기준 역시 마찬가지다. 이런 현상은 이미 〈로보캅Robocop〉과 〈저지 드레드Judge Dredd〉 같은 공상과학영화에 반영되었다.

영화로도 제작된 『마이너리티 리포트』 같은 공상과학소설에나 어울릴 법한 범죄 예방 프로그램은 현실에도 존재한다. 프레드폴PredPol이라는 미국 기업은 컴퓨터 프로그램으로 언제, 어디서 범죄가 발생할지 예측한다. 로스앤젤레스에서는 프레드폴의 범죄 예방 프로그램을 도입한 후 범죄 발생률이 무려 12퍼센트나 감소한 구역도 있다. 그러나 그 외 구역에서는 범죄 발생률이 0.5퍼센트 증가한 것을 감안하면 선제적인 경찰 활동이 만병통치약은 아닌 것으로 보인다. 한편, 미국의 몇몇 주에서는 디지털 분석을 적용해 어떤 수감자에게 가석방을 허락할지 결정한다. 그런 권한을 행사하고 싶어 하는 해커도 분명 존재할 것이다. 그런 해커에게는 모든 유치장의 잠금장치가 중앙 통제 시스템과 연결되어 원격조종이 가능해지면 더욱 반가울 것이다.

범죄 예방 프로그램에 지나치게 의존한다면 문제가 생길 것은 분명하다. 데이터는 인간의 선입견을 교정할 수도 있지만 인간의 편견을 강화하기도 한다. 게다가 더 많은 일상 활동이 디지털로 추적될수록 정말 심각한 범죄를 쫓기보다는 사소한 범법행위에서 수익을 올리고 싶은 유혹도 커진다.

또한 범죄자가 디지털 분석 기법을 사용해 범죄 대상을 찾는 것을 막을 방법도 없다. 물론 굳이 그런 기법 없이도 페이스북이나 인스타그램에 올라온 사진과 글만 살펴봐도 누구에게 무엇이 있는지, 누가 외출 중인지 알 수 있다. 프리들랜드Friedland라는 보안회사의 조사 결과에 따르면 체포된 절도범의 80퍼센트는 범죄 계획을 세울 때 소셜미디어에 나온 정보를 활용한다고 한다.[5] 그렇지만 좋은 소식도 있다. 기술 발전으로 치안과 첩보 활동이 개방되면서 용의자 추적에 시민 탐정을 동원하기가 쉬워졌다는 사실이다. 그런데 이보다 더 극단적인 결과도 있을 수 있다.

이를테면 유전공학 기술로 범죄 성향을 발현하는 생물학적 지표를 찾아낼 수 있다면 경찰은 그런 자료를 근거로 미래에 범죄를 저지를 가능성이 높은 사람들을 감시할 수도 있다. 그런 기술이 실제 개발된다면 제기될 윤리적인 문제가 한둘이 아니다. 차라리 악의를 탐지하는 장치를 사용하는 편이 나을 것이다. 현재 몇몇 공항에서는 이와 유사한 장치가 작동 중이다. 원거리에서 사람들의 체온, 맥박, 신체 언어를 해독해 범죄를 저지를 가능성을 측정한다. 그러나 그런 장치는 경찰국가의 토대는 될 수 있어도 민주국가의 치안 및 안보에 활용할 수는 없다.

이런 맥락에서 기분 탐지 장치는 특히 흥미롭다. 다소 시시하긴 해도 개인의 기분을 파악하면 시제품 품평이나 개인 맞춤형 광고에 활용할 수 있다. 반면에 이런 기술을 활용해 집단, 기업, 심지어 국가 전체의 분위기를 판단할 수도 있을 것이다. 바람직한 예는 정부가 이런 장치를 이용해 실시간으로 국민의 기분을 탐지해서 총 국가 행복도를 높이는 데 활용하는 것이다. 이와는 달리 정부가 정부에 불만을 표하는 사람이나 반대하는 사람을 실시간으로 골라낸다면 나쁘게 활용한 예가 될 것이다. 심지어 기분 탐지 소프트웨어가 탑재된 디지털 카메라로 야당 정치인이 인기 있는 마을을 파악해서 그런 마을을 제거한다면?

완벽한 혁명 예측 알고리즘이 개발될 일은 없을 것이다. 물론 그런 알고리즘을 개발하겠다고 나선 사람을 만난 적은 있다. 그는 전체 인구에서 젊은 연령층의 비율, 교육 수준, 인터넷 접속 용이성, 실업률, 경제 상황, 식량 가격, 부패에 관한 데이터에 디지털 분석 기법을 적용하면 혁명이 정확히 언제 일어날지는 알 수 없어도 어디에서 일어날지는 알 수 있다고 주장했다.

물론 이미 살펴봤듯이 이런 기술은 여러 방향으로 전개될 수 있다. 군대에서 정해진 목표물을 공격하기 전에 이미지 분석 기법을 활용해 신원을 파악한다는 사실은 꽤 잘 알려져 있다. 그런데 테러리스트들도 같은 기법을 활용한다. 2008년 뭄바이의 타지마할 팰리스 호텔을 점령했을 때 테러리스트들은 모바일폰과 페이스북으로 호텔 투숙객의 신원을 확인해 누구를 죽일지 결정했다.

커뮤니케이션 기술과 소셜미디어가 그런 방식으로도 활용될 수 있다니 기묘하다. 전쟁과 테러리즘 모두 대화의 한 방식이다. 사람들이 마주 보고 앉아 대화하기를 거부하거나 한쪽이 상대가 자신의 말을 무시한다고 여길 때 택하는 표현 방식이다. 살인과는 달리 전쟁은 보통 친밀감과는 거리가 멀다. 가해자는 대개 피해자를 알지 못한다. 현대의 전쟁, 특히 디지털 전쟁이 벌어지는 현장에서는 서로 멀리 떨어져 있다 보니 이런 측면이 더 강화된다.

예술, 뭐에 써먹지?

전쟁이 평범하지 않은 수단으로 전개되는 커뮤니케이션이라면 자유 연상 기법을 활용해 종종 전쟁을 주제로 삼는 커뮤니케이션의 일종인 예술로 건너뛰어도 되지 않을까? 구체적으로 언제, 그리고 정확하게 왜 인간이 예술을 창조하기 시작했는지는 불분명하다. 아마도 후기 구석기 시대인 1만 년 내지 5만 년 전에 언어나 종족 간 신호의 한 형태로 시작되었을 것으로 짐작된다. 이 단계에서 작품의 대상은 소박했다. 주로 동물이 등장했고 대체로 식량과 관련이 있었다. 사냥꾼이 사냥감을 찾고 잡도록 돕거나 사냥꾼에게 마법과도 같은 힘을 부여하기 위한 목적이었을 것이다.

기본적으로 예술은 대개 상징을 활용해 인간의 조건에 관한 이야기를 들려준다. 예술은 인간의 조건을 이해하기 위한 투쟁, 그런 이해를 시간과 공간 모두를 뛰어넘는 물건과 이미지 안에 정제해서 담아내는 것이다. 최고의 예술은 어떤 행동을 할 것을 요구한다. 사람들에게 무언가를 원하게 만들 수도, 질문을 던질 수도 있다. 또한 예술은 인간이, 그리고 인간만이 자신과 자신의 세계를 외부에서 바라보고 생각하고 상상할 수 있다는 독특한 사실을 시각적으로 표현한 것이다. 예술은 이 세계뿐 아니라 또 다른, 우리 머릿속 상상의 세계를 보는 방법이다. 예술은 우리가 필멸의 존재라는 것도 상기시킨다. 그러나 경우에 따라 우리가 그런 필멸성을 완화하는 데 쓰이기도 한다.

침팬지는 인간과 유전자를 98.8퍼센트 공유한다. 그런데 침팬지는 그림을 그리지도 않고 글을 쓰지도 않으며 〈혹성탈출Planets of Apes〉 같은 영화를 찍지도 않는다. 어떤 사람들은 반박할 것이다. '무수히 많은 원숭이' 주장(원숭이 수가 충분히 많고 시간이 충분히 흐르면 결국 그중 하나는 필립 K. 딕처럼 『안드로이드는 전기양의 꿈을 꾸는가? Do Androids Dream of Electric Sheep?』 같은 소설을 쓰게 될 것이다)은 논외로 하더라도 1950년대에 콩고라는 침팬지가 런던 동물원에 자신의 작품을 전시했다는 사실을 인용할지도 모르겠다. 코끼리와 바다표범도 비슷한 시도를 한 적이 있다. 그러나 이런 것들은 모방에 불과하며 예술은 아니다. 추상적인 패턴은 보기에는 좋겠지만 예술적인 시도라기보다는 우연에 가깝다. 대화나 대사가 아니다. 게다가 우리에게 어떤 의미를 전달하지도 않는다. 물론 같은 비평을 현대 예술 전반에 던질 수도 있을 것이다.

어떤 예술 비평가는 영장류나 화가가 그림을 그리지 못한다고 말하는 것은 말도 안 된다고 주장한다. 마르셀 뒤샹Marcel Duchamp이 말했듯이 모든 것이 예술이다. 그러나 앵무새에게 '안녕'이라고 말하도록 가르쳤다고 해서 그것을 새가 말할 수 있다는 증거로 삼을 수는 없다. 마찬가지로 침팬지에게 그림 그리기를 가르쳤다고 해서 그것이 침팬지가 예술가라는 증거는 되지 않는다.

호주의 몇몇 새 애호가들은 분명 바우어새라는 종을 예로 들 것이다. 이 새는 스스로의 미적 즐거움을 위해 구조물을 만드는 것처럼 보인다. 그렇지만 이 새가 만드는 것은 장식이다. 새는 노래도 하고 춤도 춘다. 그렇지만 이것은 다름 아닌 생식을 위한 생물학적 본능이다. 적어도 내가 아는 한 그런 행동은 새라는 존재로 살아가는 것이 어떤 의미인지에 관한 이야기를 담고 있지는 않다.

로봇은 어떤가? 로봇은 그림을 그릴 수 있는가? 적어도 기술적인 의미로는 그릴 수 있는 것처럼 보이기는 한다. e-다윗e-David은 독일의 콘스탄츠 대학교에서 개발한 로봇이다('다윗David'은 '생생한 상호작용 디스플레이 드로잉 장치Drawing Apparatus for Vivid Interactive Display'의 약자다). 이름만 들어도 이 로봇이 그리는 그림의 무미건조함을 느낄 수 있다. 여기서 다시 한 번 강조하지만 우리가 보고 있는 것은 의미를 만드는 행위라기보다는 케이크를 굽는 행위에 가까운 기술이다. 이것은 예술을 논리 문제로 다루고 있으며,

우리는 다시 한 번 기계가 진짜로 보거나 느끼지 못하는데 진짜로 그림을 그리도록 가르칠 수 있는지 의문을 품을 수밖에 없다. 기계가 피카소의 〈게르니카〉 같은 그림을 그린다고 해도 자신이 그런 그림을 그렸다는 것을 알까? 그리고 그런 그림을 그린 것에 대해 어떤 감정을 느낄 수 있을까?

더 나아가 위대한 예술은 종종 약간의 광기를 요한다. 진정한 창의력은 규칙을 따르는 데서가 아니라 깨는 데서 나온다. 독창성은 우연한 사고를 결합해서 나온다. 그런 것을 어떻게 프로그램할 수 있겠는가?

물론 여기 어딘가 두 번째 계명과 우상의 창조와 이슬람 근본주의자들의 2011년 아프가니스탄 바미안 유적 파괴(그리고 이것은 2015년 시리아 유물의 파괴 및 절도로 다시 재현되었다)를 전부 잇는 연결고리가 있을 것이다. 그러나 나는 이제 왜 사진의 출현이 그림의 멸종으로 이어지지 않았는가라는 질문과 미래에 관한 갖가지 청사진에는 등장하지 않는 사랑에 관한 간단한 논의로 이 장을 마무리하고자 한다.

감각의 영역에서

—

사이먼 샤마Simon Schama는 런던의 국립초상화미술관에서 새로운 작품 전시회 개막일에 연설을 하면서 외부로 눈을 돌리는 인간의 습성이 예술을 창조했다고 평가했다. 그리고 현재는 인간이 아래와 내부로 눈을 돌리는 시대에 들어선 것처럼 보인다고 덧붙였다.

흔히 기술의 급격한 변화 속도와 디지털 경제 혹은 탈물질주의 경제로의 이동을 보여주는 예로 음악과 함께 사진을 든다. 적당한 예라고 생각한다. 다만 거의 언급되지 않는 한 가지가 있다. 코닥Kodak이 미래를 정확히 내다봤는데도 파산을 면하지 못했다는 사실 말이다. 코닥의 문제는 기술이 아닌 문화였다. 코닥은 디지털 카메라를 발명했지만 사람들이 사진을 인화한다는 아이디어에 너무 얽매여 사진 인화기 개발에 집착했다.

그런데 더 흥미로운 사실은 사진이 생겼는데도 어떻게 그림이 살아남았는가다. 사진은 모든 필수 요건을 충족한다. 그림보다 싸며 더 빠르고 편리하다. 사진이 발명된 지 200년이 지난 지금, 특히 디지털 사진은 더 효율적이기까지 하다고 말할 수 있다. 그런데 아무도 이런 이야기를 하지는 않는다. 왜 그럴까?

모든 사진은 스펙트럼상에 존재한다. 셀카와 명절에 찍은 가족사진이 한쪽 끝에, 사회 비평 사진과 예술 사진이 다른 한쪽 끝에 자리한다. 이런 양극화조차 근본적으로 사진이 인간적인 활동임을 잘 보여준다. 나는 그림이 여전히 살아남은 이유는 인간의 조건을 훨씬 더 생생하게 보여주고 인간의 감성에 호소하기 때문이라고 본다.

그림에는 사진보다 훨씬 더 다양한 층위가 있고 해석의 여지가 많다. 무언가를 똑같이 베끼지는 않지만 무언가가 어떻게 느껴지는지를 전하려고 한다. 그림은 현실을 통해 무언가 실재하지 않는 것에 대한 논평을 한다. 또한 내 가까운 친구 앨런Alan과 스텔라Stella가 지적하듯이 그림은 언제나 그림일 뿐이며, 단 한 점만 존재한다. 이와는 대조적으로 사진은 언제나 다른 무언가를 추출한 것이며, 완벽하게 복제할 수 있다. 다만 그림과 사진 둘 다 대화를 할 수 있으며 그 대화는 단어로 흐려지지 않는다. 때로 이런 대화는 우리가 두려워하거나 꺼리는 무언가를 다룬다. 가끔은 우리가 소유한 물건을 다루기도 한다. 그림은 사진처럼 사람을 사로잡는 데 쓰이기도 하지만 사람에게 매달리기 위해 쓰이기도 한다.

그리고 이제 사랑이라는 문제로 돌아와서 애정 문제를 논리로 해결하거나 애정이 인격화한 기계를 통해 전달될 수 있는지 묻게 된다. 나는 그럴 수 없다고 생각한다.

기계는 객관적이고, 하나밖에 모르며, 환원주의자다. 반면에 인간은 가슴을 따른다. 우리의 삶은 대개 냉철한 이진연산의 연속이 아니라 수많은 사고와 실수를 포함하는 사건의 축적 속에서 벌어진다. 우리는 이 모든 것을 감정을 통해 이해하며 그런 감정이야말로 우리가 지닌 것 중에서 가장 소중한 것이다. 그리고 가장 강력한 감정이 바로 사랑이다. 사랑은 예술과 함께 진실을 비춘다. 사랑은 우리가 무엇이 진짜이고, 무엇이 인위적인 것인지 식별하는 데 사용된다. 그렇게 우리는 인간으로 존재한다는 것의 의미를 찾을 수 있다.

2001년 9월 11일 아메리칸 항공사 여객기 AA11편, AA175편, AA77편과 유나이티드 항공사 여객기 UA93편의 탑승객들은 집에 전화를 걸어 누군가를 증오한다거나 무언가에 분노한다고 말하지 않았다. 직장에 전화해서 자신이 없을 때 해야 할 일들을 길게 나열하지도 않았다. 그 사람들은 글을 쓸 시간이 없었다. 그래서 여객기 내부에 흩어진 전화기를 들어 다른 사람에게 전화를 걸어서 가능한 한 오랫동안 사랑한다고 말했다.

알랭에게
2020년 6월 1일

요즘 가게에 대해 생각하고 있어. 시어도어가 소매업계 전반이 사람들이 왜 쇼핑을 하는지 그 핵심을 놓치고 있다는 말이 기억나서 말이야. 시어도어는 사람들이 자기 집에서 느끼는 고립감과 지루함에서 벗어나고 싶어서 쇼핑을 하는 면도 있다고 했어. 그래서 쇼핑은 정도의 차이는 있지만 사회적인 것이고 사람들이 쇼핑한 물건이 다가 아니라 쇼핑하면서 만나고 교류하는 다른 사람들에 대한 것이라고. 역사적으로 쇼핑이 한때는 매우 사회적인 행위이긴 했지. 런던에 있는 가게의 거의 절반이 하숙을 친 적도 있고, 전부는 아니더라도 파리의 많은 가게들이 아파트 아래층이나 주택 안에 자리했었으니까.

그래서 나는 새로운 유형의 가게를 생각해냈어. 이 가게에 '당신의 삶을 바꿀 다섯 가지'라고 이름을 붙일 거야. 매달 가게에서 무언가에 대한 누군가의 마음을 바꿀 만한 다섯 가지 물품을 선정해서 파는 거야. 예를 들어 핑크플로이드의 〈다크 사이드 오브 더 문Dark Side of the Moon〉 레코드판 몇 점, 1976년산 샤토 디켐 한 병, 페이지가 닳도록 읽은 앱슬리 체리 개러드Apsley Cherry Garrard의 『세계 최악의 여행The Worst Journey in the World』 몇 부, 제대로 작동하는 후추 그라인더, 그리고 완벽한 침묵 속에서 수도원에서 보내는 48시간, 이렇게.

그런데 중요한 건 이거야. 가게에서는 찾아온 손님에게 일부러 말을 걸고 대화를 유도할 거야. 손님이라면 어떤 물건을 선정했을지, 왜 그 물건을 택했을지를 설명하면서 가게 점원이나 다른 손님과 대화를 나누게 하는 거지. 또한 각각의 물건의 역사와 출처를 설명할 거야. 심지어 물건의 이전 소유주들에 대한 구체적인 연락 정보도 제공하고. 가게에서는 행사도 주관할 거야. 시 낭독회, 라이브 음악 연주회, 요리 시범, 작품 전시회 등. 그리고 사람들이 재능을 나누고 일자리를 찾고 청혼도 하게 돕는 거야.

어때? 그래도 여전히 아마존이 더 나을까?

닉

11

결론 및 제안 Conclusions and Suggestions

단순하지만

아무도 하지 않는 질문

인간이 손도끼를 발명할 수 있을 정도로 진화하기까지 400만 년이
걸렸다. 그리고 더 나은 손도끼를 만드는 데 다시 200만 년이
걸렸다. 그런데 지질학상으로는 찰나인 단 2만 년 사이에
인간은 예술, 농경, 바퀴, 컴퓨터, 그리고 우주선을 만들어냈다.

조지 자카다키스 George Zarkadakis

친애하는 동지 여러분, 드디어 종착역이다. 이 글을 쓰는 지금은 늦은 오
후이고 나는 빈방에 앉아 초봄의 정원을 감상하고 있다. 이 세계의 무한한
가능성이 존재하는 것이 느껴진다. 노트북에 이 문장들을 입력하다가 조
지 다이슨이 쓴 『기계 속의 다윈Darwin among the Machines』이라는 책을 떠올리
고 있다. 『퓨처 파일』을 마무리하면서 인용했던 책이다.

다이슨은 인류의 미래를 결정하는 요소는 세 가지라고 말한다. 첫 번
째는 자연이다. 우리도 꽤 오랫동안 자연에 영향을 끼치고 변화시켰기
때문에 무엇이 자연적인 것이고 무엇이 자연적인 것이 아닌지 구별하기
가 어려울 때도 있다. 우리가 환경에 미친 영향 때문에 비관론자들은 우
리가 곧 엄청난 재앙을 맞이하게 될 거라고 주장한다. 기상 이변, 흉작,
질병의 확산 등이 인간 생명을 위협하는 외에도, 자원 부족도 인류의 미
래에 위협이 되고 있다. 화석 연료가 고갈되었는데 대체 에너지 개발이
신속히 이루어지지 않으면 다가올 미래에 에너지를 소비하는 기계는 더
이상 등장하지 않을 것이다. 특히 컴퓨터, 인터넷, 자동화 시스템은 쓸 수

없게 된다. 기술이 아닌 에너지가 우리의 상상력에 한계를 설정하는 셈이다. 그러나 나는 그런 일은 일어나지 않을 거라고 생각한다.

두 번째 요소는 기술이다. 기술의 역사는 역사가 기록된 이후 줄곧 인류의 진화 방향을 결정했다. 시작은 미미했지만 기술은 자신만의 추진력을 마련했고 눈부시게 발전했다.

세 번째 요소는 우리 인간이다. 겉에서 보기에는 어떤지 몰라도(그리고 경제학자의 주장에도 불구하고) 인간은 완벽하게 이성적인 존재가 아니다. 우리의 마음은 아직도 구석기 시대에 머물러 있다. 그래서 여전히 그림자를 보고 화들짝 놀라기도 하고, 합리적인 논리와 꼼꼼한 분석뿐 아니라 우리가 늘 느끼는 감정과 비이성적인 믿음이 우리의 선택을 좌우한다.

우리는 대부분 과학과 논리적인 분석이 사회를 개선할 수 있다고 믿지만 동시에 점성술을 믿기도 한다. 이것은 분명 말이 안 되는 것처럼 보이지만 알 수 없는 일이다. 달이 매일 세상의 바닷물을 끌어당겼다가 밀어낼 수 있다면 우리의 마음을 좌우할 수도 있지 않을까? 보름달이 뜨는 날에는 평소보다 병원에 정신병으로 입원하는 환자가 많다. 이것만 봐도 우리의 감정에 영향을 미치는 눈에 보이지 않는 힘이 있을 수도 있다는 생각이 든다.

이 세 가지 요소 중에서 주도권을 쥔 것은 제정신이건 아니건 모든 인간이다. 다만 다이슨은 자연은 기계에 더 가까운 것 같다고 평가한다. 인간이 어떻게 행동할지를 모형화하기는 힘들다. 패턴을 찾을 수는 있지만 개인의 행동을 정확하게 모형화하는 것은 상상조차 할 수 없는 일이다. 앞으로 미래가 어떻게 전개될지 예측하는 것은 불가능한 일이다.

2010년 12월 17일을 예로 들어 보겠다. 이날 튀니지의 작은 마을에서 노점상에 불이 날 것이고 노점상 주인의 불만이 이후 중동 지역에 혁명을 일으키는 계기가 되리라는 것을 예측하는 기계를 과연 만들 수 있을까? 혁명이 일어날 조건이 갖추어지게 되리라는 것은 예상할 수 있지만 정확하게 언제 어디서 혁명이 발발할지를 예측하는 것은 불가능하다.

기술이 앞으로 어떻게 발전할지 그 궤적을 예측하는 것도 마찬가지로 소용없는 일이다. 때로는 많은 공상과학소설가들처럼 대략적인 방향은 짐작할 수 있다. 그렇지만 세부 사항을 예측하는 것은 돈 많고 뻔뻔한 도박사들에게나 맡기자. 기술공학자들의 바람에도 불구하고 아무것도 없는 무의 상태에서 발명이나 발견이 나오는 것이 아니다. 당시의 기술적인 환경뿐 아니라 인간적인 요소가 언제나 개입한다.

게다가 IBM에서 기술공학자로 일했던 보브 사이덴스티커Bob Seidensticker가 『미래 선전Future Hype』에서 말하듯이 "기술이 너무 멀리 나가면 사회가 제자리로 다시 끌고 온다." 규제와 예측 못한 사건들은 서로 얽히고설킨 복잡성을 더 복잡하게 만든다. 그래서 위태롭게 비틀거리며 붕괴 직전까지 갔다가 일련의 피드백 통로와 때로는(그것도 마지막 순간에) 인간의 직관과 지능의 개입을 통해 균형을 바로잡는 혼돈의 시스템이 탄생한다. 재런 러니어가 지적하듯이 "우리 인간은 지구에 출현한 그날부터 우리가 최근에 발명한 것이 야기한 혼란에서 빠져나오기 위해 어쩔 수 없이 또 다른 발명을 하는 과정을 반복했다."

alt, control, delete

—

지금 나는 침실에 앉아 있고 시계는 어느새 오전 5시 48분을 가리키고 있다. 새들이 지저귀기 시작했고 황금빛으로 타오르는 태양이 천천히 나무 사이로 모습을 드러내고 있다. 이런 장면을 보면 왠지 모르겠지만 영화 〈2001 스페이스 오디세이 2001 : A space odyssey〉가 떠오른다. 모든 인간이 의존하는 에너지원인 빛이 애플 노트북 로고에서 나오는 빛과 경쟁하고 있다. 로고의 빛을 만들어내는 칩과 그 빛을 비추는 유리창은 모두 모래로 만들었다. 물론 유리창은 칩보다 1세기 전에 발명되었다. 오전 6시 4분이 되자 컴퓨터 로고의 빛은 더 이상 눈에 띄지 않게 되었고 유리창 너머 풍경이 더 뚜렷해졌다.

디지털 혁신은 계속될 것이다. 무엇보다 우리가 신성함과는 거리가 먼 속도, 편의, 효율의 삼위일체에 집착하고 있기 때문이다. 조지 자카다키스가 지적하듯이 세계적인 추세는 물리적 경제와 디지털 영역 간 연결고리를 강화하고, 심화하고, 가속화하는 것이다. 따라서 현실 세계와 가상 세계 간 구분은 앞으로도 계속 더 모호해질 것이다. 더 먼 미래를 생각한다면 많은 분야에서 기계의 지능과 능력이 우리 인간의 지능과 능력보다 늘더 뛰어난 시대가 올 것이라는 데는 의심의 여지가 없다.

포용력과 재치가 있고 인간이 잘하는 것에 집중하는 개인과 기관만이 그런 미래가 동반하는 불확실성과 혼돈에서 살아남을 수 있다. 더 나아가 그런 미래에서 잘 살고 싶다면 기계의 지능에 맞서지 말고 그 지능을 잘 활용해야 한다. 무엇보다 사람은 특별한 존재이고 디지털 기술은 사람을 대체하기 위해서가 아니라 언제나 인간의 사고와 인간관계에 기여하는 방향으로 사용되어야 한다는 것을 잊지 말아야 한다.

디지털 기술이 우리의 편협성을 강화했듯이 부디 우리의 따뜻한 마음도 증폭하기를 바란다. 따라서 우리는 미래를 디지털과 인간이 맞서는 시대가 아닌 디지털과 인간이 함께하는 시대가 될 것이라고 생각해야 한다. 그렇지만 품위 있는 균형을 유지하려면 먼저 다음과 같은 단순한 질문의 답을 고민해야 한다. 디지털 기술의 목적은 무엇이며 우리는 디지털 기술이 우리 인간을 위해 무엇을 해주길 바라는가?(그렇지만 이것이 이 장의 제목에서 언급한 단순한 질문은 아니다.)

중요한 것은 우리가 자동화라는 맥락에서 무엇이 허용되고 무엇이 허용되지 않는지 폭넓은 논의를 시작해야 한다는 것이다. 편의, 가성비, 좁게 정의한 가치를 낚아채기 위해 달려가는 과정에서 인간의 고결성과 자존감이 짓밟히는 일이 없도록 안전장치를 마련해야 한다. 1783년에 윌리엄 피트William Pitt는 "인간의 자유를 침범할 때마다 내세우는 평계는 필요 없다. '필요'는 독재자의 논리이자 노예제도의 강령이다"라고 말했다. 우리는 '필요'라는 단어 대신 '효율성'을 집어넣으면 된다.

또한 사회가 '나'라는 이기심에서 벗어나 '우리'라는 더 확장된 정체성을 인정하고 인간을 줄여야 할 비용이 아닌 소중한 자산으로 취급하도록 격려해야 한다. 그렇게 하지 않는다면 재런 러니어의 말대로 '회계 부정accounting fraud'을 저지르는 게 된다. 따라서 사회적 가치와 환경적 가치를 산정하고, 무언가가 사회와 환경에 미치는 영향을 평가할 때 좀 더 넓은 기준을 적용해서 이윤과 생산성뿐 아니라 공공의 이익과 개인의 이익도 고려해야 할 것이다. 초연결성이 야기하는 불평등, 소외, 사회적 배제 문제에 신속하게 대처하고 디지털화가 유발한 경제적 불균형을 어떻게 바로잡을지 고민해야 한다.

미래 되찾기
───

이런 걱정거리를 슈퍼컴퓨터에 입력해서 해결책을 찾을 수 있을까? 아니다. 현재로서는 삶의 의미를 물어볼 절대컴퓨터는 존재하지 않는다. 만약 그런 컴퓨터가 존재한다고 해도 우리가 듣게 될 답은 '42'일 수도 있다. 인간이 삼투압법으로 슈퍼지능을 만들어내는 기계를 발명한다면(그 기계는 진짜로 스스로 생각하는 기계일 것이다) 그런 기계가 우리와 같은 방식으로 사고할 것이라는 보장은 없다. 인간보다 어마어마하게 더 뛰어난 지능을 갖고 있을 것이고 오직 또 다른 기계만이 그 기계를 이해할 수 있을 것이다. 아니면 진화한 기계가 지루해하고, 우울증을 느끼고, 피해망상증 환자가 될 수도 있다. 공상과학소설『은하수를 여행하는 히치하이커를 위한 안내서The Hitchhiker's guide to the Galaxy』에 나오는 로봇 마빈처럼 말이다.

질문에 대한 답을 구할 때 컴퓨터는 도움이 된다. 그러나 답에 의문을 제기하거나 질문을 찾을 때는 아무런 도움이 되지 않는다. 따라서 우리가 가장 먼저 스스로에게 물어야 할 질문은 '질문이 무엇인가?'다. 이 자리에서 마땅한 답은 생각나지 않지만 부드러운 인간의 마음과 딱딱한 디지털 뇌 사이에 존재하는 모호함의 습지 어딘가에 있을 것이다.

나는 우리가 인류의 미래상을 서둘러 마련해야 한다고 생각한다. 우리가 누구이며 우리가 현존하는 다른 유형의 지능과 어떻게 구별되는지에 관한 질문에 답을 제공하는 이야기가 필요하다. 그 이야기를 토대로 마련되고 합의된 규제 틀의 조건 내에서 기술, 그중에서도 특히 디지털 기술을 우리 삶에 받아들여야 할 것이다. 기술의 한계를 정하는 규제 틀은 인공지능, 가상 현실화 기술, 로봇 공학, 자동화 시스템 등 첨단기술의 현재 모습뿐 아니라 잠재력도 고려해야 한다.

또한 인간에게는 손이 두 개 있고 그 손을 써야만 한다는 사실도 고려해야 한다. 손을 움직여야 머리도 돌아간다. 점점 더 디지털화되는 세상에서 우리는 현실 감각을 잃지 않도록 손을 쓸 일을 일부러라도 만들어야 한다.

좋은 소식은 2050년이 되기 전에 이 책을 읽었다면 로봇이 일으킨 반란을 목격할 일은 없을 거라는 사실이다. 적어도 가까운 미래에는 여전히 인간이 주도권을 쥐고 있을 것이다. 그래서 문제다. 디지털 기술을 개발하고 사용하는 것은 인간이다. 그리고 문제를 일으키는 것도 인간이다. 기술 걱정을 할 때가 아니다. 우리 인간이 걱정이다. 무엇보다 우리가 디지털화를 핑계로 서로에게서 멀어지는 것이 문제다.

어떤 답이라도 일단 의심하라

기하급수적으로 변화하는 것이 기술의 속성이라는 주장에는 반박의 여지가 있다. 예를 들어 항공업계가 시대의 흐름에 역행한다고 주장하는 것은 어렵지 않다. 한동안 비행 속도가 빨라지다가 곧 일정 속도를 유지하고 있다. 초음속 여객기가 실패하고 보안 검색 절차가 강화되면서 최근에 비행기를 타고 여행하는 데 시간이 더 오래 걸리기 때문이다. 퍼스트 클래스 승객이거나 개인 비행기를 소유하고 있는 게 아니라면 비행 경험

또한 예전만 못할 것이다.

인간의 지능이 퇴보하고 있는지 명확하지는 않지만 디지털 기술이 일사천리로 발전하는 동안 인간의 무지 또한 깊어진다고 주장하는 것도 가능하다. 인간과 디지털 기술은 에드워드 윌슨Edward O. Wilson이 지적하듯이 불편한 동맹관계에 놓여 있다. 결국 우리가 기술 발전 속도를 늦추거나 우리 자신의 능력과 지성을 속히 향상시켜야 할 필요를 느끼게 될 것이다.

인공지능의 개발과 활용이 감독을 받는 한 진정한 인공지능에 두려움을 느낄 필요는 없다. 여기서 진정한 인공지능이란 인간의 지능을 훨씬 뛰어넘는 일반 인공지능이나 '강력한' 인공지능이다. 그런데 이미 그런 감독이 불가능한 시점에 이르렀고, 그래서 문제가 복잡해지는 것이다.

기술 발전 곡선의 기울기가 급격히 상승해서 우리가 사용하는 기계가 깨어나는 때, 즉 인간과 같은 의식이 생긴다는 인공지능 특이점에 대해 한마디 하자면 인간이 이 기술을 접근하는 사고방식이 획기적으로 달라지지 않는 한 아직은 먼 이야기라고 본다. 인공지능에게 어떻게 의식을 부여할지에 관한 이론이 바뀌지 않는 한 컴퓨터의 처리 능력이 좋아지는 것만으로는 인공지능 특이점에 도달할 수 없다. 게다가 곧 물리적인 한계에도 부딪히게 될 것이다. 1965년에 발표된 무어의 법칙에 따르면 컴퓨터의 처리 능력은 18개월마다 두 배로 증가한다. 그런데 무어의 법칙이 물리학의 기본 법칙과 충돌할 날이 얼마 남지 않았다. 양자 컴퓨팅이나 DNA 컴퓨팅이 도움이 될 가능성은 존재하지만, 도움이 된다는 보장은 없다.

마찬가지로 아직까지도 우리는 인간 의식의 작동 원리를 제대로 설명하지 못하고 있다. 그래서 기계에서 의식을 인위적으로 재현하는 것도 당연히 불가능하다. 인공의식을 어떻게 만들어낼지를 설명하지 못하면서 언젠가는 인공의식을 만들어낼 것이라고 말하는 것은 어불성설이다. 가까운 미래에 우리가 머리를 이식할 수 있을 전망인데, 머리 이식을 어떻게 해야 하는지를 파악하기만 하면 된다는 말만큼이나 터무니없는 이야기다.

그래도 여전히 미래는 알 수 없는 노릇이니 1930년에 케인스가 말했듯이 "우리의 운명에 조금이라도 대비해서 나쁠 것은 없다." 더 나아가 진정한 인공지능이 결코 개발되는 일이 없더라도 컴퓨터화, 자동화, 가상에만 존재하는 인터페이스, 개인 데이터베이스, 디지털 세계의 중앙집권화 등 대비해야 할 문제는 산적해 있다. 따라서 컴퓨터 과학자인 할 피니Hal Finney가 1992년에 적은 문구를 늘 마음에 새기자. "컴퓨터는 인간을 통제하는 도구가 아닌 해방하고 보호하는 도구가 될 수 있다."

21세기에 컴퓨터가 생성한 데이터에 대한 접근권을 통제하는 이가 실질적으로 세계의 대부분을 지배할 것이다. 통제권을 쥐게 되는 것이 민간 기업일 수도, 민주 국가일 수도, 독재 국가일 수도, 우리일 수도 있다. 우리가 어떤 미래를 원하는지 결정해야 한다. 그것도 서둘러서.

인간으로 남기

어떤 미래를 원하는지 결정하는 데 도움이 될 만한 간단한 질문을 던지면서 이 책을 마무리하려 한다. 그런데 그 전에 먼저 디지털 시대에 격하된 인간의 지위를 어떻게 다시 되돌려놓을지에 대한 내 생각을 말하고 기술에 인간미를 더할 방법을 개략적으로 설명하겠다.

첫째, 물리적 세계와 디지털 세계는 동일선상에서 동일하게 취급되어야 한다. 물리적 세계에서 비난받을 일이라면 디지털 세계에서도 비난받아야 마땅하다.

일단 온라인에서도 저작권과 지적재산권을 보호하고 집행해야 한다. 또 온라인이 혐오의 장이 되는 것을 막으려면 더 이상 온라인에서 익명으로 활동할 수 없게 해야 한다. 따라서 온라인에서 익명성을 걷어내려는 페이스북과 구글의 노력을 지지한다.

온라인에서의 권리 행사는 여느 공공장소에서의 권리 행사와 마찬가지로 권리를 행사하는 자가 그것이 무엇을 의미하는지 명확하게 이해할 수 있어야 한다. 사람들이 고대 이집트 인의 선례에 따라 고양이를 숭배하고 벽에 낙서를 하고 싶다면 페이스북을 활용해도 좋다. 다만 먼저 페이스북이 자신에게 무엇을 원하는지 완벽하게 이해하고 있어야 한다. 적어도 내가 보기에는 페이스북이 원하는 것은 지구상 모든 인간의 디지털 정체성을 확보해서 정리한 다음 광고주에게 갖다 바치는 것이다. 그래서 마크 저커버그가 3,000만 달러를 들여 자신의 팔로 알토 자택 주변의 주택을 사들인 것이 잘 이해가 안 간다. 완벽한 투명성을 거부하는 사람은 의심해야 한다고 말하면서 자신의 사생활을 보호받고 싶어 하다니 이상하지 않은가? 저커버그의 이런 위선적인 태도가 아무렇지도 않다면 나도 더 이상 할 말은 없다.

사람들이 지구에서 주어진 약 75만 시간을 온라인에서 킴 카다시안의 엉덩이를 뚫어져라 쳐다보는 데 쓰겠다고 한다면 거기에 대해서도 할 말이 없다. 킴 카다시안 본인이 인터넷에 올리고 공유한 사진들이기 때문이다. 그러나 온라인 사생활을 침범하는 사람은 누구든지 법적 책임을 져야 한다. 또한 훔친 물건이 물리적인 것이든 디지털적인 것이든 남의 물건이라는 사실에는 변함이 없다. 절도는 절도일 뿐이다.

자해를 유도하거나 역겨운 사진 및 영상을 인터넷에 올리는 사람이 있다면 감옥에 처넣어야 마땅하다. 기존 미디어에서 그런 말이나 글을 내보내거나 올리는 사람은 처벌받는다. 온라인 미디어도 예외여서는 안 된다.

연령을 증명해야만 온라인 자료에 대한 접근권을 부여하는 것도 가능하다. 다만 아이가 온라인에서 하는 행동에는 부모도 마찬가지로 책임이 있다는 이해가 공유되어야만 한다.

둘째, 온라인에서 다수 사람들의 집단 지능이 단 한 사람의 지능보다 뛰어나다는 신화를 깨야 한다. 재런 러니어의 말대로 그런 믿음은 집단의 힘에 집착하면서 개인의 의무와 책임을 축소한다. 요지는 점점 더 개인보다는 네트워크가 중요하다는 분위기가 형성되고 있는데 그러다 보면 사람들이 진짜 사람이 아닌 실재가 없는 네트워크에 더 관심을 기울이게 된다는 것이다. 컴퓨터와 자동화 시스템이 인간처럼 지적으로 행동하거나 윤리적으로 행동할 가능성을 지나치게 부풀리는 현상에서도 잘 드러나는 부분이다.

셋째, 아마존, 구글, 페이스북, 우버, 트위터 같은 거대 기술기업은 중요한 서비스를 제공하므로 준공기업으로 취급받아야 한다. 오늘날 이들 기업은 자신들이 마치 반항하는 사춘기 청소년이나 되는 듯이 정부나 정부 정책을 곧잘 거스르거나 무시한다. 앤드루 킨이 제안한 대로 "적극적인 규제는 인터넷을 더 좋고 공정한 곳으로 만드는 가장 효과적인 방법이다." 거대 기술기업은 법을 존중하고 노동조합을 허용하며 세금을 제대로 내야 할 것이다. 이를 거부하거나 독점적 지위를 남용하면 제재를 가해야 한다. 큰 힘에는 큰 책임이 따르는 법이다.

넷째, 개인이 디지털 영역에서 무언가 가치 있는 것을 만들었다면 그 개인에게도 보상이 주어져야 한다. 그 무언가라는 것이 그저 여기저기 돌아다니고 그에 따라 디지털 흔적을 남기는 것에 불과하더라도 말이다. 재런 러니어는 마이크로 콘텐츠에 대한 소액결제를 허용하는 아이디어를 적극 밀고 있는데 나도 전적으로 동의하며 지지한다.

다섯째, 개인에게는 잊힐 권리가 있다. 누군가 온라인에서 잘못을 저지른 후 죗값을 치렀다면 그런 디지털 기록을 삭제해달라고 요청할 수 있어야 한다. 특히 아동과 청소년에게는 중요한 문제다. 그래야 마음 놓고 이런저런 시도를 할 수 있을 것이고 그런 시도들이 순응주의를 상쇄하는 역할을 할 것이다.

다른 한편으로는 사람들이 기억하도록 격려해야 한다. 페이스북 페이지와 트위터 타임라인을 끊임없이 업데이트하느라 정신이 없다 보니 과거를 되돌아보는 것은 관심 밖의 일이 되었다. 인류사를 꿰뚫는 내러티브 및 인간으로서의 전략이 부족한 우리는 역사적인 맥락도 잊고 지내고 있다. 다시 앤드루 킨의 말을 인용하면 우리는 "즉각적이고 일시적인 지금 이 순간 외에는 모든 것을 잊어버리는 기억상실증을 앓고 있다." 오랜 과거에 저지른 끔찍한 실수들을 반복하지 않도록 과거를 재발견하고 과거의 교훈을 되새겨야 할 것이다.

역사 기억상실증과 상식적인 배려의 부족 모두를 보여주는 어이없는 예가 바로 진지한 자리에서 셀카를 찍는 행위다. 넬슨 만델라Nelson Mandela의 장례식에서 버락 오바마Barack Obama와 데이비드 캐머런David Cameron이 함께 셀카를 찍은 것에 문제를 제기한 사람은 거의 없었다. 그래도 감사한 것은 사람들이 '다리 위 소녀' 사건이 일어났을 때 가만있지 않았다는 사실이다. 브루클린 다리 위에서 누군가 자살하는 장면을 배경으로 한 여성이 셀카를 찍었고, 이는 당연히 비난받아 마땅한 행동이었다. 한편, 요즘 10대들이 아우슈비츠 수용소를 방문해서는 정문에 붙은 'Arbeit Macht Frei(노동이 그대를 자유롭게 하리라)'라고 쓰인 녹슨 현판 앞에서 셀카를 찍고 있다. 그 문이 무엇을 대변하는지 아무 생각이 없는 게 분명하다. 어떤 사람들은 텅 빈 공간에 머물고 있다는 내 지적을 뒷받침하는 예이기도 하다.

마지막으로 인류가 언제든지 멸망할 수 있다는 것을 명심하고 늘 경계해야 한다.

아시모프의 로봇 3원칙 다시 들여다보기

지구에 지능을 지닌 또 다른 종이 출현해서 우리에게 물리적이고 직접적인 위해를 가할 가능성은 매우 낮다. 이 모든 것이 가능하려면 먼저 우리가 기계 의식과 심지어 자가복제 기술까지 개발해야 하기 때문이다. 그래도 여전히 대비할 필요는 있다. 그래서 핵무기, 생물학 무기, 화학 무기를 규제하는 지침이 존재하는 것이다. 그런 지침을 완벽한 의식을 지닌 기계가 출현할 가능성에도 적용하면 안 될까?

어디서, 언제, 왜 자동 디지털 시스템을 사용할지에 관한 합의가 필요하다. 아이작 아시모프가 1942년에 발표한 '로봇 3원칙'을 수정하면 훌륭한 지침 계획안으로 삼을 수 있을 것이다. 다만 나는 살인 로봇의 존재가 야기할 위협만큼이나 자동화가 야기하는 보이지 않는 위협에도 주의를 기울일 것이다.

아시모프의 로봇 3원칙은 다음과 같다. 로봇은 (1) 인간을 보호해야 하고, (2) (제1원칙에 위배되지 않는 한) 인간의 명령에 복종해야 하고, (3) (제1원칙과 제2원칙에 위배되지 않는 한) 로봇 자신을 보호해야 한다.

첫 번째 원칙은 유지해야 하지만 보호의 대상은 신체적 건강뿐 아니라 장기적인 정신 건강도 포함된다는 것을 명확히 해야 한다. 반면 적과 싸우는 전투 로봇은 인간이 감독한다는 전제하에 특정한 상황에서는 인간에게 위해를 가하도록 허용되어야 할 것이다. 문제는 이런 내용을 더하면 첫 번째 원칙에 모순이 발생하고 현재 논란이 되고 있는 합법적인 살인과 마찬가지로 판도라의 상자를 여는 게 된다. 다만 적의 목표가 죄 없는 민간인의 대량 학살이라면 원칙 수정을 논의할 가치가 있다고 본다. 그런 예외를 경찰 로봇에게 허락하는 것도 언젠가는 수용될지도 모른다. 그러면 경찰 로봇도 매우 위험한 상황이라면 사법부의 사후감찰을 받는다는 전제하에 인간을 죽일 수 있게 된다. 대부분의 국가에서는 경찰관에게 이미 그런 선택권이 있다.

두 번째 원칙의 경우 사회가 함께 합의해서 인간의 명령에 순위를 매겨야 한다. 그리고 무슨 사고가 나거나 인간이 다치거나 죽으면 누가 책임을 지는가? 운영자인가, 감독관인가, 소유자인가, 프로그래머인가, 설계자인가, 제조업자인가? 기계는 언젠가는 의식을 지니게 될 것이고, 그러면 기계가 책임을 지게 될 수도 있다. 그러나 그전까지는 인간이 책임을 져야만 한다(인공지능 프로젝트 팀 내에 윤리적인 문제를 논의하는 장을 마련한 구글과 딥마인드는 칭찬받아 마땅하다).

아시모프가 처음에 로봇 3원칙을 세웠을 때 그는 물리적인 로봇을 염두에 두었다. 그런데 현대 로봇 공학은 소프트웨어에도 마찬가지로 관심을 가지고 연구한다. 따라서 세 번째 원칙은 데이터 청렴성을 유지하는 것도 포함해야 한다. 아주 심각한 일이 벌어졌을 때 모든 기록은 전부 공개되어야 한다. 데이터에도 의무와 책임이 있다. 소프트웨어의 명령을 받는 기계처럼 모든 프로그램은 공공의 감시를 받아야 한다. 그래도 가까운 미래에는 여전히 인간이 주된 책임을 져야 한다.

아시모프의 후기 작품에서 착안한 제0원칙을 더해야 할 것이다. 이 원칙에 따르면 기계는 더 장기적인 사회의 이익이나 더 넓은 의미에서의 사회의 이익에 불리하다고 판단한 경우에 위 3원칙을 수정해달라고 인간에게 청원할 수 있다.

진보는 종종 기술적인 관점에서 규정되지만 우리는 더 넓은 의미에서의 진보에 주목할 필요가 있다. 그러면 이상적인 사회의 특성에 관한 논의를 이끌어내고, 무엇이 가능한가가 아닌 무엇을 해야만 하는가라는 주제에 집중할 수 있게 된다. 여기서 핵심은 새로운 아이디어가 인간의 존엄성에 해가 되는지 여부다.

농담처럼 들렸을 수도 있다. 피터 틸은 사람들이 더 이상 미래를 믿지 않는다고 말했지만 나는 사람들의 눈에 더 이상 미래가 보이지 않는다고 생각한다. 특히나 인간이 중요한 역할을 하는 미래는 더더욱 보이지 않는다. 현재 틸 같은 기술공학자들이 제시한 것 외에 다른 장기적인 미래상은 존재하지 않는다. 따라서 우리는 인류를 주인공으로 삼은 미래상을 그릴 필요가 있다.

우리가 미래에 맞닥뜨리게 될 가장 큰 문제는 기술이 아닌 문화에서 비롯될 것이다. 무엇보다 우리는 정서적인 욕구와 감정을 이해하지도 못하고 인간의 존엄성을 저해하는 것처럼 보이는 기술에 맞추느라 애먹을 것이다. 관점의 문제이기도 하지만 대개는 정서적 욕구와 감정이 인간에게 남은 전부다. 요컨대 문제는 우리의 마음일 것이다. 다만 이런 문제에도 해결책이 존재한다.

진보가 위기에 처했다는 틸의 말에도 일리가 있다. 기술은 인간에게 무궁무진한 가능성을 안겨주지만 모든 것이 가능해지면 모든 것이 가치가 없게 된다. 어떤 것이든 상의 없이 제거될 수 있다면 그 무엇도 안전하지 않다고 느끼게 된다. 우리가 미래를 바라볼 지점을 정해서 고정할 필요가 있다.

기술을 받아들여야 하지만 특정 목표를 염두에 두고서 제어하고 조정해야 한다. 적절한 기술이라는 관념을 적용해도 좋을 것이다. 적절한 기술이라는 개념은 슈마허가 자신의 책 『작은 것이 아름답다』에서 처음 제안했다. 적절한 기술은 소규모, 지역 중심주의, 인간 중심주의 기술로 인간 노동의 존엄성과 환경의 중요성을 인정한다.

인간 본성은 잘 변하지 않지만 그 본성은 종종 감춰져 있거나 오락가락하기도 한다. 그러다 보니 만만한 도구 탓을 하기 쉽다. 인간의 기억은 과거가 아니라 미래를 예측하는 것을 돕기 위해 발달했다. 그리고 현재 우리가 당면한 문제의 해결책은 기술공학자들의 손에서 나오겠지만 가치에 관한 질문을 던지고 우리의 가치관에 의문을 제기할 이들은 철학자와 윤리학자다.

우리는 이미 혁신적이고 강력한 기술을 도입하고 있고 곧 우리 신체에 삽입하기 시작할 것이다. 그렇게 되면 우리는 기계와 융합하게 되는 것이다. 그러나 이것은 당연히 '왜?'라는 질문을 낳을 수밖에 없다. 따지고 보면 우리는 어떻게 살지 기계에게 조언을 구할 수는 없고 도덕적인 의사결정 또한 인간 고유의 활동이다. 공정과 정의는 인간이 직접 빚은 제품이어서 자동화가 불가능하다.

이 질문의 답을 지금 당장 내놓으라는 것은 아니다. 중요한 것은 일단 우리 스스로를 바라보면서 우리가 인간으로서 느끼는 더 고차원적인 욕구를 떠올리고, 기술이 우리를 어떻게 도울 수 있을지 자기 자신과 긴 대화를 나누는 것이다. 이런 의미에서 우리는 기계에게 사고 능력을 더할 방법을 고민하기보다는 우리 인간이 앞으로도 계속 사고하도록 보장할 방법을 고민해야 할 것이다.

1964년 아이작 아시모프는 2014년이 되면 "'로봇 뇌'를 탑재한 자동차를 설계하는 데 많은 공을 들일 것이다…. 커뮤니케이션은 이미지와 음성으로 이루어질 것이다…. 따라서 인류는 기계를 돌보는 종이나 마찬가지가 되었다"라고 말했다. 나는 그런 미래의 일부가 되고 싶지 않다. 인간의 역할이 단순히 기계와 상호작용하는 것이라면 그것은 인간의 미래는 아니며, 따라서 적어도 내가 보기에는 인간의 미래는 더 이상 존재하지 않는다. 만약 김유철과 최미선이 아이 없이 죽는다면 그들의 디지털 딸이 계속 살아간다 하더라도 자신들의 물리적 유산을 남길 수 없게 된다. 그러면 인류는 아무것도 배우지 못한다.

반면에 우리가 인간 고유의 특징인 열정, 호기심, 연민, 용서, 결함, 부끄러움, 의심, 유머, 희망 등을 대안을 찾는 데 쏟는다면 내가 보기에는 그것만으로도 우리의 의식이 깨어 있으며 우리는 다른 무엇도 아닌 인간이라는 것을 받아들일 충분한 증거가 된다.

지구에서 살아간다는 것은 특권이다. 지구에서 죽는다는 것 또한 특권이다. 그런데 우리는 모두 그 두 가지를 어떻게 해야 할지에 관한 답을 스스로 찾아야 한다. 즉 우리의 존재가 아주 미미하나마 어떤 의미가 있다는 것을 확인할 방법을 찾아야 하는 것이다. 기계도 언젠가는 정서와 감정을 흉내 낼 수 있게 될 것이다. 그러나 우리는 그런 실리콘 세이렌(그리스 신화에 나오는 여자의 얼굴과 새 모양을 한 괴물로, 이탈리아 근해에 나타나 아름다운 노랫소리로 뱃사람들을 홀려 죽게 했다고 한다 ─ 옮긴이)의 유혹을 뿌리쳐야 한다. 그런 기계의 정서와 감정은 모두 허상에 불과하기 때문이다. 또한 우리는 사고하고 다른 인간과 상호작용하는 일을 기계에게 맡기고 싶은 유혹을 뿌리쳐야 한다. 무엇보다도 우리는 우리의 따뜻한 마음을 차갑고 계산적인 기계에게 내주어서는 안 된다.

이 모든 것을 하기에 아직도 늦지 않았다. 무언가를 잃고 나면 우리는 그것의 소중함을 깨닫기 마련이다. 그리고 현재의 여러 흐름이 바꿀 수 없는 역사의 흐름이 아니라는 사실을 깨닫기 시작했음을 보여주는 징후들이 보인다. 세상은 변할 수 있고 실제로도 변한다. 인간이 개입하면 더 그렇다. 기술은 결코 그 자체로 목적이 될 수 없다. 새로운 기술의 등장으로 우리가 진정 누구이며 우리에게 정말로 필요한 것이 무엇인지를 고민할 수밖에 없게 되었다. 컴퓨터의 처리 능력과 인공지능의 출현이 인간의 존재 의미를 찾는 조용한 탐사로 이어진 셈이다.

이미 앞에서 강조했듯이 문제는 기술이 아니다. 인간이다. 디지털 기술은 우리의 오래된 실수와 어리석음을 노출하고 증폭함으로써 우리를 더 인간답게 만든다. 디지털화는 우리의 선한 면도 부각하지만 어두운 면도 비춘다. 버트런드 러셀이 지적했듯이 우리의 집단적 열정은 사악한 경향이 있다. 연결성 기술은 이를 더욱 부추긴다. 그런데 나는 우리가 이미 본능적으로 이를 인지하고 있으며 결국에는 디지털 논리와 함께 상식과 직관이 작용해서 인간의 본성을 수정하고 향상시킬 것이라고 본다.

그래도 디지털화는 여전히 21세기 초 최고의 도피주의 신화다. 디지털화는 물리적 형태와 인간의 실재가 중요하지 않다는 착각을 불러일으켰다. 그러나 물리적 형태와 인간의 실재 모두 매우 중요하다. 다행히 화면을 더 오랫동안 들여다볼수록 우리는 현실 세계의 중요성을 더 실감하게 된다. 그리고 물리적인 접촉과 관계를 더 갈망하게 된다.

사물이 물리적으로 어디서 왔는지가 중요해지기 시작했다. 이를 위치 감각이라고 불러도 좋다. 제품과 소비를 분리하는 것 자체가 중요해서가 아니라 우리가 어딘가에 소속되길 원하고 이야기를 아주 좋아하기 때문이다. 같은 맥락에서 세상이 더 복잡하고, 세계화가 더 진행되고, 가상현실이 영역을 더 넓힐수록 우리는 단순함, 느림, 현실을 더 갈망하게 된다.

바로 코앞에서 우리를 바라보고 있다
—

마사 레인 폭스는 "사물의 심장부에 인터넷을 집어넣으면 더 흥미로운 선택을 할 수 있게 된다"라고 말했다. 내 생각은 다르다. 사물의 심장부에 넣어야 할 것은 인터넷이 아닌 인간의 마음이다.

오래전 나는 우연히 세계에서 가장 작은 음악 공연장을 찾아갔다.[1] 음악가 에밀리 바커Emily Barker와 돔 코요테Dom Coyote가 꿈꾸고 환상적으로 꾸민 공간이었다. 작은 나무 컨테이너 안에 음악가 한 명이 있었고 그로부터 30센티미터도 떨어지지 않은 거리에 청중 한 명이 신비로운 암흑 속에서 노래에 귀를 기울이고 있었다. 이 장면은 비논리적인 동시에 원초적이었다. 제3자가 보기에 작은 상자는 당혹감을 낳는다. 기이한 것과 멋진 것 간의 경계가 모호해진다. 으스스한 어둠에 어떤 사람은 웃음을 터뜨리고 어떤 사람은 울음을 터뜨린다.

이 이야기는 인간의 존엄성을 떨어뜨리고 인간의 역할을 빼앗는 기계와 다운로드 가능한 멋진 디지털 오락거리가 넘쳐나는 시대에서는 인간 간 친밀감이 여전히 중요하고 우리가 찾는 답은 인간 간 접촉과 관련이 있다는 것을 보여준다. 당신, 나, 그리고 우리가(문법에는 맞지 않는다는 것을 안다) 싸워서 지켜낼 것은 바로 진실성과 진정성임을 보여준다.

전 세계가 당면한 문제를 해결하려면 수학자, 공학자, 의사, 금융인이 모두 필요하다. 그러나 인간의 마음에 닿고 그것을 어루만질 수 있는 것은 시인, 화가, 소설가, 영화제작자, 음악가다. 그들만이 우리의 머릿속 깊숙이 들어와 여행하고 바깥세상을 내다볼 수 있다. 그들만이 가장 중요한 질문의 답을 찾을 수 있다. 그 질문은 바로 인간이다.

이것은 논리적인 결론이나 특정 목표를 구하는 컴퓨터는 결코 답할 수 없는 질문이다. 인간으로 존재한다는 것은 논리 문제가 아니며 그 답은 질문을 할 때마다 달라지기 때문이다.

우리는 원하든 원하지 않든 인간에게 신과 같은 능력을 안길 기술을 개발하기 직전까지 왔다. 간단하게 묻는다. 우리는 그런 능력으로 무엇을 할 것인가? 우리는 무엇이 되고 싶은가?

확률 평가표

나는 미래를 보았고, 그 미래는 여전히 미래다.

잭 로젠탈 Jack Rosenthal

미래에 대한 사람들의 관심을 유도하고 싶을 때는 '~할 것이다'와 '~하지 않을 것이다' 같은 표현을 쓰면 도움이 된다. 모두 자신감을 풍기고 확신을 가지고 이야기하는 사람을 좋아한다. 그러나 '~하지 않을 것이다'만으로는 충분하지 않다고 생각한다. 마찬가지로 '~할 것이다'라고 한 번 말할 때마다 늘 엄청난 수의 '~하지 않을 것이다'가 따라붙는다. 이런 표현에는 흔히 암묵적인 전제가 포함되어 있다. 더 나아가 미래에 대해 절대적으로 확실하게 말할 수 있는 것이 있다면 미래가 불확실하다는 것이다. 따라서 언제나 가능성, 결과, 미래는 결코 하나로 정해진 것이 아니다.

그래서 나는 말을 조심하려고 노력했다. 영국 국방부의 개발, 개념, 신조 연구소의 전략적 추세 프로그램에 따르면 이 책 본문에 쓰인 몇몇 표현은 다양한 확률을 암시한다. 내가 작성한 표는 과학적 근거가 없으며 오류도 있겠지만 신중하게 작성되었고 나와 독자 모두에게 미래에 관해 최종적인 진술을 하지 않도록 경고하고 있다. 확률은 2050년에 널리 퍼져 있을 발생, 수용, 실종, 거부에 근거하고 있으며 그래서 어느 정도는 확인이 가능하리라고 본다. 2050년이 되었을 때 내가 어이없을 정도로 잘못 예측했다면 주저하지 말고 내게 알려주길 바란다. 그때에도 나는 여전히 살아 있을 가능성이 있다.

표현	확률 범위
~할 것이다, ~하지 않을 것이다	90퍼센트 이상
아마도, 가능성이 높다	60~90퍼센트
가능성이 있다, ~수도 있다, ~일지도 모른다	20~60퍼센트
가능성이 낮다	5~20퍼센트
불가능하다, 절대	5퍼센트 미만

앞으로 출현할 과학과 기술의 연대기 도표를 보고 싶다면 다음 사이트에 가보자. http://www.imperialtechforesight.com/future-visions/87/vision/timeline-of-emerging-scienceand-technology.html.

참고 문헌

21세기에는 문맹이 읽고 쓰지 못하는 사람이 아니라 배우고, 배운 것을 잊고, 다시 배우는 것을 못하는 사람을 가리키는 말이 될 것이다.

앨빈 토플러 Alvin Toffler

Angwin, Julia, *Dragnet Nation: a quest for privacy, security, and freedom in a world of relentless surveillance*, Henry Holt, 2014.

Arkin, Ronald, *Governing Lethal Behaviour in Autonomous Robots*, Chapman and Hall, 2009.

Armstrong, Stuart, *Smarter Than Us: the rise of machine intelligence*, Machine Intelligence Research Institute, 2015.

배럿, 제임스(지음), 정지훈(옮김), 『파이널 인벤션: 인공지능 인류 최후의 발명』, 동아시아, 2016.

Bell, Gordon and Gemmell, Jim, *Total Recall: how the e-memory revolution will change everything*, Dutton, 2009.

벨, 고든 · 갬멜, 짐(지음), 홍성준(옮김), 『디지털 혁명의 미래: 디지털 기억 혁명은 우리의 미래를 어떻게 바꿀 것인가?』, 청림출판, 2010.

Bostrom, Nick, *Are You Living in a Computer Simulation?*, http://www.

simulation-argument.com/

보이드, 다나(지음), 지하늘(옮김), 『소셜시대 십대는 소통한다: 네트워크화된
세상에서 그들은 어떻게 소통하는가』, 처음북스, 2014.

Brynjolfsson, Erik and McAfee, Andrew, *Race against the Machine: how
the digital revolution is accelerating innovation, driving
productivity, and irreversibly transforming employment and the
economy*, Digital Frontier, 2011.

——, *The Second Machine Age: work, progress, and prosperity in a time of
brilliant technologies*, WW Norton, 2014.

Bywater, Michael, *Lost Worlds: what have we lost, and where did it go?*,
Granta, 2004.

카, 니콜라스(지음), 이진원(옮김), 『유리감옥: 생각을 통제하는 거대한 힘』,
한국경제신문사, 2014.

Christodoulou, Daisy, *Seven Myths about Education*, Routledge, 2014

Clippinger, John, *Crowd of One: the future of individual identity*, Public
Affairs, 2007.

Cohen, Stephen and Zysman, John, *Manufacturing Matters: the myth of
the post-industrial economy*, Basic Books, 1987.

Coupland, Douglas, *Microserfs*, Regan, 1995.

코웬, 타일러(지음), 신승미(옮김), 『4차 산업혁명 강력한 인간의 시대: 누가
기계와의 경쟁에서 살아남을 것인가?』, 마일스톤, 2017.

Davis, Devra, *Disconnect*, Dutton, 2010.

Dorling, Danny, *All That is Solid: the great housing disaster*, Allen Lane,
2014.

Dyson, George, *Darwin among the Machines: the evolution of global intelligence*, Perseus, 1997.

포드, 마틴(지음), 이창희(옮김), 『로봇의 부상: 인공지능의 진화와 미래의 실직 위협』, 세종서적, 2016.

Forsyth, Mark, *The Unknown Unknown: bookshops and the delight of not getting what you wanted*, Icon, 2014.

가드너, 댄(지음), 이경식(옮김), 『앨빈 토플러와 작별하라: 엉터리 전문가 미래 예측 열혈 추종자들의 이중 심리 파헤치기』, 생각연구소, 2011.

가드너, 하워드 · 데이비스, 케이티(지음), 이수경(옮김), 『앱 제너레이션: 스마트 세대와 창조 지능』, 와이즈베리, 2014.

글릭, 제임스(지음), 석기용(옮김), 『빨리 빨리』, 이끌리오, 2000.

그린필드, 수전(지음), 이한음(옮김), 『마인드 체인지: 디지털 기술은 우리의 뇌에 어떤 흔적을 남기는가』, 북라이프, 2015.

Greenstein, Shane, *How the Internet Became Commercial: innovation, privatisation, and the birth of a new network*, Princeton University Press, 2015.

Handy, Charles, *The Empty Raincoat: making sense of the future*, Hutchinson, 1993

———, *The Second Curve: thoughts on reinventing society*, Random House, 2015

하라리, 유발(지음), 조현욱(옮김), 『사피엔스: 유인원에서 사이보그까지 인간 역사의 대담하고 위대한 질문』, 김영사, 2015.

Harris, Michael, *The End of Absence: reclaiming what we've lost in a world of constant connection*, Current, 2014.

헤드, 사이먼(지음), 양혜영(옮김), 『마인드리스』, 생각과사람들, 2014

Johnson, Steven, *Future Perfect: the case for progress in a networked age*,

Riverhead, 2012.

카플란, 제리(지음), 신동숙(옮김), 『인간은 필요 없다: 인공지능 시대의 부와 노동의 미래』, 한스미디어, 2016.

킨, 앤드루(지음), 진달용 · 전준(옮김), 『디지털 현기증: 소셜미디어 속에서 길을 잃은 현대인』, 한울아카데미, 2016.

———, *The Internet is Not the Answer*, Atlantic, 2014.

러니어, 재런(지음), 노승영(옮김), 『미래는 누구의 것인가?』, 열린책들, 2016.

———, *You Are Not a Gadget*, Knopf, 2010.

러니어, 재런(지음), 김상현(옮김), 『디지털 휴머니즘: 디지털 시대의 인간회복 선언』, 에이콘출판, 2011.

Lasch, Christopher, *The Culture of Narcissism: American life in an age of diminishing expectations*, WW Norton, 1978.

루브, 리처드(지음), 류한원(옮김), 『지금 우리는 자연으로 간다: 자연 결핍 장애를 극복하고 삶을 회복시키기 위하여』, 목수책방, 2016.

Markoff, John, *Machines of Loving Grace: the quest for common ground between humans and robots*, Harper Collins, 2015.

Marwick, Alice, *Status Update: celebrity, publicity, and branding in the social media age*, Yale University Press, 2013. Radio interview here.

마이어쇤버거, 빅토르 · 쿠키어(지음), 이지연(옮김), 『빅 데이터가 만드는 세상: 데이터는 알고 있다』, 21세기북스, 2013.

———, *Delete: the virtue of forgetting in the digital age*, Princeton University Press, 2009.

Morozov, Evgeny, *To Save Everything, Click Here: the folly of technological solutionism*, Public Affairs, 2013.

Newton, Richard, *The End of Nice: how to be human in a world run by robots*, self-published, 2015.

패커, 조지(지음), 박병화(옮김),『미국, 파티는 끝났다: 고삐 풀린 불평등으로
쇠락해가는 미국의 이면사』, 글항아리, 2015.

파스콸레, 프랭크(지음), 이시은(옮김),『블랙박스 사회: 당신의 모든 것이
수집되고 있다』, 안티고네, 2016.

핀커, 수전(지음), 우진하(옮김),『빌리지 이펙트: 페이스 투 페이스-접속하지
말고 접촉하라』, 21세기북스, 2015.

포스트먼, 닐(지음), 홍윤선(옮김),『죽도록 즐기기』, 굿인포메이션, 2009.

로젠, 래리(지음), 송해룡(옮김),『아이디스오더: 기술문명 스트레스와 그 극복』,
성균관대학교출판부, 2015.

Rubin, Charles, *Eclipse of Man: human extinction and the meaning of
progress*, Encounter books, 2014.

러시코프, 더글러스(지음), 박종성 · 장석훈(옮김),『현재의 충격』, 청림출판사,
2014.

Saul, John, *Voltaire's Bastards: the dictatorship of reason in the West*,
Viking, 1991.

슈미트, 에릭 · 코언, 제러드(지음), 이진원(옮김),『새로운 디지털 시대: Google
회장 에릭 슈미트의 압도적인 통찰과 예측』, 알키, 2014.

슈마허, E. F.(지음), 이상호(옮김),『작은 것이 아름답다: 인간 중심의 경제를
위하여』, 문예출판사, 2002.

Seidensticker, Bob, *Future Hype: the myth of technology change*, Berrett-
Koehler, 2006

Silberman, Steve, *Neurotribes: the legacy of autism and how to think
smarter about people who think differently*, Allen & Unwin, 2015.

싱어, P. W.(지음), 권영근(옮김),『하이테크 전쟁: 로봇 혁명과 21세기 전투』,

지안출판사, 2011.

스노우, C. P.(지음), 오영환(옮김), 『두 문화』, 사이언스북스, 2001.

스타이너, 크리스토퍼(지음), 박지유(옮김), 『알고리즘으로 세상을 지배하라: 기계 vs 인간의 일자리 전쟁』, 에이콘출판, 2016.

Taylor, Frederick, *The Downfall of Money: Germany's hyperinflation and the destruction of the middle class*, Bloomsbury, 2013.

토플러, 앨빈(지음), 장을병(옮김), 『미래의 충격』, 범우사, 1997.

터커, 패트릭(지음), 이은경(옮김), 『네이키드 퓨처: 당신의 모든 움직임을 예측하는 사물인터넷의 기회와 위협!』, 와이즈베리, 2014.

터클, 셰리(지음), 이은주(옮김), 『외로워지는 사람들: 테크놀로지가 인간관계를 조정한다』, 청림출판, 2012.

────, *Reclaiming Conversation: the power of talk in a digital age*, Penguin Press, 2015.

Turner, Fred, From Counterculture to Cyberculture: Stewart Brand, the Whole Earth Network, and the rise of digital utopianism, University of Chicago Press, 2006.

트웬지, 진 · 캠벨, 키스(지음), 이남석(옮김), 『나는 왜 나를 사랑하는가』, 옥당, 2010.

Wallach, Wendell, A *Dangerous Master: how to keep technology from slipping beyond our control*, Basic Books, 2015.

월먼, 제임스(지음), 황금진(옮김), 『과소유 증후군: 소유하는 것이 행복이라는 시대에 대한 반란』, 문학사상, 2015.

Zarkadakis, George, *In Our Own Image: will artificial intelligence save or destroy us?*, Ebury, 2015.

젤딘, 테오도르(지음), 김태우(옮김), 『인간의 내밀한 역사』, 강, 2005.

젤딘, 시어도어(지음), 문희경(옮김),『인생의 발견: 우리 삶을 가치 있고 위대하게 만드는 28가지 질문』, 어크로스, 2016.

주

자동화의 문제는 우리에게 필요한 것을 희생한 대가로
우리에게 필요 없는 것을 얻게 된다는 점이다.

니컬러스 카 Nicholas Carr

모든 참고 문헌의 출처를 밝히기에는 자리가 부족하다. 그래서 밑에 각
장에서 언급한 기사, 보고서, 통계 자료 일부의 출처를 밝혀두었다. 각 장
에서 언급되는 순서대로 나열했다. 하이퍼링크가 추가된 모든 참고 문헌
의 출처를 밝힌 목록은 내가 펴낸 책들을 다루는 웹사이트 퓨처트렌즈북
스닷컴www.futuretrendsbook.com과 내 블로그의 '디지털 vs 인간 참고 문헌Digital
vs Human references' 항목에 올려두겠다. 이 책이 어떻게 탄생했는지가 궁금
하거나 이 책에서 다룬 핵심 주제 및 문제들에 관해 논의가 어떻게 진행
되고 있는지 더 알고 싶다면 내 블로그 '디지털 vs 인간 참고 문헌' 항목
을 찾아가면 된다. 내 블로그 주소는 http:// toptrends.nowandnext.com/
category/digital-vs-human/이다.

1장 : 사 회 와 문 화

1_ Rhodri Philips, 'Korean Baby Dies as Parents Kim Yoo-chul and Choi Mi-sun Raise Virtual Bub', news.com.au, 5 March 2010

2_ Lauren Collins, 'The Love App', *The New Yorker*, 25 November 2013

3_ Thomas Rogers, 'Will the Elderly Ever Accept Care from a Robot?', *Slate*, 17 August 2012

4_ Jerome Groopman, 'Robots That Care', *The New Yorker*, 2 November 2009

5_ Derek Thompson, 'What Jobs Will the Robots Take?', *The Atlantic*, 23 January 2014; Aviva Hope Rutkin, 'Report Suggests Nearly Half of US Jobs Are Vulnerable to Computerisation', *MIT Technology Review*, 12 September 2013

6_ Nick Bilton, 'Is Silicon Valley in Another Bubble … and What Could Burst It?', *Vanity Fair*, 1 Sept 2015

7_ Hannah Furness, *The Telegraph*, 24 March 2015

8_ Victoria Ward, 'Toddlers Becoming So Addicted to iPads They Require Therapy', *The Telegraph*, 21 April 2013

9_ Rebecca Pocklington, '"iPotty" Combines Child's Potty with iPad Holder —but It Doesn't Sit Well with Parents', *Mirror*, 11 December 2013

10_ Jeff Madrick, 'The Digital Revolution That Wasn't', *Harper's*, January 2014

11_ Alan Jacobs, '*The Two Cultures*, Then and Now', *Books & Culture*, March/April 2014

12_ Amy Willis, 'Most Adults Have "Only Two Close Friends"', *The Telegraph*, 8 November 2011

13_ Tim Dowling, 'Would You Rent a Friend?', *The Guardian*, 21 July 2010

14_ John Bingham, 'Lonely Britain: Five Million People Who Have No Real Friends', *The Telegraph*, 12 August 2014

15_ John Bingham, '"Connected" Generation as Lonely as the Elderly', *The Telegraph*, 12 December 2014

16_ Sarah Knapton, 'Print Out Digital Photos or Risk Losing Them, Google Boss Warns', *The Telegraph*, 13 February 2015

17_ Interpersonal Trust in the US Hits a Historic Low', *Harvard Business Review*, 15 October 2014; Edelman Trust Barometer, 2014

18_ Millennials in Adulthood', *Pew Research Centre*, 7 March 2014

19_ April Dembosky, 'With Friends Like These …', *Financial Times*, 19 May 2012

20_ Anita Rani, 'The Japanese Men Who Prefer Virtual Girlfriends to Sex', BBC News, 24 October 2013

21_ Andy Davis, 'Generation J', *Prospect*, 14 November 2012

22_ 'Generation Jobless', *The Economist*, 27 April 2013

23_ Josie Ensor, 'Oculus Rift's Palmer Luckey: "I Brought Virtual Reality Back from the Dead"', *The Telegraph*, 2 January 2015

24_ Geoff Gallop, 'The Pursuit of Happiness', *The Sydney Morning Herald*, 22 December 2009

25_ 'Age Invaders', *The Economist*, 26 April 2014

2장 : 미디어와 커뮤니케이션

1_ Kylie Morris, 'American Inmates Released after Decades in Prison',
   Channel 4 News, 21 April 2015

2_ Barbara McMahon, 'Have You Got FOBO? — What Obsessive-
   compulsive Phone Checking Is Doing to Your Brain', *The Times*,
   18 July 2015

3_ Sarah Knapton, 'Second Screening "May Alter the Brain and Trigger
   Emotional Problems"', *The Telegraph*, 24 September 2014

4_ Benjamin Wallace, 'Autism Spectrum: Are You on It?', *New York*,
   12 May 2014

5_ Tony Dokoupil, 'The Digital Obsession That's Driving Us iCrazy',
   The Sunday Times, 15 July 2012

6_ Gabriella Swerling, 'Live Streaming Takes Funerals into the
   Digital Age', *The Times*, 27 December 2014

7_ Hannah Furness, 'Lionel Shriver: Social Media Makes Teenagers
   "Neurotic"', *The Telegraph*, 22 April 2013

8_ Agnes Poirer, 'Tale of French Youth Captures the Ennui of Its
   "Lost Generation"', *The Observer*, 21 July 2013

9_ Sherry Turkle, 'The Flight from Conversation', *The New York Times*,
   21 April 2012

10_ Poorna Bell, 'Photographer Babycakes Romero Captures
   "The Death Of Conversation" Due to Smartphones',
   The Huffington Post, 27 October 2014

11_ Paul Marks, 'A Phone, or an Allseeing Sentry at Your Command?',

New Scientist, 24 July 2013

12_ Meena Hart Duerson, 'We're Addicted to Our Phones: 84%
Worldwide Say They Couldn't Go a Single Day without Their
Mobile Device in Their Hand', *Daily News*, 16 August 2012

13_ Jennifer Roberts, 'The Power of Patience', Harvard Magazine,
November–December 2013; Amelia Gentleman, 'Smile,
Please', *The Guardian*, 19 October 2004

14_ Derek Thompson, 'The Shazam Effect', *The Atlantic*, December 2014

15_ Jill Neimark, 'The Culture of Celebrity', *Psychology Today*, 1 May
1995

16_ Margaret Farley Steele, 'The Psychology of Celebrity Worship',
ABC News, 26 June 2009

3장 : 과학과 기술

1_ Jan Westerhoff, 'Reality: The Definition', *New Scientist*, 29 September
2012

2_ Hannah Devlin, 'Grasp Future and Give Robots Legal Status, EU Is
Told', *The Times*, 2 October 2014

3_ Paul Marks, 'Talk to the Head', *New Scientist*, 29 March 2014

4_ Yves Gellie, 'I, Robot', *Financial Times*, 20 July 2014

5_ George Zarkadakis, 'Why Robot Sex Could Be the Future of
Life on Earth', *The Telegraph*, 20 January 2014

6_ Bill Joy, 'Why the Future Doesn't Need Us', *Wired*, 1 April 2000

7_ Michael Slezak, 'Saving Time: Physics Killed It. Do We Need It Back?', *New Scientist*, 30 October 2013

8_ Hal Hodson, 'No One in Control: The Algorithms That Run Our Lives', *New Scientist*, 4 February 2015

9_ Hal Hodson, 'Lifelogging: This Is Your Life, on the Record', *New Scientist*, 11 January 2014; Catherine de Lange, 'Lifelogging: Crowdsourcing + Life Logs = Big Insights', *New Scientist*, 8 January 2014

10_ Rachel Metz, 'My Life, Logged', *MIT Technology Review*, 10 June 2014

11_ Rachel Nuwer, 'Armband Adds a Twitch to Gesture Control', *New Scientist*, 25 February 2013

4장 : 경제와 돈

1_ Matt Taibbi, 'The Great American Bubble Machine', *Rolling Stone*, 5 April 2010

2_ Noah Smith, 'The End of Labour: How to Protect Workers from the Rise of Robots', *The Atlantic*, 14 January 2015

3_ Ed Vulliamy, 'Development Hell: How the Upmarket Vandals Ruined My Childhood Streets', *The Observer*, 22 September 2013

4_ India Knight, 'For Better, for Worse, for Richer, for … Remind Me, Daddy, What's Poorer?', *The Sunday Times*, 16 June 2013

5_ 'Poverty: Not Always with Us', *The Economist*, 1 June 2013

6_ Yochai Benkler, 'The Death of the Company Reignites the Battle between

Capital and Labour', *Financial Times*, 24–25 January 2015

7_ The Unkindness of Strangers', *The Economist*, 27 July 2013

8_ Daisy Grewal, 'How Wealth Reduces Compassion', *Scientific American*, 10 April 2012

9_ Heejung Park, Jean Twenge, and Patricia Greenfield, 'The Great Recession: implications for adolescent values and behaviour', *Social Psychological and Personality Science*, 6 March 2014

10_ Peter Spence, 'Apple Wants the Money in Your Pocket', *The Telegraph*, 13 September 2014

11_ Neasa MacErlean, 'On the Money', *Business Life*, September 2014

12_ Lian Halligan, 'History Will Surely See QE as a Major Mistake', *The Telegraph*, 1 November 2014

13_ Richard Evans, 'A Middle Class Revolt?', *Prospect*, September 2013

5장 : 의료 서비스와 의학

—

1_ Catherine de Lange, 'We Are Already Superhuman', *New Scientist*, 15 August 2012

2_ Sally Adee, 'Memory Implants: Chips to Fix Broken Brains', *New Scientist*, 4 June 2014

3_ Jamie Bartlett, 'Little Brothers Are Watching You', *The Spectator*, 7 December 2013

4_ Linda Geddes, 'In Sickness and in Health', *New Scientist*, 15 March 2014

5_ Laura Donnelly, 'Lazy Britain: We Will Soon Use Little More

Energy than If We Stayed in Bed', *The Telegraph*, 31 January 2014

6_ Richard Gray, 'Children 300 Yards behind Generation of '75',
The Telegraph, 20 November 2014

7_ Stephen Adams, 'Mobile Phones Cause "Fivefold Increase in Brain
Cancer Risk"', The Telegraph, 30 June 2011; 'Mobile Phones and
Children', *The Weekend Australian Magazine*, 23–24 April 2011

8_ Florence Waters, 'Is Wi-fi Making Your Child Ill?', *The Telegraph*,
9 May 2015

9_ Tristan Kirk, 'Less Sweet Dreams after iPad Reading', *The Telegraph*,
23 December 2014

10_ Randall Stross, 'Tracking Vital Signs, without the Wires', *The New York
Times*, 3 September 2011

11_ Jonathan Rauch, 'The Home Remedy for Old Age', *The Atlantic*,
December 2013

12_ Bjorn Hofmann, 'Too Much Technology', *British Medical Journal*, 21
February 2015

13_ Mick Brown, 'Peter Thiel: The Billionaire Tech Entrepreneur on
a Mission to Cheat Death', *The Telegraph*, 19 September 2014

14_ Murad Ahmed, 'Lunch with the FT: Demis Hassabis', *Financial Times*,
30 January 2015

15_ 'Primary School Bans Children Looking at Snow as It Is "Too
Distracting"', *The Telegraph*, 8 February, 2015

16_ Kim Tingley, 'The Body Electric', The New Yorker, 25 November 2013

17_ Laura Donnelly, 'Anxiety: A Very Modern Malaise', *The Telegraph*,
15 April 2012

18_ Sophie McBain, 'Anxiety Nation: Why Are So Many of Us So Ill at Ease?', *New Statesman*, 17 April 2014

19_ Bob Holmes, 'Worried Sick: What's Up with Today's Rampant Anxiety?', *New Scientist*, 5 February 2014

20_ Claire Ellicott, 'Teacher Died at Dignitas because She Couldn't Bear Modern Life: Healthy Spinster's Despair at Fast Food, Email, and Lack of Humanity', *Daily Mail*, 6 April 2014

21_ Tony Dokoupil, 'Why Suicide Has Become an Epidemic — and What We Can Do to Help', *Newsweek*, 23 May 2013

6장 : 자동차와 이동 수단

1_ 'When the Grannies Get Going', The Economist, 14 July 2012; Ann Brenoff, 'Elderly Driving: AARP Study Looks at What Happens When Boomers Hang Up Their Car Keys?', *The Huffington Post*, 10 November 2012

2_ 'Kojak Moments', *The Economist*, 23 August 2014

3_ Jeff Hecht, 'Just Hang Up and Drive', *New Scientist*, 20 July 2013

4_ 'To Those That Have Shall Be Given', *The Economist*, 4 October 2014

5_ Philip Ross, 'When Will We Have Unmanned Commercial Airliners?', *IEEE Spectrum*, 29 November 2011

6_ Tony Collins, 'Crash of Chinook ZD576 — The 16-year Campaign for Justice', *Computerworld UK*, 13 July 2011

7장 : 교육과 지식

1_ Karl Taro Greenfeld, 'The End of Cultural Literacy', *International New York Times*, 27 May 2014

2_ Ollie Gillman, 'Eton Headmaster Slams "Exasperating" A-level and GCSE Exams and Says Teacher Training Is "a Mess"', Daily Mail, 19 May 2015; Tony Little and Anthony Seldon, 'How to Fit Our Pupils for the 21st Century', *Insight*, June 2015

3_ Sean Coughlan, 'Computers "Do Not Improve" Pupil Results, Says OECD', BBC News, 15 September 2015

4_ Alex Proud, 'Your Child Is Not a Genius. Get OverIt', *The Telegraph*, 10 February 2014

5_ Michael Brooks, 'Invest in Minds Not Maths to Boost the Economy', *New Scientist*, 17 December 2013

6_ 'Teaching Mathematics. Time for a Ceasefire', *The Economist*, 1 February 2014

7_ Sarah Montague, 'How Badly Do We Teach Our Children? Discuss', *The Telegraph*, 13 August 2014

8_ Gayle Christensen and Brandon Alcorn, 'A Lesson in Learning', *New Scientist*, 8 March 2014

9_ Simon Jenkins, 'In This Post-digital Age, We Still Thrill to the Power of Live', *The Guardian*, 20 June 2014

10_ Lucy Kellaway, 'Online Life Can Teach Us about the Office', *Financial Times*, 25 March 2012

11_ Abigail Jones, 'Children Who Switch Off Screens Reconnect with

Emotional Cues', *Newsweek*, 12 September 2014

12_ Irena Barker, 'Find the Time for Slow Education', *TES*, 2 November 2012

13_ Camilla Turner and Jonathan Leake, 'UK Kids Stuck in the Great Indoors', *The Sunday Times*, 13 January 2013

14_ Matt Richtel, 'A Silicon Valley School That Doesn't Compute', *The New York Times*, 22 October 2011

15_ Thomas Friedman, 'Moral Philosophy Rocks', *International Herald Tribune*, 16 June 2011

16_ Sarah Knapton, 'Banish Smartphones and Computers from Bedroom to Get a Good Sleep, Say Scientists', *The Telegraph*, 2 February 2015

17_ Flic Everett, 'Why It's Not Just Teenagers Who Are Suffering from "PhoMo"', *The New Zealand Herald*, 18 September 2015

18_ Russell Foster, 'Best Daze of Your Life', *New Scientist*, 20 April 2013

8장 : 일과 고용

1_ John Bingham, 'Internet Helps Million More Quit Office to Work from a Country Home', *The Telegraph*, 4 June 2014

2_ Barry Schwartz, 'Rethinking Our Work', *International New York Times*, 29–30 August 2015

3_ Carl Frey and Michael Osborne, 'The Future of Employment: how susceptible are jobs to computerisation?', Oxford Martin School,

18 September 2013

4_ Merryn Somerset Webb, 'Making Money in the Age of Machines', *Financial Times*, 7 November 2015

5_ Amazon: The Truth Behind the Click', Panorama (TV show), first broadcast 25 November 2013; Jodi Kantor and David Streitfeld, 'Inside Amazon: Wrestling Big Ideas in a Bruising Workplace', *The New York Times*, 15 August 2015

6_ Don Peck, 'They're Watching You at Work', *The Atlantic*, December 2013

7_ Peter Catapano, 'Doing More May Mean Doing Less', *The New York Times*, 17 March 2013

9장 : 집과 가족

1_ Edwin Heathcote, 'Architecture: How Buildings Are Used in Sci-fi Films', *Financial Times*, 22 November 2013

2_ Douglas Heaven, 'Lost in the Cloud: How Safe Are Your Online Possessions?', *New Scientist*, 26 March 2013

3_ David Talbot, 'The Light Bulb Gets a Digital Makeover', *MIT Technology Review*, 20 May 2014

4_ MacGregor Campbell, 'This Means War', *New Scientist*, 1 Sept 2012

5_ John Bingham, 'Bridget Jones Takeover: Number of Singletons Growing Ten Times as Fast as Population', *The Telegraph*,

8 May 2014

6_ 'Esther Rantzen: Britain Is Too Busy to Speak to Older People', *The Telegraph*, 27 May 2014

7_ 'The Attraction of Solitude', *The Economist*, 25 August 2012

8_ Natasha Robinson, 'It's All Relative, as Research Reveals Generations Living Together', *The Australian*, 15 April 2013

9_ David Sexton, 'Ready for Robolove: Could You Fall in Love with a Computer?', *Evening Standard*, 14 February 2014

10_ George Monbiot, 'If Children Lose Contact with Nature They Won't Fight for It', *The Guardian*, 20 November 2012

11_ Kadhim Shubber, 'Back to Black: Vinyl Discs Enjoy Renaissance', *Financial Times*, 24 October 2014

12_ Erica Tempesta, 'Sometimes It's Easier to Fake It! Invisible Boyfriend App Gives Single Girls a Dream Man Who Will Always Text Back — So FEMAIL Put Him to the Test', *Daily Mail*, 21 January 2015

13_ India Knight, 'Online Love Is a Many Splendoured Thing — Click Send', *The Sunday Times*, 26 January 2014

14_ Graeme Paton, 'Parents Told: Turn Off Phones and Talk to Your Children', *The Telegraph*, 13 September 2013

10장 : 예술과 전행

—

1_ Jack Miles, 'Why God Will Not Die', *The Atlantic*, December 2014

2_ 'God Notbotherers: Religious Apathy Reigns', *New Scientist*, 30
April 2014

3_ P.W. Singer, 'Meet the Sims ... and Shoot Them', *Foreign Policy*, 11
February 2010

4_ John Markoff, 'War Machines: Recruiting Robots for Combat',
The New York Times, 27 November 2010

5_ 'Don't Even Think about It', *The Economist*, 20 July 2013

11장 : 결론 및 제안

—

1_ http://folkinabox.net/

감사의 글

실리콘 칩은 모든 것을 바꿀 것이다.
다만 정말 중요한 것은 바꾸지 못할 것이고,
그 외 나머지는 여전히 우리 손에 달려 있을 것이다.
버나드 레빈 Bernard Levin

누군가의 아이디어를 훔치는 것을 표절이라고 한다. 그런데 아주 많은 사람들의 아이디어를 훔치면 꼼꼼한 조사라고들 한다. 이런 의미에서 나는 감사해야 할 사람이 아주 많다. (아마도 본인은 깨닫지 못한 채) 현명한 조언을 해줬거나 응원해준 이들은 다음과 같다.

알렉스 아이드Alex Ayad, 코리나 베어드Corrina Baird, 사이먼 부첸Simon Buchen, 브루노 코터Bruno Cotter, 데이비드 카잘레트David Cazalet, 에드워드 카잘레트Edward Cazalet, 카밀라 카잘레트Camilla Cazalet, 니콜라 데이비스Nicola Davies, 로스 도슨Ross Dawson, 매트 도일Matt Doyle, 올리버 프리먼Oliver Freeman, 줄스 고다드Jules Goddard, 수전 그린필드Susan Greenfield, 크리스 헤일리Chris Haley, 찰스 핸디Charles Handy, 리즈 핸디Liz Handy, 사이먼 헵워스Simon Hepworth, 마이크 러셀힐스Mike Russell-Hills, 팀 호지슨Tim Hodgson, 키트 허크베일Kit Huckvale, 데버러 러벨Deborah Lovell, 스콧 마틴Scott Martin, 마이크 매튜스Mike Matthews, 루크 오

366

설리번Luke O'Sullivan, 마이크 린치Mike Lynch, 찰스 말로Charles Mallo, 비아야 나스Vijaya Nath, 애덤 풀Adam Poole, 폴 프리스트먼Paul Priestman, 매튜 로즈Matthew Rhodes, 베이비케이크스 로메로Babycakes Romero, 데일 러셀Dale Russell, 앨런 세커스Alan Sekers, 스텔라 세커스Stella Sekers, 샌딥 쇼한Sandeep Shohan, 로브 서던Rob Southern, 찰스 스튜어트스미스Charles Stewart-Smith, 데이비드 스트루드David Stroud, 라비 티다르Lavie Tidhar, 닉 터너Nick Turner, 벤지알렉산더 윌리엄스Benji-Alexander Williams, 조지 자카다키스George Zarkadakis, 시어도어 젤딘Theodore Zeldin.

내가 깨닫지 못하는 사이에 내 의식을 흠뻑 적신 아이디어를 제공한 많은 작가와 기자에게도 고마운 마음을 전한다. 무엇보다 이 책에 자신들의 뛰어난 재능을 보태고 도와준 헨리Henry, 데이비드David, 아트Art, 미리엄Miriam, 아만다Amanda, 세라Sarah, 코라Cora, 릴리Lilly, 몰리Molly, 헬렌Helen, 러스Russ, 조너선 펠햄Jonathan Pelham에게 감사한다. 또한 조지Georgie, 닉Nick, 매트Matt도.

마지막으로 앤Anne에게 말하고 싶다. 우리는 한 번도 직접 만난 적은 없지만 만났다면 함께 나눌 이야기가 많았으리라고 생각합니다. 당신을 기억하겠습니다.

이 책에 담긴 견해와 관점은 전부 저자의 것이며, 위에 언급한 이들의 견해나 관점과는 다를 수 있음을 밝힌다.

인공지능 시대가
두려운 사람들에게

2017년 12월 28일 초판 1쇄 발행
2023년 7월 7일 초판 5쇄 발행

지은이 리처드 왓슨 · **옮긴이** 방진이
펴낸이 류지호
편집 이기선, 김희중, 곽명진 · **디자인** 쿠담디자인

펴낸곳 원더박스 (03169) 서울시 종로구 사직로 10길 17 인왕빌딩 301호
편집부 02) 720-1202 · **팩시밀리** 02) 0303-3448-1202
출판등록 제300-2012-129호(2012. 6. 27.)

ISBN 978-89-98602-60-4 (03300)

이 도서의 국립중앙도서관 출판시도서목록(CIP)은
서지정보유통지원시스템 홈페이지(http://seoji.nl.go.kr)와
국가자료공동목록시스템(http://www.nl.go.kr/kolisnet)에서 이용하실 수 있습니다.
(CIP제어번호: CIP2017033123)